LES CLASSIQUES FRANÇAIS DU MOYEN AGE
Collection fondée par MARIO ROQUES
publiée sous la direction de FÉLIX LECOY

GUILLAUME DE LORRIS ET JEAN DE MEUN

LE
ROMAN DE LA ROSE

PUBLIÉ PAR

FÉLIX LECOY

TOME II

PARIS
LIBRAIRIE HONORÉ CHAMPION, ÉDITEUR
7, QUAI MALAQUAIS (VIe)

1979

ISBN 2-85203-074-8

© ÉDITIONS CHAMPION - 1979 - PARIS

3-2-85

ANALYSE

8227-9972. *Fin du discours d'Ami.* — Le discours d'*Ami*
a exposé jusqu'ici les moyens de conquérir la belle que
l'on aime. Mais cette conquête une fois réalisée, il faut
savoir conserver le bien que l'on a fait sien, et c'est là une
tâche aussi difficile que méritoire (8238). Les femmes,
en effet, du moins la plupart, n'ont guère en tête que la
ruine de leurs amants : pensons à ce que Juvénal nous
raconte d'Iberine (8258). Il est vrai que le poète latin
entendait parler des mauvaises femmes. Aussi, et même
dans les cas les plus favorables, un jeune homme fera-t-il
bien de ne pas prendre trop d'assurance sur sa beauté.
La beauté s'évanouit avec le temps ; les qualités de l'esprit
et de l'intelligence, au contraire, sont solides, et une femme
devrait être très heureuse quand elle les voit briller chez
celui qu'elle aime (8306). Mais, là encore, il n'y a pas lieu
de se laisser aller à trop d'illusions : les plus jolis vers,
les chansons les plus gracieuses n'ont jamais eu, en amour,
la vertu d'une bourse bien garnie (8324). Il n'en était pas
de même autrefois. Au temps de nos premiers pères, lorsque
régnait la simplicité de l'âge d'or et que les hommes igno-
raient la tyrannie et la propriété (8414-18), l'amour aussi
était à cette époque libre de toute contrainte, partant,
de tout souci. Les gens d'alors savaient qu'amour et autorité
n'ont jamais fait bon ménage (8424).

(*Portrait et discours du jaloux*). Aujourd'hui, au contraire, qu'arrive-t-il lorsqu'un mari veut exercer les droits illusoires (8426) qu'il pense avoir sur le corps de son épouse et sur ses biens ? Ce ne sont que querelles et voies de fait. « Vous n'êtes qu'une coureuse, dit le mari à sa femme, et vous ne pensez qu'au plaisir ; dès que je suis parti en voyage pour mes affaires (8445), vous vous parez richement, et vous avez le front de prétendre que c'est pour l'amour de votre époux (8496) ! Et que signifient les longs discours que vous échangez, en privé, avec ce jeune homme qui accourt à votre premier appel ? Faudra-t-il que je vous meurtrisse la face de coups et vous enchaîne à la maison pour vous ramener à vos devoirs (8530) ? C'est le diable qui m'a donné l'idée de me marier. J'aurais mieux fait de suivre les conseils de Théophraste (8531) et de son noble ouvrage l'*Auréole* (8537), ouvrage qui montre bien les inconvénients du mariage, et cela que l'épouse soit pauvre (il faut l'entretenir) ou qu'elle soit riche (elle est pleine d'orgueil), qu'elle soit belle (tout le monde la courtise) ou qu'elle soit laide (elle cherche à plaire à tous), tant et si bien qu'il y a peu d'espoir de défendre et garder pour soi un bien qui est attaqué de toute part ou qui est disposé à s'abandonner au premier venu. Pénélope elle-même n'aurait pas résisté (8574), ni la vertueuse Lucrèce (8578) dont Tite-Live nous raconte l'histoire (8582-8620). D'ailleurs il n'y a plus aujourd'hui ni Pénélope ni Lucrèce (8630). Et quelle étrange coutume nous suivons au moment du mariage : jamais personne n'a acheté un cheval sans l'avoir examiné à fond, alors que nous prenons femme sur une simple apparence d'agréments. Mais, une fois le mariage conclu, la vraie nature de la femme se découvre, et je ne connais pas d'homme qui ne regrette de s'être engagé (8656). On nous parle des femmes vertueuses : mais, outre qu'elles sont plus rares que le phénix (témoin Valérius, 8659) ou que le blanc corbeau, semblable, en tout cas, au cygne noir, comme dit Juvénal (8677), l'amour qu'on peut avoir pour elles n'en est pas moins source de grands tourments. Quant aux mauvaises, plus nombreuses qu'un essaim d'abeilles dans sa ruche, toujours selon Valérius (8689), je laisse à penser ce qu'on en peut attendre. Aussi comprend-on tous ceux qui ont tenté de s'opposer au mariage de leurs amis (Valérius et Rufin, 8698, Juvénal et Postumus, 8706) ou de leur frère (Phoroneüs et Léonce, 8719). Quant à Pierre Abélard, il a eu bien tort de ne pas suivre le sentiment d'Héloïse, qui lui conseillait de s'en tenir à un amour fondé « en grâce et en franchise » ; il l'épousa et l'on sait ce qui lui est arrivé. Mais Héloïse était une femme d'exception, et elle avait appris, par l'étude des lettres, à vaincre en elle la nature féminine (8802).

Certes, j'aurais mieux fait de m'aller pendre (continue le jaloux) le jour où j'ai épousé une femme si élégante. Vos robes coûteuses et encombrantes, dont vous êtes si fière, ne font que m'embarrasser quand je veux m'approcher de vous, et toutes vos manières et fausses délicatesses ne prouvent qu'une chose, c'est que vous faites peu de cas de mes sentiments amoureux (8834). D'ailleurs, quand nous sommes couchés, le soir, dans notre lit, il faut bien que vous vous dévêtiez ; à quoi bon alors toutes ces parures : elles ne sont bonnes pour moi qu'à vendre ou mettre en gage (8854). Et qu'on n'aille pas dire que les beaux vêtements embellissent dames et demoiselles ; autant dire qu'un fumier couvert d'un drap de soie ne serait plus un fumier. Il n'y a là qu'illusion de la vue qui égare le jugement ; et si les hommes avaient des yeux de lynx, ils seraient vite détrompés. C'est ce que Boèce nous apprend en donnant, après Aristote, l'exemple d'Alcibiade, si beau d'apparence, mais si laid, si l'on avait pu voir en lui (8926).

D'ailleurs, il n'y a pas pire ennemi de *Chasteté* que *Beauté*, qui a même réussi à avoir pour alliée la chambrière de *Chasteté*, *Laideur*, laquelle, loin de lutter contre sa maîtresse, devrait la protéger et l'aider (8982). Par conséquent, toute femme qui veut être belle, par là-même déclare la guerre à *Chasteté*. Cette folie de parure, qui a envahi jusqu'aux cloîtres et aux abbayes, n'a d'autre but que de faire naître le désir dans le cœur des hommes. Et cependant, comment les femmes ne voient-elles pas qu'en se déclarant mal satisfaites de la beauté que Dieu leur a donnée, elles font honte à Dieu lui-même, qu'elles méprisent son ouvrage et s'imaginent, les sottes, qu'elles vont le parfaire en se couvrant d'ornements vils et bas par nature (9032) ?

Et ce que je dis ici des femmes est vrai aussi de certains hommes. Mais je ne suis pas de ceux-là. Mon manteau de gros drap fourré d'agneau me protège aussi bien qu'une riche étoffe doublée d'écureuil, et c'est gaspiller mon argent que de vous acheter des robes délicates et précieuses. Cela vous engage à sortir, à vous montrer par tous les temps, et vous fait perdre le respect que vous devez à Dieu et à moi (9058). Même la nuit, quand vous êtes couchée à mes côtés, je ne puis vous approcher ; vous rechigniez, vous vous plaigniez, vous faites la malade ou la dégoûtée. Mais je me demande si vous esquivez avec autant d'adresse ces galants qui vous poursuivent tout le jour et qui se gaussent de moi (9089). Que votre corps soit livré aux chiens et aux loups ! Vous êtes la cause de ma honte, et par vous je suis enrôlé dans la confrérie de saint Ernoul, le patron des maris trompés — mal d'ailleurs inévitable dès qu'on a pris femme, quelque garde que l'on y mette. Une seule consolation à cet accident, si l'on en croit Juvénal (9113), c'est que la débauche est le moindre crime qui couve au cœur des femmes, elles qui sont volontiers empoisonneuses ou sorcières (9124).

Il est donc vrai que vous êtes toutes, ou serez, ou avez été débauchées, sinon de fait, du moins d'intention, car on ne peut contraindre votre volonté. Ne parlons donc plus de l'impossible. Mais les galants, doux Seigneur, qu'en puis-je faire ? Ils méprisent mes menaces ; les attaquer ? mais ils sont jeunes et forts ; ce sont de vrais Rolands, de véritables Hercules, des Samsons (et notons, en passant, que ces deux derniers héros ont été victimes de deux femmes,

Déjanire et Dalila, 9176) : ils pourraient m'assommer ou me tuer. Qui sait d'ailleurs si mon épouse ne va pas leur rapporter mes imprudentes paroles ? Si je l'apprends, on vous arrachera difficilement à mes mains ou à mon bâton (9193). Comment pouvez-vous me mépriser, moi qui vous habille, vous chausse et vous nourris, et comment pouvez-vous vous abandonner à ces ribauds qui vous flattent en paroles, mais qui vous déshonorent et ne parlent de vous, quand ils sont entre eux, que sous les noms les plus infâmes ? Car ce qui leur plaît en vous, sachez-le, ce n'est pas votre personne, mais la richesse des joyaux et des parures dont je fais les frais (9240). J'ai bien envie, dans les trois jours, de vendre tout ce luxe de toilette, de vous habiller de chanvre et de vous chausser de souliers taillés dans mes vieux houseaux (9282).

Mais, dites-moi, la robe que vous portiez l'autre jour, qui vous l'a donnée ? Votre mère, à vous en croire, dont la sollicitude s'efforce de m'épargner la dépense ! Je l'interrogerais bien, cette vieille maquerelle, mais ce serait peine perdue. Mère et fille sont d'accord. La vieille, aujourd'hui hors de cause, vient vous chercher trois ou quatre fois la semaine, sous le prétexte de quelque nouveau pèlerinage, mais, en réalité, elle vous promène et vous expose comme un cheval à vendre. Je ne sais qui me retient de vous briser les os comme un poussin en pâté (9330). »

Des paroles, le jaloux en vient aux actes ; il roue sa femme de coups, et les voisins, ameutés par les cris, accourent pour séparer les deux époux (9352). Il est bien évident qu'une telle conduite ne ramène pas l'amour dans le ménage. Et si la femme fait semblant d'être réconciliée, le mari a cependant tout à craindre de sa colère et de sa vengeance (9390).

Ami reprend alors la parole en son nom. Ce vilain jaloux, dit-il, dont je viens de vous faire le portrait, qui prétend être le maître et seigneur de sa femme, croyez-vous qu'il puisse lui plaire et que l'amour puisse durer dans ces conditions ? Notez que la femme non plus ne doit pas être la maîtresse : mari et femme doivent être tous deux égaux, lui compagnon, elle compagne, unis par la loi du mariage. Toute tentative de domination de l'un tue l'amour chez l'autre ; l'amour ne peut vivre que dans un cœur libre (9412). Et voilà pourquoi on voit si souvent s'éteindre l'amour de deux amants, pourtant épris l'un de l'autre, si par hasard ils se marient. L'amant, qui se faisait le serviteur de celle qu'il aimait et l'assurait de son dévouement parfait, dès qu'il est devenu mari, veut commander ; il exige qu'on lui rende des comptes ; et la femme, surprise et déçue, résiste ou murmure — d'où colère et désordre (9462).

Aussi les anciens [retour au thème de l'âge d'or par dessus le portrait du jaloux, cf. 8325] vivaient-ils en commun, mais en toute franchise et liberté, cette liberté qu'ils n'auraient pas abandonnée pour tout l'or d'Arabie ou de Phrygie. Cela se passait à une époque où l'on ne connaissait pas les voyages, à une époque où Jason n'avait pas encore effrayé Neptune, Triton, Doris et ses Néréides (9486). On se contentait de ce que l'on trouvait chez soi, les richesses étaient également réparties, la paix régnait, un amour loyal et naturel unissait les hommes. Mais un jour *Tromperie* fit son apparition, et, à sa suite, *Péché* et *Malheur* (qui se soucient peu de la modération dans les désirs), puis encore *Orgueil* et *Convoitise* et *Avarice*. On vit alors sortir d'enfer *Pauvreté*, dont on n'avait jamais entendu parler, *Pauvreté* qui amena avec elle son fils, *Larcin*, victime toute désignée du gibet (9530). Cette horde de démons se répandit par tout le monde, arracha aux entrailles de la terre les trésors qui y étaient cachés, l'or en particulier ; et les hommes, comme entraînés par un maléfice (9558), abandonnèrent leur premier mode de vie. Ils devinrent faux et tricheurs, connurent la propriété, partagèrent les terres, placèrent des bornes — et ce partage ne se fit pas sans lutte ni sans vol. Les plus forts eurent la meilleure part ;

mais tandis que les uns travaillaient à faire valoir leurs
biens, d'autres, plus paresseux, entraient dans les cavernes,
leurs demeures, et les mettaient au pillage. On fut ainsi
amené à établir un personnage chargé de faire respecter
l'ordre, et l'on choisit, pour cet office, le paysan le plus
fort, le plus vigoureux de la communauté dont il devint
le seigneur (9582) ; mais, à lui seul, il fut incapable de conte-
nir l'audace des voleurs ; l'on décida alors de lui confier
le commandement d'une troupe de sergents, entretenue
sur les biens de tous, en partie aliénés au profit du chef.
Et ce fut là l'origine des rois et des princes terriens (9601).
Par la suite, on apprit à travailler les métaux précieux,
puis le fer pour forger des armes, puis à construire châteaux
et forteresses pour y mettre à l'abri ces trésors que les
riches amassaient et qu'ils tremblaient de se voir enlevés.
Et ces malheureux perdirent alors la paix du cœur, le jour
où par cupidité ils s'approprièrent les biens qui jusque là
avaient été communs à tous, comme l'air et la lumière (9634).

Cependant, continue *Ami*, j'avoue me soucier peu du sort
de ces vilains gloutons ; ils peuvent bien avoir perdu toute
noblesse de cœur, s'aimer, se haïr ou se vendre les uns
aux autres leur amour : peu m'importe. Mais je suis plus
touché quand je vois les dames, qui devraient être le refuge
et l'honneur des loyales amours, vendues, elles aussi, à si
grand' honte (9648).

Ceci dit, *Ami* revient à son propos (cf. 8227-38) : l'amou-
reux qui veut garder son amie doit suivre certaines règles
de conduite. En premier lieu, qu'il ne néglige pas de s'ins-
truire (9656) ; qu'il ne reproche jamais à sa bien aimée
de vouloir le quitter, même s'il est en grand soupçon (9665) ;
si par hasard il la surprend en flagrant délit d'infidélité,
qu'il fasse semblant de ne rien voir et qu'il s'arrange pour
qu'elle croie qu'il n'a rien vu (9672) ; qu'il n'ouvre jamais
ses lettres (9676) ; qu'il la laisse toujours aller et venir
à sa guise (9694) ; qu'il se garde d'ajouter foi aux mauvais
propos qui peuvent courir sur elle (9702) ; qu'il ne lui

fasse aucun reproche touchant ses défauts et surtout qu'il
ne la batte pas ; bien au contraire, qu'il accepte à l'occasion
d'être battu par elle et lui jure que c'est là un doux mar-
tyre qu'il supporte avec joie, à condition qu'elle le souffre
à ses côtés ; si toutefois et par hasard, dans un mouvement
d'impatience, il a levé la main sur elle, qu'il se hâte de faire
sa paix par quelque caresse amoureuse (9732). Ces conseils
d'entière soumission s'adressent particulièrement à l'amou-
reux pauvre (9744).

Si par ailleurs, à l'occasion, l'amant voulait se permettre
quelque infidélité, sans perdre pour cela sa première amie,
il doit veiller à ce que les cadeaux qu'il fera à sa nouvelle
conquête soient ignorés de l'ancienne (9756) ; qu'il évite
aussi de donner ses rendez-vous aux mêmes lieux et places
(9776) ; au cas où il serait soupçonné, qu'il nie absolument
et apaise, ici encore, la colère de son amie par d'amoureuses
caresses (9788). Et s'il était un jour contraint d'avouer,
qu'il explique qu'il n'a commis la faute qu'à son corps
défendant, qu'il n'a pu échapper aux instances de la rivale ;
mais que cette seule et unique faute ne se reproduira pas
et qu'il a bien l'intention de ne plus s'exposer à revoir
l'infâme qui a abusé de lui (9822).

Il ne doit point non plus se vanter de sa bonne fortune ;
la discrétion est une loi de l'amour (9838). Si son amie est
malade, il doit la quitter le moins possible ; qu'il fasse
vœu de pélerinage ; qu'il ne lui interdise pas de manger
et qu'il ne lui présente que des choses douces et tendres
(9851). Il doit aussi feindre de l'avoir tenue dans ses bras,
la nuit, en songe, bien guérie et dans un lieu de délices
(9864).

Voilà comment il faut régler sa conduite, si l'on veut
garder l'amour de son amie, car les femmes sont volages
et plus difficiles à tenir qu'une anguille saisie, en Seine,
par la queue (9886). Notez que je ne parle pas ici des femmes
vertueuses ; mais l'espèce en est si rare que je n'ai jamais
pu en rencontrer une seule, non plus que Salomon. Toute-

fois, si vous en tenez une, ne laissez pas l'occasion se perdre
(9898).

Il me faut maintenant ajouter un dernier point : quelle
que soit la femme que vous aimiez, assurez-la qu'elle est
la plus belle de toutes ; car il n'est pas une femme, quels
que soient son âge, sa condition ou sa vertu, qui ne prenne
plaisir à entendre la louange de sa beauté. Jurez-lui qu'elle
est plus belle qu'une fée : le plus affreux laideron, sur ce
point, vous croira sans peine (9928). Enfin rappelez-vous
que les femmes ont horreur de recevoir des conseils ; n'essayez
donc jamais de les détourner de ce qu'elles ont décidé de
faire ; toutes les femmes pensent avoir reçu de la nature
le sens qui leur permet d'agir toujours au mieux, semblables
en cela au chat à qui il n'est nul besoin d'enseigner la chasse
aux souris (9956).

Suivez ces conseils, conclut *Ami*, et vous jouirez long-
temps de vos amours (9972). *Fin du discours d'Ami.*

9973-10020. — Le discours d'*Ami* plaît à l'amant, beau-
coup plus que celui de *Raison*. D'ailleurs, pendant ce dis-
cours même, *Doux Penser* et *Doux Parler* ont réapparu ;
mais ils n'ont pu amener avec eux *Doux Regard*. L'amant
s'éloigne et, quoique à regret, mais conformément aux con-
seils qu'il vient de recevoir (cf. plus haut 7277-7302), il
évite de diriger ses pas du côté du château où est enfermé
Bel Accueil. Il est cependant toujours préoccupé du souci
de trouver la voie qui lui assurera au plus vite le succès.

10021-10237. — Justement, près d'une fontaine, il ren-
contre une belle dame qui prenait le frais sous un arbre ;
c'était *Richesse* ; elle avait auprès d'elle son ami, dont
l'auteur ne peut dire le nom. *Richesse* garde l'entrée d'un
sentier, le sentier qui mène à *Trop Donner* ; et l'amant, après
l'avoir courtoisement saluée, lui demande la permission
d'emprunter le chemin qui s'ouvre devant lui. Mais *Richesse*
le repousse assez rudement. « Vous n'êtes pas de mes amis,

dit-elle. Et seuls mes amis ont ici libre passage. » Au reste,
l'amant n'a sans doute pas trop à regretter ce refus ; car
si le chemin de *Trop Donner* est suivi par une troupe de
joyeux compagnons, il mène à *Pauvreté*, qui en surveille
la sortie (10084) et entre les mains de qui il ne fait pas bon
tomber (10107), *Pauvreté* qui a fait de *Faim* sa chambrière
et la nourrice de son fils *Larcin* (10117). Portrait de *Faim*
qui vit dans une région où ne se risquent ni Cerès ni Trip-
tolème (10160). « Ainsi donc, poursuit *Richesse*, je ne sais
si le chemin de *Trop Donner* vous permettrait de vous empa-
rer rapidement du château (10174) ; mais je suis certaine
en tout cas que vous feriez connaissance avec *Faim*. De
toutes façons, je vous en interdis l'entrée (10204). » L'amant
insiste, et *Richesse* alors lui découvre son véritable senti-
ment. Elle n'aime pas les amoureux qui, au fond, la méprisent
(10231) et ne sont que des sots. « Vous auriez mieux fait,
ajoute-t-elle, d'écouter *Raison* (10224). »

10238-10276. — L'amant se rappelle alors le conseil
d'*Ami* et entreprend de se concilier la faveur de ses enne-
mis, en particulier de *Male Bouche*, par une hypocrite
complaisance. Sa pénitence (10267) dura longtemps.

10277-10408. — Finalement *Amour*, jugeant que l'épreuve
avait assez duré, apparaît un jour à l'amant et lui demande
s'il a bien respecté sa loi. Et comme l'amant ne se permet
qu'une réponse modeste (10293), *Amour*, quoique connais-
sant en lui-même la fidélité de son vassal, lui reproche
de s'être laissé un moment tenter par les arguments de
Raison (10307). L'amant reconnaît qu'il a été quelque
peu ébranlé (10323), mais affirme qu'il s'est bien vite res-
saisi ; il ajoute qu'il s'est juré de mourir au service du dieu
et, si Atropos le lui concède, de mourir même en faisant
« l'œuvre de Vénus » ; c'est là, pense-t-il, la plus douce
des morts (10354). *Amour*, satisfait, exige cependant que
son dévôt, en lieu de *confiteor* (10366) lui récite les dix com-

mandements qu'il lui a naguère imposés, mais l'amant
n'a pas oublié sa leçon, et, cette fois, *Amour* lui promet
son aide pour la conquête du château.

10409-10463. — Et pour ce faire, il convoque ses gens,
Oiseuse, Noblesse de cœur, Richesse, Franchise, Pitié, Largesse, Hardement, Honneur, etc. (énumération 10419-428),
tous personnages aux nobles sentiments, parmi lesquels
cependant se sont glissés *Abstinence contrainte* et son inséparable compagnon *Faux Semblant* (10429). La présence
de ce dernier, fils de *Barat* (Tromperie) et d'*Hypocrisie,*
revêtu d'habits religieux, inquiète quelque peu *Amour*
(10447). Mais *Abstinence contrainte* prend en quelques mots
la défense du triste personnage : c'est lui, dit-elle, qui
lui permet de subsister, et elle souhaite vivement qu'on
l'accueille dans la troupe. *Amour* ne fait plus d'objection.

10464-10650. — *Amour* expose alors à ses hommes son
intention d'attaquer le château que *Jalousie* a fait construire et dont il a le cœur blessé (10470). Ce château est
puissant, la tâche sera rude, et *Amour* regrette la lourde
perte que représente pour lui la mort des poètes, ses alliés,
Tibulle, Gallus, Catulle, Ovide, qui ont autrefois enseigné
sa doctrine (10493). Et pourtant, il serait juste d'aider
dans sa quête amoureuse Guillaume de Lorris (10496),
aujourd'hui victime de *Jalousie,* et qui doit prendre, en
loyal serviteur, la suite des anciens pour chanter, lui aussi,
les mérites de son maître. Il est vrai que Guillaume ne
pourra mener à bien le projet qu'il a conçu ; la mort brisera
sa carrière (10532) et plus de quarante ans s'écouleront
(10560) avant que son œuvre ne soit reprise pour être
menée à terme par un second poète, Jean de Meun, qui
naîtra plus tard. (Et ici, *Amour* souhaite que les auspices
les plus favorables président à cette naissance, 10594).
Mais c'est là une raison de plus pour aider Guillaume :
son aventure apprendra à tous, et à Jean de Meun en parti-

culier, comment on peut venir à bout de *Jalousie* et briser les obstacles qu'elle dresse devant les amoureux (10650).

10651-10888. — Les gens d'*Amour* se retirent alors pour délibérer et rapportent leurs conclusions. Il ne faut pas compter sur *Richesse* (10659), qui n'a que mépris pour l'amant ; il faut attaquer le château par ses quatre côtés : *Faux Semblant* et *Abstinence contrainte* s'en prendront à *Male Bouche* ; *Délit* (Plaisir) et *Bien Celer* à *Honte* ; *Hardement* et *Sûreté* (Assurance) à *Peur* ; *Franchise* et *Pitié* à *Dangier* ; quant à la Vieille, *Courtoisie* et *Largesse* en feront leur affaire. Mais il faut aussi savoir que sans Vénus, la mère d'*Amour*, le succès est des plus douteux ; il serait bon de la faire venir (10718). *Amour* répond que sa mère Vénus, pour qui il a tout le respect qui convient, n'est pas à sa disposition et qu'il faut lui laisser à elle-même le choix du moment où elle jugera bon d'intervenir (10734). — Ici se place une légère digression : Vénus, dit *Amour*, se mêle souvent d'affaires où je n'ai rien à voir et auxquelles je ne souhaite nullement de prendre part, bien qu'on prétende parfois, à tort, que j'y joue un rôle. Il s'agit des cas où elle parvient à la réalisation de ses désirs à la suite d'un marché, parfois très onéreux (10737), qui lui assure l'entrée dans la place dont elle souhaite s'emparer — marché de dupe, au reste, car celui qui en fait les frais n'acquiert en réalité que l'illusoire possession d'un objet qui peut, à la moindre occasion, lui échapper (10786) et sur lequel il n'a aucun droit de véritable propriétaire. — *Amour* revient alors à son sujet, et il s'engage par serment solennel à tirer vengeance de *Richesse* qui lui refuse son aide, et cela par un moyen bien simple : il mènera à la ruine tous ses favoris et les réduira à la plus complète misère (10834). Il a toujours eu, d'ailleurs, tendresse de cœur pour les pauvres, qui sont pour lui des serviteurs plus fidèles et plus sincères (10856). L'assemblée approuve hautement de telles déclarations, mais ajoute qu'*Amour* n'a pas à se mettre en peine de tenir son serment : les dames se chargeront bien toutes seules d'en réaliser les menaces (10888).

10889-10921. — Mais *Faux Semblant* (cf. 10463) est là, qui n'ose s'approcher, car il n'est pas encore tout à fait sûr des sentiments d'*Amour* à son égard. *Amour*, alors, le fait venir : « Tu seras des nôtres, dit-il, mais à condition de nous aider en toutes choses. On sait bien que tu es traître, parjure et voleur ; mais je veux que tu nous apprennes où l'on pourra te trouver en cas de besoin, et à quel signe on pourra te reconnaître, car aussi bien ce n'est pas là chose facile. »

10922-11984. *Discours de Faux Semblant.* — *Faux Semblant* commence par déclarer qu'il ne peut révéler les lieux que ses compagnons et lui-même fréquentent (sous le couvert de vertus affectées), car il s'attirerait par là la haine et la vengeance de ces mêmes compagnons rendus furieux par ce qu'ils considéreraient comme une trahison. Mais *Amour* insiste et *Faux Semblant* s'exécute (10977). « On me trouve, dit-il, aussi bien dans le siècle que chez les religieux, mais chez les religieux plus volontiers, car on s'y dissimule plus aisément. Naturellement, je ne parle pas des religieux sincères ; ceux-là, bien que je ne les aime guère (10992), je me garderai bien de les blâmer. Je parle des faux religieux, ceux qui prêchent l'humilité et sont pourris d'orgueil, qui prêchent la pauvreté et font la chasse aux richesses, en un mot, des religieux qui n'ont, de religion, que l'habit (11028). Il est curieux de voir, d'ailleurs, combien le commun se laisse facilement abuser par le vêtement, alors que seules les œuvres (11045) comptent. La vie dans le siècle n'entraîne pas nécessairement la perte de l'âme ; la piété la plus ardente peut fleurir sous la robe du laïc, et l'on vénère sur les autels bien des saints, et plus encore de saintes (pour ne pas dire ici la quasi totalité), qui n'ont jamais quitté le monde (11086). Le loup, revêtu d'une peau de brebis, n'en reste pas moins un loup ; il n'en est, au contraire, que plus redoutable (11102). L'Église d'aujourd'hui est pleine de loups de ce genre, à qui, hélas ! elle a confié la défense de sa cité. Aussi doit-elle s'attendre, si elle persiste dans son erreur, à se voir un jour soit entièrement soumise à leurs volontés soit même totalement dépossédée (11132).

Mais en voilà assez sur ce sujet. Je vous promets d'aider en toute circonstance vos hommes, à condition qu'ils m'acceptent, moi et mon amie, parmi eux. Au reste, s'ils me repoussent, ils sont perdus. Car je suis traître, larron, parjure, et il est difficile de découvrir mes manœuvres avant qu'elles aient porté leurs fruits. Je suis capable de revêtir plus d'apparences diverses que Protée lui-même ; chevalier ou moine, clerc ou prêtre, disciple ou maître, jeune ou vieux, prince ou page, je suis vraiment l'homme de toutes les situations (11164) ; bien mieux, pour suivre ma compagne, *Abstinence contrainte*, et lui complaire, je peux aussi revêtir des vêtements de femme, et me voilà religieuse, prieure, nonne, abbesse, novice, ou professe. Mais, de la religion, je ne prends que la paille et laisse le grain (11186) ; ma conduite s'accorde peu à mes paroles (11192). »

Et *Faux Semblant* se serait tu ici volontiers, mais *Amour* l'engage à poursuivre : « Dis-nous comment tu t'y prends pour tromper. A te voir ainsi vêtu, on te prendrait pour un saint ermite. — Certes, mais je suis hypocrite ; je prêche l'abstinence, mais j'aime bien boire et bien manger ; je prêche la pauvreté, mais j'accumule les richesses (11206). Au reste, bien que je feigne la pauvreté, je n'ai que mépris pour le pauvre, dont il n'y a rien à tirer. Ma sollicitude et mes visites sont pour le riche de qui on peut attendre bons deniers. Et je peux toujours dire, pour ma défense, que le riche, ayant eu plus d'occasions de pécher, a aussi besoin de plus pressants conseils (11238) — ce qui est faux d'ailleurs, témoin Salomon qui nous apprend que l'état de dénuement est aussi périlleux pour l'âme que l'abondance (11262).

Quant à la pratique de la mendicité, il est bien certain qu'on ne saurait l'autoriser par l'exemple de Jésus Christ et des apôtres, lesquels n'ont jamais mendié : tous les textes sont d'accord sur ce point, et c'était aussi autrefois la doctrine des maîtres en théologie parisiens. Même après la mort du Christ, les apôtres ont vécu du travail de leurs mains et distribuaient aux indigents le surplus de leur gain (11286). Tout homme qui en a le pouvoir doit gagner sa vie par son travail ; et la prière ne saurait dispenser de cette obligation (11314). Justinien a interdit la mendicité à ceux qui sont en état de travailler, et celui qui est dans ce cas et mange cependant le pain des nécessiteux, vieillards, malades ou estropiés, celui-là « mange sa damnation » (11344). Il est vrai que Dieu a ordonné au juste d'abandonner ses biens aux pauvres et de le suivre ; mais il n'a pas entendu par là que le juste devait désormais mendier. Nous avons à ce propos le témoignage de saint Paul (11353), qui recommande, lui aussi, le travail (11375). Il est possible, au reste, de consacrer tout son temps à la prière, si on le désire ; il suffit d'entrer dans un ordre pourvu de biens propres, comme sont les moines blancs, les moines noirs, les chanoines réguliers, les chevaliers de l'Hôpital ou du Temple (11394).

Le problème de la mendicité a été d'ailleurs discuté, ces derniers temps, et les cas où cette mendicité est licite ont été fixés. Peut mendier l'homme qui ne connaît aucun métier, celui sur qui pèse l'âge ou la maladie, celui qui par éducation n'a pas été dressé à l'effort et qui se trouve en état de nécessité, celui qui ne trouve pas de travail, celui dont le gain est insuffisant, et celui qui, pour la défense de la foi, veut se consacrer à quelque haut fait d'armes ou à quelque œuvre de pensée (11453). C'était du moins l'avis de maître Guillaume de Saint-Amour (11458) et cet avis était aussi celui de l'Université et de tous ceux qui assistaient à ses sermons (11466). Personne ne peut contester ce point, et je l'affirme, dussé-je être jeté contre tout droit en prison comme fut saint Paul ou banni à tort du royaume comme Guillaume de Saint-Amour, victime de ma mère *Hypocrisie* (11478). Il faut dire que Guillaume avait eu le courage d'écrire un livre où il racontait ma vie et prétendait m'interdire la mendicité pour m'imposer le travail. Travailler, moi ! Je préfère me donner les apparences de la religion et couvrir mes ruses du manteau d'une feinte piété (11494). » *Amour* est scandalisé : « Tu ne crains donc pas Dieu ? — Certes non, répond *Faux Semblant*. La crainte de Dieu signifie pauvreté ; richesses et honneurs vont aux usuriers, aux tricheurs, à tous ceux qui abusent de leur état pour dépouiller le peuple. Et moi, revêtu de ma robe de simplicité, je trompe trompés et trompeurs, je vole volés et voleurs (11522). J'entasse les biens de fortune, je construis des palais, je satisfais tous mes désirs, et mon opulence, loin de décroître, augmente sans cesse. Je m'introduis partout, je confesse empereurs, rois, ducs, barons, comtes, et aussi les femmes de toutes conditions, pourvu qu'elles soient riches ou puissantes (11556). Je me renseigne sur leur vie, je les persuade que leurs propres curés ne sont que des bêtes, et j'échange avec mes compagnons les secrets que nous révèle la confession (11568). Et pourtant, les hypocrites de religion ne seraient pas difficiles à démasquer : il suffit de leur appliquer les paroles que saint Mathieu, au chapitre XXIII de son Évangile, applique aux pharisiens (11572). Nous avons d'ailleurs d'autres armes encore : nous ruinons par la calomnie ceux qui s'opposent à nous (11630), nous nous vantons hautement des réussites ou des succès que nous prétendons avoir assurés (11648), nous nous mêlons et nous entremettons de tout : accord, mariage, testament ; une affaire qui nous est confiée est une affaire faite, à condition, bien entendu, que l'on se plie à nos volontés (11670). Voilà pourquoi nous avons abandonné les ermitages, la campagne, les lieux déserts, et nous construisons nos maisons en pleine ville (11682).

Nous sommes les valets de l'Antéchrist, doux agneaux en apparence, loups dévorants dans le fond de nos cœurs, et prétendons régenter le siècle. Hérétiques, usuriers, prévôts prévaricateurs, prélats oublieux de leurs devoirs, prêtres concubins, maquereaux, tenancières de bordel, tout ce monde de filous et de criminels trouvera grâce devant la justice, s'il peut nous enrichir et nous combler de ses dons. Sinon, le châtiment sera plus lourd encore que la faute (11730). Et les choses auraient pu aller plus mal encore, quand, en 1255, on vit paraître un livre diabolique, intitulé l'*Évangile éternel* (11772), qui se présentait comme inspiré par le Saint Esprit et qui prétendait l'emporter sur les quatre évangiles autant que le soleil l'emporte sur la lune ou le cœur de la noix sur la coque. Mais l'Université, garde de la chrétienté, leva la tête, et voulut soumettre le livre à la censure. Ceux qui l'avaient publié, incapables d'en défendre les monstruosités, firent alors disparaître l'ouvrage, et l'on ne sait ce qu'il en adviendra (11814). Ainsi nous attendrons l'Antéchrist et, lors de sa venue, nous nous rangerons à ses côtés. Ceux qui résisteront à sa puissance, nous les mettrons à mort, car il est écrit dans ce livre que Jean ne peut montrer sa force tant que Pierre aura le pouvoir (11826). Il faut entendre par Pierre le pape et les clercs séculiers qui s'en tiendront à l'enseignement du Christ, par Jean les prédicateurs qui répandront la doctrine de l'*Évangile éternel*. Il y a d'ailleurs dans ce même livre bien d'autres opinions diaboliques, contraires à la loi de Rome. Mais les partisans de Pierre auront beau être mis à mort, il en restera toujours assez pour assurer à la fin son triomphe. Il est dommage, en attendant, que ce livre n'ait pas été accepté, car mon pouvoir en eût été augmenté (11866).

Quoi qu'il en soit, *Barat* (Tromperie), mon père, est empereur du monde ; ma mère (*Hypocrisie*) en est l'impératrice. Nous régnons par nos maléfices, qui abusent le commun ;

et ceux qui connaissent notre vraie nature n'osent, par
crainte, s'opposer à nous. Dieu, certes, les punira de leur
lâcheté, mais que m'importe, si notre réputation de vertu,
quoique usurpée, nous assure la puissance (11896). Y a-t-il
plus grande sottise que d'estimer chevaliers et nobles dont
la vertu correspond à l'élégance, dont la conduite s'accorde
au langage et qui refusent d'être hypocrites ? C'est aux
béguins, aux bigots à la mine blafarde, aux vêtements
crottés, aux bottes avachies et pendantes que les princes
doivent confier le gouvernement de leurs terres ; et c'est à
leurs côtés que je me range afin d'exercer mes tromperies
(11922). Ceci dit, je ne prétends pas qu'on doive mépriser
tout homme qui a revêtu l'habit du pauvre ; mais qu'on
prenne garde à la sincérité de son cœur (11938). Quant à
vous, *Amour*, je n'oserais vous mentir, car je pense que
vous ne vous laisseriez pas prendre. Autrement, vous auriez
été servi comme les autres (11946). » *Amour* sourit d'une
telle franchise : « Mais me seras-tu fidèle ? — Je vous le
promets, répond *Faux Semblant*, mais ne me demandez
ni otage, ni lettre, ni témoin, ni gage : vous n'en seriez
pas plus assuré. Laissez-nous, moi et mon amie *Abstinence
contrainte*, vous tirer d'affaire (11984). »

Les troupes d'*Amour* se préparent alors à donner l'assaut
au château, réparties, selon le plan établi (cf. 10689 ss.)
en quatre groupes. *Faux Semblant* et *Abstinence contrainte*
décident d'attaquer *Male Bouche* par la ruse et se déguisent
pour cela en pélerins (12012). Leur portrait ; *Faux Sem-
blant* a soin de se munir d'un rasoir nommé *Coupe Gorge*,
qu'il glisse dans sa manche (12066). Les deux traîtres vont
trouver *Male Bouche* et lui demandent l'hospitalité ; ils
désirent aussi, si cela n'ennuie pas trop leur hôte, lui adres-
ser un sermon. *Malebouche*, trompé par la pieuse appa-
rence de ses visiteurs, accepte, et *Abstinence contrainte*
prend la parole la première (12148). « La principale des
vertus, dit-elle, c'est de savoir tenir sa langue. Or vous

êtes accoutumé de parler à tort et à travers. A preuve, le blâme que vous avez jeté sur le jeune homme qui venait ici et que vous avez accusé de vouloir séduire *Bel Accueil*. Vous savez bien que vous en avez menti. Le résultat, c'est que *Bel Accueil* est enfermé, privé de toutes joies, de tout plaisir ; que le jeune homme a été chassé et qu'on ne le voit plus dans les parages, si ce n'est à l'occasion et par hasard (ce qui suffirait d'ailleurs à montrer qu'il n'avait nulle mauvaise pensée en tête). Cependant vous montez la garde nuit et jour à cette porte, et c'est là peine inutile, dont *Jalousie* qui vous a chargé de ce soin ne vous saura aucun gré. N'auriez-vous commis que ce péché que vous devriez être rigoureusement puni, à moins que vous ne vous repentiez (12219). » Mais *Malebouche* proteste ; s'il a partout claironné que le jeune homme avait baisé la rose, c'est qu'on le lui avait dit et qu'il l'a cru. Sa bonne foi est hors de cause (12245). « Tout ce que l'on raconte dans le pays n'est pas parole d'évangile, reprend alors *Faux Semblant*. Et l'innocence de ce jeune homme est évidente, puisque d'une part il continue à parler de vous avec honneur partout où il se trouve, qu'il vous fait bonne mine et n'a point cessé de vous saluer (ce qu'il ne ferait plus si vous aviez rompu ses projets) ; et que, d'autre part, il n'a fait aucune tentative pour se rapprocher de la rose ou pour forcer le château. Vous pouvez bien penser que, si *Bel Accueil* et lui étaient d'accord, ils seraient parvenus à leurs fins en dépit de votre surveillance. Vous avez donc gravement péché (12296). » *Malebouche* est ébranlé. « Que dois-je faire, demande-t-il ? — Vous confesser, répond *Faux Semblant*. D'ailleurs, je suis ordonné prêtre, je suis théologien, et le meilleur confesseur qu'on puisse trouver, bien supérieur en particulier à vos curés de paroisse. Je vous donnerai l'absolution (12330). » *Malebouche* alors s'agenouille, mais *Faux Semblant* lui saisit la gorge, l'étrangle et lui coupe la langue avec son rasoir, puis jette le corps dans un fossé. Il pénètre ensuite dans la place et met à mort tous les soudoyers normands, plongés dans le sommeil de leur ivresse habituelle (12350).

Courtoisie et *Largesse* peuvent maintenant rejoindre *Faux Semblant* et *Abstinence contrainte* ; et tous quatre se saisissent de la Vieille, gardienne de *Bel Accueil*. Mais la Vieille ne tient pas à recevoir quelque mauvais coup (12364) : « Que désirez-vous, bonnes gens ? » demande-t-elle. On lui explique alors de quoi il retourne. Il faut qu'elle persuade *Bel Accueil* de recevoir un chapeau de fleurs que lui envoie l'amant et qu'elle ménage une entrevue entre les deux jeunes gens. Tout cela n'est pas bien grave au reste ; l'amant promettra de se bien conduire ; et l'on donne à la Vieille quelques joyaux pour la décider. Celle-ci est d'ailleurs d'accord ; elle craint seulement le bavardage indiscret de *Malebouche* ; mais quand on lui a montré le personnage étendu mort dans le fossé, elle n'a plus aucune hésitation et promet tout ce que l'on veut (12456).

Ici, et en aparté, *Faux Semblant* déclare que l'agrément de la Vieille est certes le bienvenu ; mais que si elle avait refusé son concours, cela n'aurait pas changé grand'chose. La surveillance la plus étroite est bien obligée de se relâcher de temps à autre ; et les amants ont mille moyens de se rejoindre : accès dérobé que l'on gagne par une nuit obscure, fenêtre d'où l'on se glisse le long d'une corde, jardin d'où l'on parvient à s'enfuir, porte que l'on laisse entr'ouverte. Et l'amant d'ajouter que telles étaient bien les ruses qu'il comptait mettre en œuvre, si la Vieille s'était montrée revêche (12510).

Cependant la Vieille a rejoint *Bel Accueil*, tristement appuyé aux créneaux de la tour où il est enfermé. « Confiez-moi la cause de vos chagrins, mon enfant », demande-t-elle. Mais *Bel Accueil* se méfie ; il n'était inquiet, prétend-il, que de la longue absence de sa compagne. « Où avez-vous été si longtemps ? — Où ? vous allez l'apprendre. » Et la Vieille d'expliquer qu'elle est chargée de lui remettre un chapeau de fleurs de la part d'un jeune homme qu'elle

a rencontré et qui paraît fort amoureux. Mais *Bel Accueil*
se méfie encore. Quel peut être ce jeune homme ? Alors la
Vieille, après l'avoir assuré qu'il s'agit du jeune amant
calomnié par *Male Bouche*, prononce un vif éloge de celui
dont elle a pris en main les intérêts, jeune homme char-
mant, plein de délicatesse et de discrétion, qui ne se risquera
pas à demander ce qu'on serait contraint de lui refuser,
plein de courage aussi, de noblesse, et d'une générosité
à faire pâlir la réputation, pourtant bien établie, du roi
Arthur ou d'Alexandre (12637). Cependant *Bel Accueil*
n'est pas encore rassuré ; malgré son envie, il hésite à
prendre le bel objet que la *Vieille* veut lui placer entre les
mains. « Et si *Jalousie* venait à l'apprendre ? Si elle me
demande d'où vient ce chapeau ? — Mais il y a plus de
vingt réponses à faire, rétorque l'autre, ne serait-ce, par
exemple, que c'est moi qui vous l'ai donné. » Cette fois,
plus de résistance, *Bel Accueil* accepte le don de l'amant.
Et la *Vieille* juge le moment venu de donner quelques con-
seils au jeune inexpérimenté qu'elle a sous sa garde (12709).

12710-14516. *Discours de la Vieille*. — « Je suis vieille,
dit-elle, et vous êtes jeune. Je sais qu'il vous faudra passer
tôt ou tard dans le bain de l'amour. Écoutez mes conseils,
si vous voulez vous en sortir sans dommage. Ah ! si j'avais eu,
quand j'avais votre âge, la connaissance des jeux d'amour
que j'ai aujourd'hui ! Car j'ai été belle en mon temps, et
ma beauté attirait tant d'amoureux rivaux que leurs que-
relles, maître Algus lui-même, qui sait pourtant, avec
ses dix chiffres, si bien compter, n'aurait pu en calculer
le nombre (12770). Mais j'ai mis longtemps, par la pratique,
à acquérir la précieuse expérience dont je vais essayer
de vous faire profiter ; et quand je l'eus acquise, mon
temps était déjà passé ; les amoureux fuyaient ma porte,
les beaux jeunes gens jadis si empressés n'avaient plus
pour mes rides qu'un regard de dédain (12826). Et que
dire du cuisant regret des joies d'amour envolées ! Ma

seule revanche est de pouvoir aujourd'hui vous enseigner
ce que je n'ai appris que trop tard. Prêtez-moi attention ;
votre jeune mémoire, si l'on en croit Platon, doit facilement
retenir mes enseignements (12862). Si j'avais gardé ma
jeunesse, comme je saurais tirer vengeance de tous les jeunes
vauriens qui me méprisent et se rient de moi ! Je me ven-
gerais de leur orgueil en les plumant, en les dépouillant,
et ceux-là de préférence qui m'aimeraient de meilleur cœur.
Mais, hélas ! mes regrets sont inutiles ; et je n'ai plus pour
moi que le souvenir des plaisirs que j'ai connus. Jeune
dame ne perd pas son temps qui mène vie joyeuse, surtout
si elle pense à satisfaire ses besoins (12918).

L'âge m'a fait aujourd'hui venir en ce pays, où votre
garde m'a été confiée. Que Dieu m'accorde de bien m'acquit-
ter d'une tâche, que votre sagesse rend d'ailleurs facile,
malgré votre beauté ! Aussi ne désiré-je pas vous initier à
l'amour. Mais je vous montrerais cependant les chemins
que j'aurais dû suivre, au cas où, de vous-même, vous
souhaiteriez vous y engager (12946). » Ici un temps d'arrêt
pour épier ce que va répondre *Bel Accueil*. Mais *Bel Accueil*
se tait et, comme qui ne dit mot consent, la Vieille entre
dans le vif du sujet (12970). « Les jeux d'Amour ont leur
règle qu'il faut connaître si l'on ne veut pas y laisser ses
plumes (12977). Chacun sait, en particulier, qu'on doit
y suivre, en principe, dix commandements que vous con-
naissez bien (cf. *supra* 10369) ; mais c'est folie que de se
conformer aux deux derniers : gardez-vous, au contraire,
de vous montrer généreux et de réserver votre cœur à un
seul amant. Ce cœur, vous devez le vendre, et toujours
au plus offrant. Quant aux mains, ne les ouvrez que pour
recevoir. On ne doit donner que dans l'espoir d'un retour
avantageux (13030). Je n'ai rien à vous apprendre en ce
qui concerne le maniement des cinq flèches d'amour (cf.
supra 1679 ss.) ni l'art de la parure (13062), mais, croyez-
moi, ne fixez pas trop fermement votre cœur sur celui
que vous aurez choisi ; je saurai bien vous trouver une

troupe d'amants riches et généreux, et vous jurerez à chacun qu'il est le seul qui vous agrée. Les serments d'amour sont sans conséquence et les dieux eux-mêmes nous ont donné, en ce domaine, l'exemple de l'insouciance (13114). La femme qui n'a qu'un amant est semblable à la souris qui n'a qu'un trou pour refuge ; elle est perdue, dès qu'elle est abandonnée, et ce serait grande naïveté que de compter sur la fidélité des hommes, à preuve les histoires bien connues d'Enée et de Didon (13143), de Phillis et Démophon (13181), de Paris et d'Œnone (13185), de Jason et de Médée (13199). Tous les hommes sont trompeurs ; il n'est que de leur rendre la pareille et, sans trop se soucier de ceux qui vous recherchent, tâcher de gagner ceux qui seraient tentés de vous négliger (13244). Pour atteindre ce but, certains artifices de toilette ou de coquetterie ne seront pas inutiles : faux cheveux, teintures, fards et onguents (13253). Il y a aussi un art de mettre en valeur ses avantages naturels ou de dissimuler ses imperfections : se décolleter si l'on a la gorge appétissante (13283), se couvrir d'une robe légère si on a les épaules un peu lourdes (13289), se faire soigner les mains ou les couvrir de gants si on ne les a pas absolument nettes (13293). Une poitrine un peu tombante se soutient à l'aide d'une pièce de toile fortement serrée (13299) ; quant à la chambre de Vénus, une propreté méticuleuse y est de rigueur (13305). Que la chaussure dissimule la laideur du pied, une chausse fine l'épaisseur de la jambe (13311). Si l'on a mauvaise haleine, ne pas parler à jeun et se détourner du nez des gens (13315). Il y a aussi un art du rire, ni trop relâché ni trop contraint ; la femme doit rire à bouche close, non à gueule ouverte, sans montrer ses dents, surtout si elles sont mal rangées (13321). Et de même un art de pleurer (13337). La tenue à table a grande importance (13355). La femme ne doit prendre place qu'après avoir veillé à la bonne ordonnance du service ; elle doit choisir elle-même les morceaux destinés à son compagnon d'assiette, ne pas tremper ses doigts dans la sauce, ne pas porter de trop gros morceaux à la bouche, veiller à ne pas répandre de jus sur sa robe, ne pas boire la bouche pleine et les lèvres graisseuses, ni à grandes gorgées. Surtout qu'elle ne s'enivre pas (13419), ni ne s'endorme à table (13427) : Palinure est un bel exemple des dangers que présente un sommeil intempestif (13438).

Enfin, la femme ne doit pas trop reculer le moment des joies d'amour ; ces joies n'ont qu'un temps, celui de la jeunesse (13445). »

Et la Vieille de poursuivre : « Je vois, dit-elle à *Bel Accueil*, que vous enregistrez soigneusement mes leçons au livre de votre cœur. Je vous charge, à votre tour, de les enseigner plus tard à vos écoliers (13469). Et voici d'autres conseils : la femme ne doit pas rester enfermée chez elle ; qu'elle sorte et se montre en public le plus possible pour faire admirer sa beauté (13487) ; mais qu'elle ne sorte que bien parée et qu'elle surveille sa démarche (13499), que le soulier soit ajusté (13511), la robe légèrement soulevée pour dégager le pied (13522), que le manteau ne cache pas trop la forme du corps (13529) et, pour cela, qu'elle en écarte les bords des deux mains, un peu comme le paon fait la roue (13538) ; à défaut du visage, qu'elle fasse valoir sa nuque et sa coiffure (13548). Enfin qu'elle s'attaque à tous les hommes ; elle augmente ainsi ses chances d'avoir bonne chasse à son croc (13564).

Cependant qu'elle ne donne pas même rendez-vous à deux amants (13574), qu'elle ne s'embarrasse pas du pauvre (13587), ni de l'homme de passage (13591), si ce n'est contre bons deniers ou joyaux ; qu'elle se méfie de l'homme trop élégant et satisfait de sa personne (13602) : Ptolémée nous apprend qu'un tel personnage n'est guère capable d'aimer et les femmes risquent d'être ses victimes. Inutile de dire que l'on ne doit pas se fier aux seules promesses (13617), ni même aux promesses écrites (13627). Et l'on doit longtemps tenir l'amant en balance entre la crainte et l'espoir (13637), pour ne lui céder qu'avec les apparences d'un amour auquel on ne peut plus résister (13655).

Toutefois, l'essentiel, c'est de plumer son ami. C'est d'ailleurs le meilleur moyen d'être estimée, car n'est estimé que ce qui coûte cher (13671). Mais il y a la manière, et là, valets, femmes de chambre, sœur, nourrice ou mère peuvent être d'un grand secours, en attirant l'attention de l'amant sur le feint dénuement de son amie (13695). Elle, cependant, fera la réservée (13708) et, en cas de difficulté, pourra demander un prêt (13717), sans intention de rendre, bien entendu. Elle pourra aussi prétendre que tous ses effets sont en gage, que les intérêts s'accumulent chaque jour et que le souci l'empêche de faire bonne mine à son ami (13732). Et si l'ami s'excuse en prétextant qu'il est pour l'heure démuni d'argent, et remet au lendemain le soin de la soulager, qu'elle fasse la sourde oreille et le renvoie — car les hommes sont de fieffés menteurs (13764).

La femme doit aussi feindre de vivre dans la crainte et représenter sans cesse à son amant les prétendus dangers auxquels leurs amours les exposent (13765). Elle doit encore feindre d'être jalouse (13793), et l'amant, tout heureux, s'imaginera que son amie, en la matière, rend des points à Vulcain, trompé par son épouse Vénus et qu'il surprit dans les bras du dieu Mars (13811). Il est vrai que Vulcain était laid et que Vénus ne pouvait guère l'aimer. Mais elle ne l'aurait pas aimé davantage si ce mari avait été le bel Absalon aux cheveux d'or ou Pâris, le fils du roi de Troie (13842), car elle connaissait bien, la charmante, le jeu des femmes.

Car les femmes sont nées libres ; c'est la loi qui les contraint et leur ôte cette liberté. Mais *Nature* n'a pas été si sotte qu'elle ait créé Marote uniquement pour Robichon, ou Robichon pour la seule Mariette ou même Agnès, ou même Perrette. Nous sommes faits, mon cher enfant, tous pour toutes et chacun pour chacune (13858). Et voilà pourquoi, en dépit du mariage institué afin d'éviter querelles et meurtres et pour aider à l'éducation des enfants, les femmes n'ont qu'un désir, c'est de retrouver, par tous les moyens, cette liberté perdue (13866). Et leur lutte a entraîné, entraîne encore et entraînera toujours bien des maux, dont je pourrais citer de nombreux cas (13872). Horace a, à ce sujet, une juste parole (13893) et je puis aussi alléguer d'autres exemples de la puissance de la Nature : voyez l'oiseau en cage (13911), qui ne pense qu'à s'enfuir pour retrouver les bois ; voyez le moine dans son couvent (13938), qui regrette sa liberté aliénée ; voyez le poisson dans la nasse (13949), où il est parfois entré, séduit par l'appât de la nourriture et l'illusoire abondance qu'il se promettait, et qui y reste prisonnier. Même douleur chez le jeune homme qui a prononcé des vœux imprudents (13978), car *Nature* ne perd jamais ses droits. Horace (13989) l'a dit : « Chassez la nature à coups de fourches ; elle reviendra à coup sûr. » Et c'est là une bonne excuse à la conduite de Vénus et de toutes les dames que les liens du mariage n'empêchent pas de se livrer aux jeux de l'amour (14003).

Nature est plus puissante qu'éducation : a-t-on besoin d'apprendre au chat à chasser la souris (14009) ? au poulain ou à la pouliche de rechercher la pouliche ou le poulain, et cela quelle que soit la couleur de leur poil (14023) ? Et ce que je dis du poulain et de la pouliche est vrai de la vache et du taureau, de la brebis et du bélier — est vrai aussi de l'homme et de la femme (14058). La loi, sans doute, nous interdit de suivre notre appétit naturel et exige que nous nous en tenions au seul partenaire du mariage, du moins tant qu'il est en vie. Mais la tentation est forte, et l'on n'y résiste guère (quand on y résiste) que par pudeur ou crainte du châtiment (14070). Je le sais bien par moi-même, qui me suis toujours efforcée d'être aimée de tous. Et, n'eût été la honte, quand je me promenais par les rues et rencontrais de beaux jeunes gens au regard d'amour, je les aurais volontiers tous acceptés, l'un après l'autre, selon mon pouvoir (14090). Inversement, il me semblait bien qu'eux-mêmes, de leur côté, m'auraient fort bien

abordée (et je n'en excepte ni prélat ni moine, ni cheva-
lier, ni bourgeois, ni chanoine), s'ils ne s'étaient imaginés
qu'ils risquaient d'être mal reçus. Mais s'ils avaient connu
ma pensée et la loi de nature, ce doute ne les aurait pas
arrêtés (14102). Ni foi jurée ni vœu religieux ne les eût
retenus, sauf peut-être quelque sot enchifrené d'amour
pour son amie ; encore n'est-il pas sûr que quelques mots
échangés ne l'eussent pas converti (14130).

Pour en revenir à Vénus, dès qu'elle vit découvertes
ses amours avec Mars, elle eut bien moins de retenue,
et les deux amants firent désormais à portes ouvertes ce
qu'ils avaient jusqu'alors tenu caché (14142). Vulcain
aurait donc mieux fait de dissimuler et feindre l'ignorance.
Il en est de même, ici bas, pour les jaloux impénitents.
Mais, dans notre cas, la jalousie de la dame est une jalousie
simulée (retour à 13793), qui n'a pour but que de tromper
l'amoureux crédule (14172).

Et si son ami ne cherche pas à se disculper ou même
déclare, pour la fâcher, qu'il a une autre amie qu'elle, elle
peut, sans doute, donner les signes de la plus vive colère,
mais qu'au fond de son cœur elle ne s'inquiète guère du
fait. Qu'elle menace seulement de lui rendre la pareille,
et elle le verra, s'il l'aime, en plus mauvais point que jamais
(14191). Il faudra aussi entretenir l'inquiétude de l'amant
en feignant quelque arrivée subite du mari (ou de toute
autre personne) qui oblige à se cacher (14197) ; même ruse
peut servir au cas où un second prétendant surviendrait
au cours d'un premier rendez vous (14211). A l'heure du
combat amoureux, fenêtres entrecloses doivent procurer
une ombre propice à dissimuler quelque imperfection
toujours possible (14251) ; le plaisir doit être commun,
de fait (14263) ou tout au moins en apparence (14274).
Si rendez-vous est pris chez l'ami, il convient de s'y faire
un peu attendre (14281) et de simuler la plus grande frayeur
(14293). En cas de rigoureuse surveillance d'un mari jaloux,
on peut avoir recours au vin qui enivre, aux herbes qui

endorment (14307), ou prétexter quelque malaise qui exige une visite aux bains publics (14327), lieu favorable aux rendez-vous d'amour. En fait, personne ne peut garder une femme qui ne se garde pas elle-même ; c'est là une tâche impossible, même pour Argus aux cent yeux (14351).

— Toute femme doit aussi éviter d'ajouter foi à la sorcellerie, à la magie, à la science de Balinus (14369) et s'imaginer qu'on puisse, par ces moyens, contraindre personne à l'amour ou à la haine : ni Médée ni Circé n'ont pu retenir Jason ou Ulysse (14374). Enfin, aucune femme ne doit faire à son amant aucun cadeau de prix. Qu'elle s'en tienne à quelques objets sans grande valeur, comme font les nonnes. Soit dit en passant d'ailleurs, je n'approuve guère les amours de nonnes (14390) ; il vaut mieux s'adresser aux femmes du siècle ; outre qu'on s'en attire moins de blâme, les femmes du siècle sont plus libres, et, tout compte fait, les nonnes coûtent encore plus cher que les autres. Et d'autre part, tout homme sage doit se méfier des dons de femme ; car don de femme ne peut guère être que tromperie, la largesse ne leur étant pas qualité naturelle (14403). Quoi qu'il en soit, mon cher enfant, tu peux donc faire quelques cadeaux comme ceux que je viens de dire (14411), mais surtout garde bien ce que l'on te donne, en pensant toujours à la fin où tend la jeunesse, je veux dire la vieillesse (14419). C'est un temps où il fait bon d'être pourvu, et les biens que l'on n'a pas su conserver ne valent pas un grain de moutarde (14426).

Hélas ! ce n'est pas ce que j'ai fait ! J'ai tout donné ce que je recevais à ceux pour qui j'avais tendre cœur, et surtout à l'un d'entre eux, un vaurien (14448), le seul qui me plût vraiment. Il n'avait pourtant pour moi que mépris ; même il me battait ; mais j'étais assez folle, femme que j'étais, pour lui savoir gré de ses coups (14464). Si brutal qu'il eût été, il savait toujours faire sa paix, et sur le champ, ce solide amoureux sans qui je ne pouvais vivre (14482). C'est lui qui nous a ruinés, car il jouait dans les tavernes et n'avait pas de métier. A quoi bon d'ailleurs, puisque je suffisais à tout, et sans peine, en ce temps-là (14494) ? Aussi dépensait-il sans compter, satisfaisant à sa paresse et à son goût du plaisir. Mais un jour vint où les dons cessèrent d'affluer. Il est devenu mendiant, et moi, sans ressource et sans mari, je suis venue ici (14508). Que l'état où vous me voyez vous serve de leçon. Quand votre rose sera flétrie et que vous subirez l'attaque des cheveux blancs, alors les dons, pour vous aussi, cesseront (14516). »

Ce discours, écouté volontiers par *Bel Accueil*, lui donne confiance, et il s'imagine que le château, qui n'est plus défendu que par *Jalousie* et les trois portiers qui lui restent, sera facile à prendre (14528). *Malebouche* était mort, en effet, et personne ne songeait à le pleurer, bien au contraire, même parmi les gens de son parti, qui haïssaient sa langue de calomniateur (14558). Mais les défenseurs de la place sont décidés à lutter jusqu'au bout et persuadés qu'ils tiendront bon facilement (14573).

Quant à *Bel Accueil*, il remercie la Vieille de sa sollicitude et lui déclare, non sans quelque affectation, qu'il ignore ce qu'est l'amour et ne désire pas en savoir plus long (14585). Des biens, il en a à suffisance ; il ne souhaite donc pas de nouvelles richesses (14588). Pour ce qui est de son prétendant, il n'a pour lui qu'indifférence attentive ; mais du moment qu'il a accepté son cadeau, il est tout disposé à le recevoir, à condition toutefois que *Jalousie* ne puisse avoir soupçon (14632). « Ne craignez rien, répond la Vieille, je me charge de tout ; si *Jalousie* arrivait, je sais tant de cachettes qu'elle trouverait un œuf de fourmi dans un tas de paille avant d'avoir découvert votre ami (14642). »

La Vieille alors va trouver l'amant et, après lui avoir demandé le cadeau qu'on doit aux porteurs de bonnes nouvelles (cadeau que l'amant lui promet d'autant plus splendide que, selon le conseil d'*Ami*, il se soucie peu des

3

moyens de tenir sa promesse), elle l'invite à se présenter
à une porte dérobée du château, où elle l'attendra pour
l'introduire auprès de qui l'attend (14688). L'amant se
présente au rendez-vous, apprend la mort de *Male Bouche*
(14699), trouve sur les lieux *Amour* et sa troupe qui ont
franchi l'enceinte (14702), puis, conduit par *Doux Regard*
(14729) qui réapparaît, arrive en présence de *Bel Accueil*
(14737). Échange de politesses, offres réciproques de ser-
vices. L'amant s'approche alors de la rose. Les douces
paroles de *Bel Accueil* semblent lui en avoir, en effet, donné
la liberté, et il est sur le point de porter la main sur la fleur
tant désirée, quand *Danger*, jusque là caché dans un coin,
surgit pour lui barrer le chemin (14790). A ses cris de menace
et de colère, *Peur* et *Honte* arrivent, et tous trois repoussent
l'audacieux (14814). Puis ils lui adressent une verte semonce :
« Est-ce ainsi que vous entendez les offres de politesse que
vous a faites *Bel Accueil* ? Ne savez-vous pas en quel sens
un honnête homme doit prendre de tels propos (14829) ?
Bel Accueil ne pensait certes pas à vous accorder la rose
(14840). Et vos offres, à vous, que signifiaient-elles ? Trom-
perie et vol ? Quittez au plus vite ce jardin dont vous
avez été déjà chassé (14854) et allez courir ailleurs votre
chance. Elle a manqué de sagesse celle qui vous a intro-
duit ici, mais elle a évidemment été trompée, de même
que *Bel Accueil*, le malheureux, à qui vous vouliez rendre
dommage contre service. Videz les lieux de bon gré, si
vous ne voulez y être contraint par la force (14878). Quant
à *Bel Accueil*, il sera puni de son imprudente conduite
(14891) et jeté dans la plus dure des prisons (14902). »
Les trois vilains personnages se précipitent alors sur *Bel
Accueil* et, après l'avoir battu, l'enferment sous une triple
serrure (14912). Puis ils reviennent à l'amant qui leur
demande en un long discours (14926) et pour toute punition
d'être placé dans la même prison que *Bel Accueil*. « Y a-t-il
demande qu'il soit plus naturel de satisfaire ? déclare-t-il.
On n'a jamais refusé à un coupable le cachot où il propose

d'entrer. Je m'engage, par ailleurs, à vous servir en tout ce que vous pouvez souhaiter, et si quelque désaccord surgit, nous prendrons *Bel Accueil* pour juge et arbitre (14976). » Inutile de dire que ce discours a peu de succès : « Ce serait mettre Renart dans le poulailler, s'écrie *Danger*. Quant à faire de *Bel Accueil* un juge, alors qu'il est coupable et condamné, c'est là une étrange idée. Il est cause que nous perdons toutes les roses de notre jardin, et l'on ferait bien de le tenir en cage (15007). » L'amant élève alors une sorte de protestation solennelle contre l'emprisonnement, injuste à son avis, de *Bel Accueil* (15015). Mais *Danger* et ses deux compagnons répliquent durement (15031) et s'apprêtent à jeter hors du jardin (15039) l'amant qui implore à voix basse le secours de ses amis. Les troupes d'*Amour* sont alors alertées et, après avoir crié aux armes (15049), s'apprêtent à livrer bataille contre les défenseurs du château, bien décidés de leur côté à résister à l'assaut (15104).

15105-15272. — Ici l'auteur interrompt un instant la narration pour placer une sorte d'appel à ses lecteurs, qui est en même temps une apologie de son œuvre. Dans cette véritable chasse qu'est la conquête amoureuse, dit-il, vous entendez en ce moment les chiens glapir contre le lapin, le connin, que vous poursuivez, ainsi que le furet qui doit le précipiter dans vos filets (15112). Et si vous comprenez bien mes paroles, vous aurez un art d'amour efficace. D'autre part, au cas où il se trouverait quelques passages obscurs dans mes développements, tout sera expliqué quand je donnerai l'interprétation du songe (15117). Vous serez alors en état de répondre aux objections que l'on pourrait vous faire, et toute mon intention sera claire. Mais je dois auparavant me défendre contre certaines accusations de mauvaise foi (15126).

Si vous trouvez, dans mon écrit, quelque parole trop hardie ou trop libre, dont les médisants prennent texte pour m'attaquer (15134), répondez-leur avec courtoisie et, cette réponse faite, s'il est vrai que je doive cependant m'excuser pour certains passages, je fais appel à votre indulgence et vous prie de faire valoir cet argument, à savoir que la matière même que je traitais m'amenait à user de telles paroles (15144). J'ai pour moi l'autorité de Salluste (15148) qui a bien dit que, si l'écrivain voulait être vrai, il lui fallait accommoder les mots aux choses (15160).

Et vous, dames de valeur, si vous trouvez dans mes discours quelques remarques trop brutales ou trop méchantes contre les mœurs féminines, ne m'en blâmez pas, je vous prie (15171). Mon seul but est d'enseigner et je ne parle contre personne qui soit en vie. Par ailleurs, je n'ai guère fait que reproduire ce qu'ont dit, sur le sujet, les auteurs anciens (15194) ; c'est donc à eux qu'il faudrait vous en prendre. Mais sans doute savaient-ils de quoi ils parlaient. Quant à ce que j'ai pu ajouter de mon cru, cela n'a été que par jeu (15206) et pour égayer la matière, selon l'habitude des poètes (15207).

Le personnage de *Faux Semblant* soulève aussi la colère de bien des gens. Mais je proteste (15221) ici que jamais mon intention n'a été d'attaquer personne qui suive d'un cœur sincère les saintes règles de l'ordre religieux où il est entré, quelque vêtement qu'il porte. Je ne vise que les hypocrites, qu'ils soient du siècle ou vivent en cloître (15232). Et si quelqu'un se plaint d'avoir été touché par les coups que je porte à la volée, je n'y suis pour rien, car il est facile à chacun de les éviter : un cœur droit y suffit. Je n'ai d'ailleurs rien avancé qu'on ne puisse prouver (15266) et je m'en remets pour le reste à l'autorité de l'Église (15272).

Nous revenons à la bataille qui s'engage entre les troupes d'*Amour* et les défenseurs du château. La première passe d'armes a lieu entre *Danger* et *Franchise* (15273 ss.). *Danger*, le vilain brutal, abat la noble dame (15337) et s'apprête à lui faire subir un triste sort quand *Pitié* (15361) arrive au secours de sa compagne. *Pitié* arrose *Danger* de ses larmes (15375), et *Danger* sent toute sa fureur combative fondre et s'attendrir (15377). Un discours de *Honte* lui rappelle toutefois ses devoirs, et *Honte* elle-même tire son épée (15431) contre *Pitié*, mais elle est alors attaquée par *Délit* (le Plaisir). Vaine attaque, il est vrai, car *Délit* succombe au premier coup que *Honte* lui porte (15453). A ce moment apparaît *Bien Celer*, vaillant guerrier armé d'une épée silencieuse, et qui frappe *Honte* et l'étourdit : « Rendez-vous, dit-il à *Honte* ; *Jalousie* n'en saura rien, je vous promets le secret (15477). » *Honte* ne sait que répondre, quand *Peur* arrive à la rescousse et renverse *Bien Celer* (15499). Mais c'est pour se trouver aux prises avec *Hardement* (15500), sur qui d'ailleurs, et contre toute attente, elle l'emporte facilement (15520). Surgit alors *Sûreté* (15526), qui interpelle *Peur* : « Qu'est-ce à dire ? s'écrie-t-elle. Et où avez-vous appris à combattre, vous qui avez toujours pris la fuite en bataille ! Car c'est bien vous qui autrefois avez mis des ailes aux pieds de Cacus, quand il avait volé les bœufs d'Hercule et qu'il fuyait devant le héros (15543) ! Quittez les lieux ou rendez-vous. » Mais *Peur* fait front ; les deux adversaires perdent leur épée au cours de la première passe et continuent la lutte en se saisissant à bras-le-corps (15580). La mêlée devient alors générale, mais les troupes d'*Amour* ont le dessous, et leur chef est contraint de demander une trêve (15605), qui lui permet de faire appel à sa mère, Vénus (15602).

Les messagers d'*Amour* arrivent au mont Cithéron (confondu par l'auteur avec Cythère), résidence de la déesse (15631). Vénus, en compagnie d'Adonis, y prenait son repos, après la chasse (15668), et elle profitait de ce répit pour donner quelques conseils de prudence à son jeune ami (15696), conseils qui ne furent pas suivis, comme chacun sait, puisqu'Adonis devait périr sous les coups d'un sanglier (15720). Ce qui montre bien, entre parenthèses, que nous devons toujours ajouter foi à ce que nous disent nos amies ; et si elles nous jurent qu'elles sont toutes nôtres, nous devons les croire comme la patenôtre (15734). — Quant Vénus apprend les difficultés où se débat *Amour*, elle décide immédiatement de voler à son secours et jure de détruire le château de *Jalousie* (15748). Elle fait atteler son char qu'emportent des colombes et se rend sur le champ de bataille où les combats ont recommencé avant l'expiration des trêves (15770). Dès son arrivée, Vénus jure qu'elle détruira *Chasteté* dans le cœur de toutes les femmes (15803) en dépit de *Jalousie*, et elle invite son fils à prononcer le même serment concernant les hommes. *Amour* s'emporte tout d'abord en une énergique invective contre tous ceux qui se refusent aux plaisirs qu'il dispense à ses fidèles (15846) ; puis le dieu et la déesse, devant toute l'armée, jurent, non pas sur reliques, mais sur leur carquois, leurs flèches, leurs arcs, leurs dards et leurs brandons (15860).

Cependant *Nature*, qui a le soin des choses que le ciel enferme sous lui, était entrée dans sa forge (15866). Elle s'occupait à y forger les individus destinés à perpétuer les espèces. Car les individus assurent la continuité de ces espèces que la Mort ne peut atteindre malgré son ardeur à les pourchasser (15871), tant *Nature* la suit de près. La Mort peut bien, en effet, frapper les individus, qui sont soumis à sa loi, mais elle ne peut les frapper tous à la fois (15882), si bien que lorsqu'elle attrappe celui-ci, celui-là lui échappe. Il est vrai qu'en fin de compte, tous tombent sous ses coups ; la fuite, ici, ne sert de rien (15890), ni la diversité des carrières que l'on peut avoir choisies. Que l'on se réfugie à la danse, à l'église ou à l'école ; que l'on soit marchand ou artisan ; que l'on s'abandonne aux plaisirs de la table ou du lit ; que l'on monte sur de grands chevaux, s'embarque en mer ou qu'on entre, hypocrite, au couvent, la Mort au noir visage (15915) finira par vous prendre dans ses lacs (15925). Les plus fameux médecins eux-mêmes, Hippocrate, Galien, Rasis, Constantin, Avicenne, y ont laissé leur peau (15932). Mais la Mort ne parvient pas à détruire l'espèce, car elle ne peut s'emparer de tous les individus ensemble ; et tant qu'il en demeurera un, la forme commune subsistera (15944). La preuve, c'est le phénix qui nous la donne, le phénix dont il n'y a jamais qu'un exemplaire, mais qui renaît sans cesse, parce que la forme en subsiste (15954). Et telle est la loi de notre monde sublunaire (15974).

Nature donc, dans sa forge, et pour parer aux destructions de la Mort et de la Corruption, travaille sans relâche à recréer, par génération nouvelle, de nouvelles pièces qu'elle frappe au coin de ses diverses monnaies (15986) ; et l'*Art*, de son côté, sur le modèle de ses empreintes, tirait lui aussi des exemplaires, mais sans atteindre à une réalisation parfaite de la forme (15988) ; à genoux devant *Nature,* il l'implore de lui révéler ses secrets et cherche à l'imiter, mais il n'est que le singe de *Nature* (16001) et, en dépit de ses efforts, ses figures, si diverses et soignées qu'elles soient, sont incapables de se mouvoir, de vivre, de sentir ou de parler (16034).

L'*Art* peut aussi se consacrer à l'alchimie et colorer tous les métaux, mais il s'épuisera avant de réussir à transmuer les espèces (16038), à moins qu'il ne parvienne à les ramener à leur première matière. Et même s'il y parvenait, encore lui faudrait-il connaître, quand il ferait son elixir, le juste mélange dont doit sortir la forme qui distingue entre elles les substances selon leurs différences spécifiques telles qu'elles apparaissent dans leur définition, quand cette définition est correcte (16052).

Toutefois, ceci ne veut pas dire que l'alchimie ne soit pas une technique véritable. Quoi qu'il en soit des espèces, les corps particuliers, soumis à des préparations convenables, peuvent se transformer de telle sorte que cette transformation les range dans une espèce différente de leur espèce première (16065). A preuve la fougère transformée en verre et en cendre par les maîtres verriers, ou les vapeurs d'eau

transformées en pierre lors des orages (16082). On pourrait
en faire autant des métaux, si l'on savait les raffiner et
les ramener à leurs formes pures, qui ne sont pas sans affi-
nités entre elles, puisque tous les métaux, selon une opé-
ration naturelle, sont issus, dans les entrailles de la terre,
du soufre et du vif-argent (16094). Il suffirait alors de
préparer les esprits de telle sorte qu'ils pussent pénétrer
les corps purifiés et s'y fixer ; à condition que le soufre ne
fût pas brûlant, on obtiendrait le métal désiré, selon la
teinture blanche ou rouge (16104). C'est ainsi qu'on voit
les alchimistes, à peu de frais, transformer l'argent en
or, l'or en pierres précieuses et les autres métaux en argent
(16114). Mais les charlatans sont bien incapables d'un tel
résultat (16118).

Cependant *Nature*, quoiqu'absorbée par sa tâche, plai-
gnait son sort et pleurait à fendre l'âme (16126). Elle avait
un repentir au cœur et aurait volontiers résigné ses fonc-
tions si elle en avait eu l'autorisation de son maître (16134).

J'aurais aimé vous la décrire, mais j'en suis bien inca-
pable. Que dis-je, moi ? Je pense que c'est une tâche impos-
sible pour un être humain, au dessus des forces d'un Platon,
d'un Aristote, d'un Algus, d'un Euclide, d'un Ptolémée,
tous écrivains pourtant renommés (16142) ; Pygmalion,
Parrasius, Apelle, Miron, Policlète auraient été incapables
de la représenter ; même Zeuxis, pourtant peintre remar-
quable, et dont Tulles, dans son livre de *Rhétorique* (16167),
nous rapporte l'anecdote des cinq pucelles présentées nues
à l'artiste afin qu'il en tirât un modèle de beauté parfaite,
même Zeuxis eût échoué à l'épreuve (16180). Ce n'est pas
que je ne m'y sois essayé ; mais j'ai bien vite compris ma
présomption (16189) et je préfère me taire. C'est que Dieu,
quand il créa *Nature*, en fit la source de toute beauté,
beauté insondable, beauté incomparable et qui dépasse
l'entendement humain (16218).

Quand *Nature* entendit le serment prononcé par Vénus
et l'*Amour* (cf. 15847 ss.), elle fut quelque peu soulagée

de sa peine. Toutefois la faute, la seule faute qu'elle pensait avoir jamais commise la tourmentait encore (16241). Elle fit venir son chapelain *Genius* (16255) afin de se confesser, et *Genius* lui promet l'aide de ses conseils, mais il ajoute : « Cessez, dame, de pleurer si vous voulez penser à votre confession. Je crois, en effet, que la chose est grave, car un noble cœur comme le vôtre ne se laisse pas émouvoir sans bonne raison (16292). »

« Il est vrai, ajoute-t-il, que les femmes s'abandonnent facilement à leurs chagrins. Virgile leur reproche leur humeur changeante ; Salomon leur propension à la colère et leur méchanceté (16303). Leurs vices sont innombrables ; Tite-Live les déclare accessibles à la seule flatterie, tant elles sont sottes et crédules, et l'Écriture affirme que leur défaut essentiel est l'avarice (16316).

Elles sont aussi incapables de taire un secret. Malheur à l'homme qui leur confie ce qu'il est important de tenir caché ! Tôt ou tard, elles révèleront ce qui leur a été dit, sans même y être invitées par personne (16334). Celui qui leur fait part de ses secrets devient leur esclave ; il met même sa vie en péril, si le secret est le secret d'un crime (16358). Il faut voir avec quelle habileté la femme, dans l'intimité du lit, sait arracher à son mari, tourmenté par quelque pensée douteuse, la confidence de ses projets ou de sa conduite ; tous les arguments sont bons : la sécurité du lieu (16382), la feinte indignation pour la confiance refusée (16402), le prétendu chagrin de la femme méprisée (16422), l'appel à la foi jurée (16443), l'exemple invoqué de la pratique des autres couples, voisins ou amis (16453), l'assurance de la loyauté (16474), la promesse du silence (16492), les caresses enfin (16507). Le malheureux finit par céder, puis il le regrette, mais trop tard. Comment peut-il compter sur la discrétion de son épouse, lui qui n'a pas su tenir sa propre langue (16526) ? En tout cas, et en attendant pis, il est désormais dans l'entière dépendance de celle à qui il s'est découvert (16538).

Voilà ce qu'on devrait dire aux hommes, et en même temps leur apprendre ce vers de Virgile (16556) : « Fuyez, fuyez, enfants, vous qui cueillez fleurettes et fraises, fuyez : un serpent est caché dans l'herbe. » Et la brûlure de son venin, nul thériaque ne la guérit (16586).

Naturellement, cela ne veut pas dire qu'il faut éviter tout commerce avec les femmes, ne serait-ce que pour avoir des enfants (16597). Honorez-les, habillez-les ; remettez-leur la tenue de votre maison, si elles en sont capables ; laissez-les exercer leur métier, si elles en ont un — mais, pour Dieu, ne leur laissez pas prendre l'autorité sur vous : c'est d'ailleurs un conseil de l'Écriture elle-même (16615). Quant à vous, qui avez des amies, soyez leur bons compagnons, mais tenez votre langue et méfiez-vous des confidences sur l'oreiller : on ne sait que trop ce qu'il en a coûté à Samson avec Dalila (16647). Un dernier mot suffira ; il est de Salomon (16661) : Devant celle qui repose sur ton sein, garde les portes de ta bouche.

Ce discours, au reste, n'est pas pour vous, termine *Genius*, car vous avez toujours été loyale et ferme (16676). »

Telles étaient les consolations que *Genius* prodiguait à *Nature*. Puis il prend place sur un siège, près de son autel ; et *Nature*, à genoux, tout en pleurant, commence sa confession (16698).

[LE ROUMANZ DE LA ROSE]

* *

Mes quant l'en a la chose aquise,
si recovient il grant mestrise   8228
au bien garder et sagement,   [70 a]
qui joïr en veut longuement ;
car la vertu n'est mie mendre
de bien garder et de deffendre   8232
les choses, quant eus sunt aquises,
que d'eus aquerre en quelque guises ;
s'est bien droiz que chetif se claime
vallez, quant il pert ce qu'il aime,   8236
por quoi ce soit par sa defaute,
car mout est digne chose et haute
de bien savoir garder s'amie
si que l'en ne la perde mie,   8240
meesmement quant Dex la done
sage, simple, cortoise et bone,
qui s'amor doint et point n'en vande ;
car onques amor marchaande   8244

ne fu par fame controvee,
fors par ribaudie provee ;
n'il n'i a point d'amor, sanz faille,
en fame qui por don se baille :   8248
tele amor fainte mau feus l'arde,
la ne doit l'en pas metre garde !

    Si sunt eles voir pres que toutes
covoiteuses de prendre, et gloutes   8252
de ravir et de devorer,
si qu'il ne puist riens demorer
a ceus qui plus por leur se claiment
et qui plus leaument les aiment ;   8256
car Juvenaus si nous raconte,
qui d'Hiberine tient son conte,
que mieuz vosist un des euz perdre   [b]
que soi a un seul home aherdre,   8260
car nus seus n'i peüst soffire,
tant estoit de chaude matire ;
que ja fame n'iert tant ardanz
ne ses amors si bien gardanz   8264
que de son chier ami ne veille
et les tormenz et la despueille.
Or vez que les autres feroient,
qui por dons aus homes s'otroient ;   8268
ne nule n'en peut l'en trover
qui ne se veille ainsinc prover,
tant ait home en subjection :
toutes ont ceste entencion.   8272
Vez ci la regle qu'il en baille ;
mes il n'est regle qui ne faille,
car des mauveses entendi
quant ceste sentence rendi.   8276
Mes s'el est tex con je devis,

leaus de queur, simple de vis,
je vos diré que l'en doit fere.
Vallet cortois et debonere,   8280
qui veust a ce metre sa cure,
gart que du tout ne s'aseüre
en sa biauté ne en sa forme ;
droiz est qu'il son engin enforme   8284
de mors et d'arz et de sciences ;
car qui les fins et les provences
de biauté savroit regarder,
biauté se peut trop poi garder ;   8288
tantost a fete sa vespree   [a]
con les floretes en la pree,
car biautez est de tel matire :
quant el plus vit, et plus enpire.   8292
    Mes li sens, qui le veust aquerre,
tant con il peut vivre sus terre
fet a son mestre compaignie,
et mieuz vaut au chief de sa vie   8296
c'onq ne fist au conmencement ;
tourjorz va par avancement,
ja n'iert par tens apetisiez.
Mout doit estre amez et prisiez   8300
vallet de noble entendement,
quant il en use sagement ;
mout redoit estre fame liee,
quant el a s'amor emplïee   8304
en biau vallet, cortois et sage,
qui de sens a tel tesmoignage.
    Ne por quant, s'il me requeroit
conseill, savoir se bon seroit   8308
qu'il feïst rimes jolivetes,
motez, fableaus et chançonetes

qu'il veille a s'amie envoier
por lui tenir et apoier,   8312
ha las ! de ce ne peut chaloir :
biau diz i peut trop poi valoir !
Li dit, espoir, loé seront,
d'autre preu petit i feront.   8316

Mes une grant borse pesanz,
toute farsie de besanz,
s'el la voiet saillir en place,   [b]
tost i corroit a pleine brace,   8320
qu'eles sunt mes si aorsees
qu'el ne queurent fors aus borsees.
Jadis soloit estre autrement,
or va tout par enpirement.   8324

Jadis, au tens des prumiers peres
et de noz prumereines meres,
si con la letre le tesmoigne,
par cui nous savons la besoigne,   8328
furent amors leaus et fines,
sanz covoitise et sanz rapines,
et li siecles mout precieus.
N'ierent pas si delicieus   8332
ne de robes ne de viandes ;
il cuilloient es bois les glandes
por pains, por chars et por poissons,
et cerchoient par ces boissons,   8336
par vaus, par plains et par montaignes
pomes, poires, noiz et chastaignes,
boutons et meures et pruneles,
framboises, freses et ceneles,   8340
feves et pois et tex chousetes
con fruiz, racines et herbetes ;
et des espiz des blez frotoient,

et des resins as chans grapoient, 8344
sanz metre en pressoërs n'en esnes.
Li miel decouroient des chesnes,
dom habundanment se vivoient,
et de l'eve simple buvoient, 8348
sanz querre pigment ne claré, [71 a]
n'onques ne burent vin paré.
   N'iert point la terre lors aree ;
mes, si con Dex l'avoit paree, 8352
par soi meïsmes aportoit
ce don chascun se confortoit ;
ne queroient saumonz ne luz
et vestoient les queurs veluz, 8356
et fesoient robes des laines,
sanz taindre en herbes ne en graines,
si con el venoient des bestes.
Covertes erent de genestes, 8360
de foilliees et de rameaus
leur bordetes et leur hameaus,
et fesoient en terre fosses.
Es roches et es tiges grosses 8364
des chesnes creus se reboutoient
quant l'air tampesté redoutoient
de quelque tampeste aparant ;
la s'en fuioient a garant ; 8368
et quant par nuit dormir voloient,
en leu de coustes aportoient
en leur caseaus monceaus ou gerbes
de fuelles ou de mousse ou d'erbes. 8372
   Et quan li air iert apesiez
et li tens douz et aesiez
et li vent moul et delitable
si con en printens pardurable, 8376

que cil oisel chascun matin
s'estudient en leur latin
a l'aube du jour saluer,   [b]
qui touz leur fet les queurs muer,   8380
Zephyrus et Flora sa fame,
qui des fleurs est deesse et dame,
— cist dui font les floretes nestre ;
fleurs ne connoissent autre mestre,   8384
car par tout le monde semant
les va cil et cele ansemant,
et les fourment et les colorent
des couleurs don les fleurs honorent   8388
puceles et vallez praisiez
de biaus chapelez ranvaisiez,
por l'amor des fins amoreus,
car mout ont en grant amor eus —   8392
de floretes leur estendoient
les coustes paintes, qui rendoient
tel resplendor par ces herbages,
par ces prez et par ces ramages   8396
qu'il vos fust avis que la terre
vousist enprendre estrif ou guerre
au ciel d'estre mieuz estelee,
tant iert por ses fleurs revelee.   8400
  Seur tex couches con je devise,
sanz rapine et sanz covoitise,
s'entracoloient et besoient
cil cui li jeu d'amors plesoient.   8404
Cil arbre vert, par ces gaudines,
leur paveillons et leur cortines
de leur rains seur eus estendoient,
qui dou soleill les deffendoient.   8408
La demenoient leur queroles,   [a]

leur jeus et leur oiseuses moles
les simples genz asseürees,
de toutes cures escurees,   8412
fors de mener jolivetez
par leaus amiabletez.
N'encor n'avoit fet roi ne prince
Meffez, qui l'autrui tost et pince.   8416
Trestuit pareill estre soloient
ne riens propre avoir ne voloient.
Bien savoient cele parole,
qui n'est mençongiere ne fole,   8420
qu'onques amor et seigneurie
ne s'entrefirent compaignie
ne ne demorerent ensemble :
cil qui mestroie les dessemble.   8424
   Por ce voit l'en des mariages,
quant li mariz cuide estre sages
et chastie sa fame et bat,
et la fet vivre en tel debat   8428
qu'il li dit qu'el est nice et fole
don tant demore a la querole
et don el hante si sovent
des jolis vallez le covent,   8432
que bone amour n'i peut durer,
tant s'entrefont maus andurer,
quant cil veut la mestrise avoir
du cors sa fame et de l'avoir :   8436
« Trop iestes, fet il, vilotiere,
si ravez trop nice maniere.
Quant suis en mon labor alez,   [b]
tantost espinguez et balez   8440
et demenez tel resbaudie
que ce semble grant ribaudie,

et chantez conme une sereine.
Dex vos mete en male semeine !   8444
   Et quant vois a Rome ou en Frise
porter nostre marchaandise,
vos devenez tantost si cointe
(car je sai bien qui m'en acointe)   8448
que par tout en vet la parole.
Et quant aucuns vos apparole
por quoi si cointe vos tenez
en touz les leus ou vos venez,   8452
vos responez : « Hari ! Hari !
c'est por l'amor de mon mari. »
Por moi ! Las doulereus chetis !
Qui set se je forge ou je tis,   8456
ou se je sui ou morz ou vis ?
L'en me devroit flatir ou vis
une vesie de mouton !
Certes, je ne vaill un bouton   8460
quant autrement ne vos chasti.
Mout m'avez or grant los basti
quant de tel chose vos vantez !
Chascun set bien que vos mantez.   8464
Por moi ! Las doulereus, por moi !
Maus ganz de mes mains enformoi
et cruieusement me deçui,
quant onques vostre foi reçui   8468
le jor de nostre mariage.   [72 a]
Por moi menez tel rigolage !
Por moi menez vos tel bobant !
Qui cuidez vos aler lobant ?   8472
Ja n'ai je pas lors le poair
de ces cointeries voair,
que cil ribaut saffre et friant,

qui ces puteins vont espiant, 8476
entor vos remirent et voient,
quant par ces rues vos convoient.
A cui parez vos ces chastaignes ?
Qui me peut fere plus d'engaignes ? 8480
Vos fetes de moi chape a pluie !
Quant orendroit lez vos m'apuie,
je voi que vos estes plus simple
en ce sercot, en cele guimple, 8484
que turterele ne coulons.
Ne vos chaut s'il est corz ou lons,
quant sui touz seus lez vos presanz.
Qui me donroit .iiii. besanz, 8488
conbien que debonere saie,
se por honte ne le lessaie,
ne me tendroie de vos batre
por vostre grant orguell abatre. 8492
Si sachiez qu'il ne me plest mie
qu'il ait seur vos nule cointie,
soit a querole soit a dance,
fors seulement en ma presance. 8496
   D'autre part, nou puis plus celer,
entre vos et ce bacheler,
Robichonet au vert chapel, [b]
qui si tost vient a vostre apel, 8500
avez vos terres a partir ?
Vos ne poez de lui partir,
tourjorz ensemble flajolez ;
ne sai que vos entrevolez, 8504
que vos poez vos entredire.
Tout vif m'esteut enragier d'ire
par vostre fol contenement.
Par icelui Dieu qui ne ment, 8508

se vos ja mes parlez a li,
vos en avrez le vis pali,
voire, certes, plus noir que meure ;
car des cops, se Dex me sequeure,   8512
ainz que ne vos ost le musage,
tant vos donré par ce visage,
qui tant est aus musarz plesanz,
que vos tendroiz coie et tesanz ;   8516
ne ja mes hors sanz moi n'irez,
mes a l'ostel me servirez,
an bons aneaus de fer rivee.
Deable vos font si privee   8520
de ces ribauz pleins de losange,
don vos deüssiez estre estrange.
Ne vos pris je por moi servir ?
Cuidez vos m'amor deservir   8524
por acointier ces orz ribauz,
por ce qu'il ont les queurs si bauz
et qu'il vos retreuvent si baude ?
Vos estes mauvese ribaude,   8528
si ne me puis en vos fier.   [a]
Maufé me firent marier.
  Ha ! se Theofrastus creüsse,
ja fame espousee n'eüsse.   8532
Il ne tient pas home por sage
qui fame prent par mariage,
soit bele ou lede, ou povre ou riche,
car il dit, et por voir l'afiche,   8536
en son noble livre *Aureole*,
qui bien fet a lire en escole,
qu'il i a vie trop grevaine,
pleine de travaill et de paine   8540
et de contenz et de riotes,

par les orgueuz des fames sotes,
et de dangiers et de reproches
qu'el font et dient par leur boches,   8544
et de requestes et de plaintes
qu'el treuvent par achesons maintes.
Si ra grant paine en eus garder
por leur fous volairs retarder.   8548
Et qui veust povre fame prendre,
a norrir la l'esteut entendre,
et a vestir et a chaucier ;
et s'il tant se cuide essaucier   8552
qu'il la prengne riche forment,
au soffrir la ra grant torment,
tant la trove orgueilleuse et fiere
et seurquidee et bobanciere.   8556
S'el rest bele, tuit i aqueurent,
tuit la porsivent, tuit l'anneurent,
tuit i hurtent, tuit i travaillent,   [b]
tuit i luitent, tuit i bataillent,   8560
tuit a li servir s'estudient,
tuit li vont entor, tuit la prient,
tuit i musent, tuit la covoitent,
si l'ont en la fin, tant esploitent,   8564
car tour de toutes parz assise
enviz eschape d'estre prise.
   S'el rest lede, el veust a touz plere.
Et conment porroit nus ce fere   8568
qu'il gart chose que tuit guerroient
ou qui veust touz ceuz qui la voient ?
S'il prent a tout le monde guerre,
il n'a poair de vivre en terre.   8572
Nus nes garderoit d'estre prises,
por tant qu'il fussent bien requises.

Penelope neïs prendroit
qui bien a lui prendre entendroit,   857
si n'ot il meilleur fame en Grece ;
si feroit il, par foi, Lucrece,
ja soit ce qu'el se soit occise
por ce qu'a force l'avoit prise   8580
li filz le roi Tarquinius ;
n'onc, ce dit Tytus Livius,
mariz ne peres ne parant
ne li porent estre garant,   8584
por peine que nus i meïst,
que devant eus ne s'oceïst.
Du deul lessier mout la requistrent,
mout de beles resons li distrent,   8588
et ses mariz meesmement   [73 a]
la confortoit piteusement
et de bon queur li pardonoit
tout le fet, et li sarmonoit,   8592
et s'estudioit a trouver
vives resons a lui prouver
que ses cors n'avoit pas pechié,
quant li queurs ne vost le pechié ;   8596
car cors ne peut estre pechierres
se li queurs n'en est consentierres.
Mes ele, qui son deul menoit,
un coustel en son sain tenoit   8600
repoust, que nus ne le veïst
quant por soi ferir le preïst,
si leur respondi sanz vergoigne :
« Biau seigneur, qui que me pardoigne   8604
l'ort pechié don si fort me poise,
ne conment que du pardon voise,
je ne m'en pardoig pas la peine. »

Lors fiert, de grant angoisse pleine,   8608
son queur et le fant, si se porte
devant eus a la terre morte ;
mes ainz pria qu'il travaillassent
tant por lui que sa mort venchassent.   8612
Cest example voust procurer
por les fames asseürer
que nus par force nes eüst
qui de mort morir ne deüst ;   8616
don li rois et ses filz en furent
mis en essill et la morurent,
n'onc puis Romain par ce deroi   [b]
ne voudrent fere a Rome roi.   8620
Si n'est il mes nule Lucrece,
ne Penelope nule en Grece,
ne preude fame nule an terre,
se l'en les savoit bien requerre ;   8624
n'onc fame ne se deffandi,
qui bien a lui prandre antandi,
ainsinc le dient li paien,
n'onques nus n'i trova maien.   8628
Maintes neïs par eus se baillent,
quant li requereür defaillent.
  Et cil qui font le mariage,
si ront trop perilleus usage   8632
et coustume si despareille
qu'el me vient a trop grant merveille.
Ne sai don vient ceste folie,
fors de rage et de desverie.   8636
Je voi que qui cheval achete
n'iert ja si fols que riens i mete,
conment que l'en l'ait bien covert,
se tout nou voit a descovert ;   8640

par tout le resgarde et espreuve.
Mes l'en prent fame sanz espreuve,
ne ja n'i sera descoverte,
ne por gaaigne ne por perte,   8644
ne por solaz ne por mesese,
por ce, sanz plus, qu'el ne desplese
devant qu'ele soit espousee.
Et quant el voit la chose outree,   8648
lors primes moutre sa malice,   [a]
lors pert s'el a sus soi nul vice,
lors fet au fol ses meurs sentir,
quant riens n'i vaut le repentir.   8652
Si sai ge bien certeinement,
conbien qu'el se maint sagement,
n'est nus qui mariez se sente,
s'il n'est fols, qu'il ne s'en repente.   8656
    Preude fame, par saint Denis !
don il est mains que de fenis,
si con Valerius tesmoigne,
ne peut nus amer qu'el nou poigne   8660
de granz poors et de granz cures
et d'autres meschaances dures.
Mains que de fenis ? par ma teste !
por compareison plus honeste,   8664
voire mains que de blans corbiaus,
conbien qu'eus aient les cors biaus.
Et ne por quant, que que j'en die,
por ce que ceus qui sunt en vie   8668
ne puissent dire que je queure
a toutes fames trop a seure,
qui preude fame veust connoistre,
soit seculiere ou soit de cloistre,   8672
se travaill veust metre en lui querre,

c'est oiseaus cler semez en terre,
si legierement connoissables
qu'il est au cine noir semblables.   8676
Juvenaus neïs le conferme,
qui redit por santance ferme :
« Se tu treuves chaste moillier,   [b]
va t'an au temple agenoillier   8680
et Jupiter anclins aeure,
et de sacrefier labeure
a Juno, la dame honoree,
une vache toute doree »,   8684
qu'onc plus merveilleuse avanture
n'avint a nule creature.

    Et qui veust les males amer,
donc deça mer et dela mer,   8688
si con Valerius raconte,
qui de voir dire n'a pas honte,
sunt essain plus granz que de mouches
qui se recuellent en leur rouches,   8692
a quel chief en cuide il venir ?
Mal se fait a tel rain tenir,
et qui s'i tient, bien le recors,
il en perdra l'ame et le cors.   8696

    Valerius, qui se douloit
de ce que Rufin se vouloit
marier, qui ses compainz iere,
li dist une parole fiere :   8700
« Diex touz poissanz, fet il, amis,
gart que tu ne soies ja mis
es laz de fame tout poissant,
toutes choses par art froissant. »   8704
    Juvenaus meïsmes escrie
a Posthumus qui se marie :

« Posthumus, veuz tu fame prandre ?
Ne peuz tu pas trover a vandre   8708
ou harz ou cordes ou chevestres,
ou saillir hors par les fenestres
donc l'en peut haut et loign voair,
ou lessier toi du pont choair ?   8712
Quel forsenerie te maine   [74 a]
a cest torment, a ceste paine ? »
    Li rois Phoroneüs meïsmes,
qui, si conme nous apreïsmes,   8716
ses lais au peuple grec dona,
ou lit de sa mort sarmona
et dit a son frere Leonce :
« Frere, fet il, je te denonce   8720
que tres beneürez morusse
s'onq fame espousee n'eüsse. »
Et Leonce tantost la cause
li demanda de ceste clause.   8724
« Tuit li mari, dist il, l'espreuvent
et par experimenz la treuvent ;
et quant tu avras fame prise,
tu le savras bien a devise. »   8728
    Pierres Abailarz reconfesse
que seur Heloÿs, abbeesse
du Paraclit, qui fu s'amie,
acorder ne se voloit mie   8732
por riens qu'il la preïst a fame ;
ainz li fesoit la jenne dame,
bien antendanz et bien letree
et bien amanz et bien amee,   8736
argumenz a lui chastier
qu'il se gardast de marier,
et li provoit par escritures

et par resons que trop sunt dures   8740
condicions de mariage,
conbien que la fame soit sage ;
car les livres avoit veüz   [b]
et estudiez et seüz,   8744
et les meurs feminins savoit,
car tretouz en soi les avoit.
Et requeroit que il l'amast,
mes que nul droit n'i reclamast,   8748
fors que de grace et de franchise,
sanz seigneurie et sanz mestrise,
si qu'il peüst estudier
touz siens, touz frans, sanz soi lier,   8752
et qu'el rentendist a l'estuide,
qui de science n'iert pas vuide ;
et li redisoit toutevoies
que plus plesanz ierent leur joies   8756
et li solaz plus en craissaient
quant plus a tart s'entrevoiaient.
Mes il, si conme escrit nous a,
qui tant l'amoit, puis l'espousa   8760
contre son amonestement,
si l'en meschaï malement ;
car puis qu'el fu, si con moi semble,
par l'acort d'ambedeus ensemble,   8764
d'Argentuell nonain revestue,
fu la coille a Pierre tolue
a Paris en son lit de nuiz,
don mout ot travauz et enuiz ;   8768
et fu puis ceste meschaance
moines de Saint Denis en France,
puis abbes d'une autre abbaïe,
puis fonda, ce dit en sa *Vie*,   8772

une abbaïe renomee, [a]
qu'il a du Paraclit nomee,
dom Heloÿs fu abbeesse,
qui devant iert nonain professe. 8776
Ele meïsmes le raconte
et escrit, et n'en a pas honte,
a son ami, que tant amoit
que pere et seigneur le clamoit, 8780
une merveilleuse parole,
que mout de genz tendront a fole,
qu'il est escrit en ses espitres,
qui bien cercheroit les chapistres, 8784
qu'el li manda par letre expresse,
puis qu'el fu neïs abbeesse :
« Se li empereres de Rome,
souz cui doivent estre tuit home, 8788
me daignet volair prendre a fame
et fere moi du monde dame,
si vodroie je mieuz, fet ele,
et Dieu a tesmoign en apele, 8792
estre ta putain apelee
que empereriz coronee. »
Mes je ne croi mie, par m'ame,
c'onques puis fust nule tel fame ; 8796
si croi je que sa lestreüre
la mist a ce que la nature
que des meurs femenins avoit
vaincre et donter mieuz en savoit. 8800
Ceste, se Pierres la creüst,
onq espousee ne l'eüst.

Mariages est maus liens, [b]
ainsinc m'aïst saint Juliens, 8804
qui pelerins erranz herberge,

et sainz Lïenarz, qui desferge
les prisoniers bien repentanz,
quant les voit a soi dementanz.   8808
Mieuz me venist estre alez pendre
le jor que je dui fame prendre,
quant si cointe fame acointai.
Morz sui quant fame si cointe ai.   8812
   Mes, por le filz seinte Marie,
que me vaut ceste cointerie,
cele robe couteuse et chiere
qui si vos fet haucier la chiere,   8816
qui tant me grieve et atahine,
tant est longue et tant vos trahine,
por quoi tant d'orguell demenez
que j'en deviegn tout forsenez ?   8820
Que me fet ele de profit ?
Conbien qu'el aus autres profit,
a moi ne fet ele for nuire ;
car quant me veill a vos deduire,   8824
je la treuve si encombreuse,
si grevaigne et si ennuieuse
que je n'en puis a chief venir ;
ne vos i puis a droit tenir,   8828
tant me fetes et torz et guanches
de braz, de trumeaus et de hanches,
et tant vos alez detortant.
Ne sai conment ce va, for tant   8832
que bien voi que ma druerie   [75 a]
ne mes solaz ne vos plest mie.
Neïs au sair, quant je me couche,
ainz que vous reçoive en ma couche   8836
si con preudon fet sa moillier,
la vous covient il despoillier ;

n'avez seur chief, seur cors, seur hanche
c'une coife de teile blanche   8840
et les treçons, indes ou verz,
espoir, souz la coife couverz.
Les robes et les pennes grises
sunt lores a la perche mises,   8844
toute la nuit pendanz a l'air.
Que me peut lors tout ce valair,
fors a vendre ou a engagier ?
Vif me vaez vos enragier   8848
et morir de la male rage,
se je ne vent tout et engage !
Car puis que par jor si me nuisent
et par nuit point ne me deduisent,   8852
quel profit i puis autre atendre
fors que d'engagier ou de vendre ?
Ne vos, se par le voir alez,
de nule riens mieuz n'en valez,   8856
ne de sens ne de leauté,
non, par Dieu, neïs de biauté.

    Et se nus hom, por moi confondre,
voloit opposer ou respondre   8860
que les bontez des choses bones
vont bien es estranges persones
et que biau guernement font beles   [b]
les dames et les damoiseles,   8864
certes, quiconques ce diroit,
je diroie qu'il mentiroit,
car les biautez des beles choses,
saient violetes ou roses   8868
ou dras de saie ou fleur de lis,
si con escrit en livre lis,
sunt en eus, et non pas es dames ;

car savoir doivent toutes fames 8872
que ja fame jor qu'ele vive
n'avra fors sa biauté naïve ;
et tout autant di de bonté
con de biauté vos ai conté ; 8876
si di, por ma parole ovrir,
qui voudroit un fumier covrir
de dras de saie ou de floretes
bien colorees et bien netes, 8880
si seroit certes li fumiers,
qui de puir est costumiers,
tex con avant estre soloit.
Et se nus hom dire voloit : 8884
« Se li fumiers est lez par anz,
dehors en est plus biaus paranz ;
tout ainsinc les dames se perent
por ce que plus beles en perent, 8888
ou por leur laidures repondre »,
par foi, ci ne sai je respondre
fors tant que tel deception
vient de la fole vision 8892
des euz, qui parees les voient, [a]
par quoi li queur si s'en desvoient
por la plesant impression
de leur ymaginacion 8896
qu'il n'i sevent apercevoir
ne la mençonge ne le voir,
ne le sophime deviser
par defaut de bien aviser. 8900
  Mes s'il eüssent euz de lins,
ja por les manteaus sebelins,
ne por sercoz ne por coteles,
ne por guindes ne por toëles, 8904

ne por cheinses ne por pelices,
ne por joiaus ne por devices,
ne por leur moes desguisees,
qui bien les avroit avisees,   8908
ne por leur luisanz superfices,
dom el resemblent ardefices,
ne por chapiaus de fleurs noveles,
ne leur semblassent estre beles.   8912
Car le cors Alcipiadés,
qui de beautez avoit adés
et de coleur et de feture,
tant l'avoit bien formé Nature,   8916
qui dedenz voair le porroit,
por trop let tenir le vorroit :
ainsinc le raconte Boeces,
sages hom et plein de proeces,   8920
et tret a tesmoign Aristote
qui la parole ainsinc li note ;
car linx a la regardeüre   [b]
si fort, si percent et si pure   8924
qu'il voit tout quan que l'en li moutre
et dehors et dedenz tout outre.
   Si di c'onques en nul aé
Biauté n'ot pes o Chastaé ;   8928
tourjorz i a si grant tençon
qu'onc en fable ne en chançon
dire n'oï ne recorder
que riens les poïst acorder,   8932
qu'eus ont entre eus si mortel guerre
que ja l'une plein pié de terre
a l'autre ne lera tenir,
por qu'el puisse au desus venir.   8936
Mes la chose est si mal partie

que Chastaé, par sa partie,
quant assaut ou quant se revanche,
tant set poi de luite et de ganche   8940
qu'il li convient ses armes randre,
qu'el ne s'a poair de deffendre
contre Biauté qui trop est fiere.
Ledeur neïs, sa chamberiere,   8944
qui li doit honeur et servise,
ne l'aime pas tant ne ne prise
que de son hostel ne la chace,
et li queurt sus, au col sa mace,   8948
qui tant est grosse et tant li poise,
que merveilleusement li poise
dom sa dame en vie demeure
la montance d'une seule heure.   8952
S'est Chastaé trop mal baillie,   [76 a]
qu'el est de .ii. parz assaillie,
si n'a de nule part secours,
si l'en covient foïr le cours,   8956
car el se voit en l'estor seule :
s'el l'avoit juré sus sa gueule,
seüst neïs assez de luite,
quant chascunne encontre lui luite,   8960
n'oseroit ele contretier,
si qu'el n'i peut riens conquestier.
    Ledeur ait ore mal dahé,
quant si queurt sus a Chastaé,   8964
que deffendre et tencer deüst !
Neïs se mucier la peüst
entre sa char et sa chemise,
si l'i deüst ele avoir mise.   8968
Mout refet certes a blamer
Biauté, qui la deüst amer

et procurer, s'il li pleüst,
que bone pez entr'eus eüst ;   8972
son poair au meins en feïst
ou qu'en sa merci se meïst,
qu'el li deüst bien fere homage,
s'el fust preuz et cortoise et sage,   8976
non pas fere honte et vergoigne ;
car la letre neïs tesmoigne
ou sisieme livre Virgile,
par l'auctorité de Sebile,   8980
que nus qui vive chastement
ne peut venir a dampnement.

   Dom je jur Dieu, le roi celestre,   [b]
que fame qui bele veust estre   8984
ou qui dou resembler se paine,
et se remire et se demaine
por soi parer et cointoier,
qu'el veust Chastaé guerroier,   8988
qui mout a certes d'anemies.
Par cloistres et par abbaïes
sunt toutes contre lui jurees ;
ja si ne seront enmurees   8992
que Chastaé si fort ne heent
que toutes a honir la beent.
Toutes font a Venus homage,
sanz regarder preu ne domage,   8996
et se cointoient et se fardent
por ceus boler qui les regardent,
et vont traçant par mi les rues
por voair, por estre veües,   9000
por fere aus compaignons desir
de volair avec eus gesir.
Por ce portent eus les cointises

aus queroles et aus iglises, 9004
car ja nule ce ne feïst
s'el ne cuidast qu'an la veïst
et que par ce plus tost pleüst
a ceus que decevoir peüst. 9008
  Mes certes, qui le voir en conte,
mout font fames a Dieu grant honte
conme foles et desvaiees,
quant ne se tienent a paiees 9012
de la biauté que Dex leur done. [a]
Chascune a sus son chief corone
de floretes d'or ou de saie,
et s'en orgueillist et cointaie 9016
quant se va moutrant par la vile,
por quoi trop malement s'avile
la maleüree, la lasse,
quant chose plus vil et plus basse 9020
de soi veust sus son chief atrere
por sa biauté craistre ou parfere ;
et vet ainsinc Dieu despisant,
qu'el le tient por non soffisant, 9024
et se pense en son fol corage
que mout li fist Dex grant outrage,
qui, quant biauté li compassa,
trop negligenment s'en passa. 9028
Si quiert biauté des creatures
que Dex fet de plus vils figures,
con de metauz ou de floretes
ou d'autres estranges chosetes. 9032
  Sanz faille ausinc est il des homes.
Se nous, por plus biaus estre, fomes
les chapelez et les cointises
seur les biautez que Dex a mises 9036

en nous, vers lui mout mesprenons.
quant a paiez ne nous tenons
des biautez qu'il nous a donees
seur toutes creatures nees.   9040
Mes je n'ai de tex trufles cure ;
je veill soffisant vesteüre,
qui de froit et de chaut me gart.   [b]
Ausinc bien, se Dex me regart,   9044
me garantist et cors et teste,
par vent, par pluie et par tampeste,
forré d'agneaus cist miens bureaus
conme pers forré d'escureaus.   9048
Mes deniers, ce me semble, per
quant je por vos robe de pers,
de camelot ou de brunete,
de vert ou d'escallate achete,   9052
et de ver et de gris les forre.
Ce vos fet en folie corre
et fere les tourz et les moes
par les poudres et par les boes,   9056
ne Dieu ne moi riens ne prisiez.
Neïs la nuit, quant vos gisiez
en mon lit lez moi toute nue,
n'i poez vos estre tenue ;   9060
car quant je vos veill embracier
por vos besier et soulacier,
et sui plus forment eschaufez,
vos rechiniez conme maufez   9064
ne vers moi, por riens que je face,
ne volez torner vostre face,
mes si malade vos faigniez,
tant souspirez, tant vos plaigniez,   9068
et fetes si le dangereus

que j'en deviegn si poereus
que je ne vos ros assaillir,
tant ai grant poour de faillir,   9072
quant aprés dormir me resveille.   [77 a]
Mes trop me vient a grant merveille
conment cil ribaut i avienent,
qui par jor vestue vos tienent,   9076
se vos ainsinc vos detortez
quant avec eus vos deportez,
et se tant leur fetes d'enuiz
conme a moi de jorz et de nuiz.   9080
Mes n'en avez, ce cuit, talent,
ainz alez chantant et balant
par ces jardins, par ces preaus,
avec ces ribauz desleaus,   9084
qui traïnent ceste espousee
par l'erbe vert a la rousee,
et me vont ileuc despisant
et par despit entr'eus disant :   9088
« C'est maugré l'ort vilain jalous ! »
La char soit or livree a lous
et les os a chiens enragiez
par qui sui si ahontagiez !   9092
C'est par vos, dame pautoniere,
et par vostre fole maniere,
ribaude, orde, vils, pute lisse.
Ja vostre cors de cest an n'isse,   9096
quant a tex matins le livrez !
Par vos suis a honte livrez ;
par vos, par vostre lecherie
sui je mis en la confrarie   9100
saint Hernoul, le seigneur des cous,
dom nul ne peut estre rescous

qui fame ait, au mien esciant,   [b]
tant l'aust gardant ne espiant,   9104
bien ait neïs d'euz un millier !
Toutes se font hurtebillier,
qu'il n'est garde qui riens i vaille ;
et s'il avient que li fez faille,   9108
ja la volentez n'i faudra,
par quoi, s'el peut, au fet saudra,
car le volair torjorz en porte.
Mes forment vos en reconforte   9112
Juvenaus, qui dit du metier
que l'en apele rafetier
que c'est li mandres des pechiez
don queur de fame est entechiez,   9116
car leur nature leur conmande
que chascunne a pis fere entande.
Ne voit l'en conment les marrastres
cuisent venins a leur fillastres,   9120
et font charmes et sorceries
et tant d'autres granz deablies
que nus nes porroit recenser,
tant i seüst forment penser ?   9124
    Toutes estes, serez et fustes,
de fet ou de volenté, pustes ;
car, qui que puist le fet estaindre,
volenté ne peut nus contraindre.   9128
Tel avantage ont toutes fames
qu'eus sunt de leur volentez dames :
l'en ne vos peut les queurs changier
por batre ne por ledangier.   9132
Mes qui changier les vos peüst,   [a]
des cors la seigneurie eüst.
Or lessons ce qui ne peut estre.

Mes, biaus douz Dex, biaus rois celestre, 9136
des ribauz que porré je fere,
qui si me font honte et contrere ?
S'il avient que je les menace,
que priseront il ma menace ? 9140
Se je me vois a eus combatre,
tost me porront tuer ou batre,
qu'il sunt felon et outrageus,
de touz maus fere corageus, 9144
juenne et jolif, fol et testu :
ne me priseront un festu,
car juennece si les emflambe,
qui de feu les emple et de flambe 9148
et touz leur fet par estovoir
les queurs a folie esmovoir ;
et si legiers et si volanz
que chascun cuide estre Rolanz, 9152
voire Herculés, voire Sanson.
Si rorent cil .ii., ce pans'on,
qu'il est escrit et jeu recors,
resemblabes forces de cors. 9156
Cist Herculés avoit, selonc
l'aucteur Solin, .vii. piez de lonc,
n'onc ne pot a quantité graindre
nus homz, si com il dit, attaindre. 9160
Cist Herculés ot mout d'encontres,
il vainqui .xii. horribles montres ;
et quant ot vaincu le dozieme, [b]
onc ne pot chevir du trezieme, 9164
ce fu de Deïanira,
s'amie, qui li descira
sa char de venin toute esprise
par la venimeuse chemise. 9168

Si ravoit il por Yolé
son queur ja d'amors affolé.
Ainsinc fu par fame dontez
Herculés, qui tant ot bontez.   9172
Ausinc Sanson, qui pas .x. homes
ne redoutast ne quel .x. pomes
s'il eüst ses cheveuz eüz,
fu par Dallida deceüz.   9176
Si faz je que fos de ce dire,
car je sai bien que tire a tire
mes paroles toutes direz,
quant vos de moi departirez,   9180
aus ribaus vos irez clamer
et me porroiz fere entamer
la teste, ou les cuisses brisier,
ou les espaules encisier,   9184
se ja poëz a eus aler.
Mes se j'en puis oïr paler
ainz que ce me soit avenu,
et li braz ne me sunt tenu   9188
ou li pestauz ne m'est ostez,
je vos briseré les costez.
Amis ne voisin ne parant
ne vos i seront ja garant,   9192
ne vostre lecheür meïsmes.   [78 a]
Las ! por quoi nous entreveïsmes ?
Las ! de quiel hore fui je nez,
quant en tel vilté me tenez   9196
que cil ribaut mastin puant,
qui flatant vos vont et chuant,
sunt si seigneur de vos et mestre,
don seus deüsse sires estre,   9200
par cui vos estes soutenue,

vestue, chauciee et peüe,
et vos m'en fetes parçoniers
ces orz ribauz, ces pautoniers, 9204
qui ne vos font se honte non !
Tolu vos ont vostre renon,
de quoi garde ne vos prenez
quant entre voz braz les tenez. 9208
Par devant dient qu'eus vos aiment,
et par deriers putain vos claiment
et dient ce que pis leur semble,
quant il resunt entr'eus ensemble, 9212
conment que chascuns d'eus vos serve,
car bien connois toute leur verve.
Sanz faille, bien est veritez :
quant a leur bandon vos gitez, 9216
il vos sevent bien metre a point ;
car de dangier en vos n'a point,
quant entree estes en la foule
ou chascuns vos herce et defoule. 9220
Il me prent par foi grant envie
de leur solaz et de leur vie.
Mes sachez, et bien le recors, [b]
que ce n'est pas por vostre cors 9224
ne por vostre donaiement,
ainz est por ce tant seulement
qu'il ont le deduit des joiaus,
des fermauz d'or et des noiaus 9228
et des robes et des pelices
que je vos les con fos et nices ;
car quant vos alez aus queroles
ou a voz assemblees foles, 9232
et je remaign con fos et ivres,
vos i portez qui vaut .c. livres

d'or et d'argent seur vostre teste,
et conmandez que l'en vos veste   9236
de kamelot, de ver, de gris,
si que trestouz en amegris
de mautalent et de soussi,
tant m'en esmoi, tant m'en soussi.   9240
   Que me revalent ces gallandes,
ces coifes a dorees bandes,
et ces dïorez treçoërs,
et ces yvorins miroërs,   9244
ces cercles d'or bien entailliez,
precieusement esmailliez,
et ces corones de fin or,
don enragier ne me fin or,   9248
tant sunt beles et bien polies,
ou tant a beles perreries,
safirs, rubiz et esmeraudes,
qui si vos font les chieres baudes,   9252
ces fermauz d'or a pierres fines   [a]
a voz cous et a voz poitrines,
et ces tessuz, et ces ceintures,
don tant coutent les ferreüres,   9256
que l'or que les pelles menues ?
Que me valent tex fanfelues ?
Et tant estrait vos rechauciez
que la robe sovent hauciez   9260
por moutrer voz piez aus ribauz !
Ainsinc me confort saint Tibauz
con tout dedenz tierz jor vendré
et vil et souz piez vos tendré !   9264
N'avrez de moi, par le cors Dé,
fors cote et sercot de cordé
et une toële de chanvre,

mes el ne sera mie tenvre, 9268
ainz sera grosse et mal tessue
et desciree et recousue,
qui qu'en face ne deul ne pleinte ;
et, par mon chief, bien seroiz ceinte, 9272
mes dirai vos de quel ceinture :
d'un cuir tout blanc sanz ferreüre.
Et de mes houseaus anciens
ravrez granz solers a liens, 9276
larges a metre granz panufles.
Toutes vos osteré ces trufles,
qui vos donent occasion
de fere fornicacion, 9280
si ne vos irez plus moutrer
por vos fere aus ribauz voutrer.

Mes or me dites sanz contrueve, [b]
cele autre riche robe nueve 9284
don l'autre jor si vos parastes
quant aus queroles en alastes,
quar bien connois, et reson ai,
c'onques cele ne vos donai, 9288
par amors, ou l'avez vos prise ?
Vos m'avez juré saint Denise
et saint Philebert et saint Pere
qu'el vos vint de par vostre mere 9292
qui le drap vos en envoia,
car si grant amor en moi a,
si con vos me fetes entendre,
qu'el veust bien ses deniers despendre 9296
por moi fere les miens garder.
Vive la face l'en larder,
l'orde vielle putain prestresse,
maquereaus et charroierresse, 9300

et vos avec par voz merites,
s'il n'est ainsinc con vos le dites !
Certes, je li demanderoie ;
mes en vain m'en travailleroie,　　　　9304
tout ne me vaudroit une bille :
tele la mere, tel la fille.
Bien sai, parlé avez ensemble ;
andois avez, et bien le semble,　　　　9308
les queurs d'une verge tochiez.
Bien sai de quel pié vos clochiez.
L'orde vielle putain fardee
s'est a vostre acort acordee ;　　　　9312
autre foiz a ceste hart torse,　　　　[79 a]
de mainz mastinz a esté morse,
tant a divers chemins traciez ;
mes tant est ses vis effaciez　　　　9316
qu'el ne peut fere riens de sai,
si vos vent ore, bien le sai.
El vient ceanz et vos en maine
.iii. foiz ou .iiii. la semeine,　　　　9320
et faint noveaus pelerinages
selonc ses anciens usages,
car j'en sai tretout le convine,
et de vos pormener ne fine　　　　9324
si con l'en fet destrier a vendre,
et prent et vos enseigne a prendre.
Cuidez que bien ne vos connoisse ?
Qui me tient que je ne vos froisse　　　　9328
les os conme a poucin en paste
a ce pesteill ou a ce haste ! »
　　Lors la prent espoir de venue
cil qui de mautalant tressue　　　　9332
par les treces et sache et tire,

ront li les cheveus et descire
li jalous, et seur li s'aourse,
por noiant fust lions seur ourse,   9336
et par tout l'ostel la traïne
par corrouz et par ataïne,
et la ledange malement ;
ne ne veust, por nul serement,   9340
recevoir excusacion,
tant est de male entencion,
ainz fiert et frape et roille et maille   [b]
cele qui bret et crie et baille   9344
et fet sa voiz voler au venz
par fenestres et par auvenz,
et tout quan qu'el set li reprouche,
si con il li vient a la bouche,   9348
devant les voisins qui la vienent,
qui por fous ambedeus les tienent,
et la li tolent a grant paine
tant qu'il est a la grosse alaine.   9352
   Et quant la dame sent et note
ce torment et ceste riote
et ceste deduisant vïele
don cist juglierres li vïele,   9356
pensez vos qu'el l'en aint ja miauz ?
El vodroit ja qu'il fust a Miauz,
voire certes en Romenie.
Plus diroi, que je ne croi mie   9360
qu'ele le veille amer ja mes.
Semblant, espoir, en fera ; mes
s'i poait voler jusqu'au nues
ou si haut lever ses veües   9364
qu'il peüst d'ileuc sanz choair
touz les fez des homes voair

et s'apensast tout par loisir,
si faudroit il bien a choisir   9368
en quel perill il est cheüz,
s'il n'a touz les baraz veüz,
por soi garantir et tenser,
don fame se set porpenser.   9372
S'il dort puis en sa compaignie,   [a]
trop met en grant perill sa vie ;
voire en vaillant et en dormant
se doit il douter trop formant   9376
qu'el nou face, por soi vanchier,
enpoisoner ou detranchier,
ou mener vie enlangoree
par cautele desesperee,   9380
ou qu'el ne pent de s'en foïr,
s'el n'en peut autrement joïr.
Fame ne prise honor ne honte
quant riens en la teste li monte,   9384
qu'il est veritez sanz doutance
qu'en fame n'a point de sciance.
Vers quan qu'el het et quan qu'el aime,
Valerius neïs la claime   9388
hardie et artificieuse
et trop a nuire estudieuse.
    Conpainz, cist fos vilains jalous,
don la char soit livree a lous,   9392
qui si de jalousie s'ample
con ci vos ai mis en example,
et se fet seigneur de sa fame,
qui ne redoit pas estre dame,   9396
mes sa pareille et sa compaigne,
si con la loi les acompaigne,
et il redoit ses compainz estre

sanz soi fere seigneur ne mestre,   9400
quant tex tormenz li appareille
et ne la tient conme pareille,
ainz la fet vivre en tel mesese,   [b]
cuidez vos qu'il ne li desplese   9404
et que l'amor entr'eus ne faille,
que qu'ele die ? Oïl, sanz faille :
ja de sa fame n'iert amez
qui sires veust estre clamez ;   9408
car il covient amors morir,
quant amant veulent seignorir.
Amor ne peut durer ne vivre,
s'el n'est en queur franc et delivre.   9412
   Por ce revoit l'en ensement,
de touz ceus qui prumierement
par amors amer s'entreseulent,
quant puis espouser s'entreveulent,   9416
enviz peut entr'eus avenir
que ja s'i puisse amors tenir ;
car cil, quant par amors amoit,
serjant a cele se clamoit   9420
qui sa mestresse soloit estre :
or se claime seigneur et mestre
seur li, que sa dame ot clamee
quant ele iert par amors amee.   9424
Amee ? — Voire. — En quel maniere ?
— En tele que se sanz priere
li conmandast : « Amis, sailliez ! »
ou : « Ceste chose me bailliez »,   9428
tantost li baillast sanz faillir,
et saillist s'el mandast saillir.
Voire neïs, que qu'el deïst,
saillet il por qu'el le veïst,   9432

car tout avoit mis son desir   80 a]
en fere li tout son plesir.
Mes quant sunt puis entrespousé,
si con ci raconté vous é,   9436
lors est tornee la roële,
si que cil qui seut servir cele
conmande que cele le serve
ausinc con s'ele fust sa serve,   9440
et la tient courte et li conmande
que de ses fez conte li rande,
et sa dame ainceis l'apela !
Anviz meurt qui apris ne l'a.   9444
Lors se tient cele a mal baillie
quant se voit ainsinc assaillie
du meilleur, du plus esprové
qu'el ait en cest monde trové,   9448
qui si la veust contrarier.
Ne se set mes en cui fier,
quant sus son col son mestre esgarde,
don onques mes ne se prist garde.   9452
Malement est changié li vers ;
or li vient li geus si divers,
si felons et si estrangiez,
quant cil li a les dez changiez,   9456
qu'el ne peut ne n'ose joer.
Conment s'en peut ele loer ?
S'el n'obeïst, cil se corrouce
et la ledange, et cele grouce :   9460
eztes les vos en ire mis
et tantost par l'ire anemis.
  Por ce, compaignz, li ancien,   [b]
sanz servitute et sanz lien,   9464
pesiblement, sanz vilanie,

s'entreportoient compaignie,
n'il ne donassent pas franchise
por l'or d'Arrabe ne de Frise ;   9468
car qui tout l'or en voudroit prendre,
ne la porroit il pas bien vendre.

N'estoit lors nul pelerinage,
n'issoit nus hors de son rivage   9472
por cerchier estrange contree ;
n'onques n'avoit la mer passee
Jason, qui primes la passa,
quant les navies compassa   9476
por la toison d'or aler querre.
Bien cuida estre pris de guerre
Neptunus, quant les vit nagier ;
Triton redut vis enragier,   9480
et Dorys et toutes ses filles.
Por les merveilleuses semilles
cuidierent tuit estre trahi,
tant furent forment esbaï   9484
des nés qui par la mer voloient
si con li marinier vouloient.

Mes li prumier, don je vos conte,
ne savoient que nagier monte.   9488
Trestout trovoient en leur terre
quan que leur sembloit bon a querre ;
riche estoient tuit egaument
et s'entramoient loiaument.   9492
Ausinc pesiblement vivoient,   [a]
car naturelment s'entramoient,
les simples genz de bone vie.
Lors iert amor sanz symonie,   9496
l'un ne demandoit riens à l'autre,
quant Baraz vint lance sus fautre

et Pechiez et Male Aventure,
qui n'ont de Soffisance cure. 9500
Orgueill, qui desdaigne pareill,
vint avec o grant apareill,
et Covoitise et Avarice,
Envie et tuit li autre vice, 9504
si firent saillir Povreté
d'enfer, ou tant avoit esté
que nus de li riens ne savoit
n'onques en terre esté n'avoit. 9508
Mar fust ele si tot venue,
car mout i ot pesme venue !

Povreté, qui point d'ese n'a,
Larrecin son fil amena, 9512
qui s'en vet au gibet le cours
por fere a sa mere secours,
et s'i fet aucune foiz pendre,
que sa mere nou peut defendre. 9516
Non peut ses peres, Queurs Failliz,
qui de deul en rest maubailliz ;
neïs damoisele Laverne,
qui les larrons guie et governe 9520
(c'est des larrecins la deesse),
qui les pechiez de nuit espesse
et les baraz de nues cueuvre, [b]
qu'il n'aperent dehors par euvre, 9524
jusqu'a tant qu'il i sunt trové
et pris en la fin tuit prové,
n'a pas tant de misericorde,
quant l'en li met ou col la corde, 9528
que ja l'en veulle garantir,
tant se sache bien repantir.

Tantost cil doulereus maufé,

de forsenerie eschaufé, 9532
de deul, de corrouz et d'envie,
quant virent gent mener tel vie,
s'escourserent par toutes terres,
semant descorz, contenz et guerres, 9536
mesdiz, rancunes et haïnes
par corrouz et par attaïnes ;
et por ce qu'il orent or chier,
la terre firent escorchier 9540
et li sachierent des entrailles
ses ancienes repoustailles,
metauz et pierres precieuses,
don genz devindrent anvieuses ; 9544
car Avarice et Covoitise
ont es queurs des homes assise
la grant ardeur d'avoir aquerre.
L'une l'aquiert, l'autre l'enserre, 9548
ne ja mes la lasse chetive
nou despendra jor qu'ele vive,
ainz en fera mestres tuteurs
ses airs ou ses executeurs, 9552
s'il ne l'en meschiet entrement. [81 a]
Et s'elle en vet a dampnement,
ne cuit que ja nus d'aus la pleingne ;
mes s'el a bien fet, si le preigne. 9556
   Tantost con par ceste mesniee
fu la gent maumise et fesniee,
la prumiere vie lessierent,
de maufere puis ne cessierent, 9560
car faus et tricheür devindrent.
Aus proprietez lors se tindrent,
la terre meïsmes partirent,
et au partir bounes i firent. 9564

Et quant leur bounes i metoient,
mainte foiz s'entrecombatoient
et se tolirent ce qu'il porent ;
li plus forz les plus granz parz orent.   9568
Et quant en leur porchaz coroient,
li pereceus, qui demoroient,
s'en entroient en leur cavernes
et leur enbloient leur espernes.   9572
Lors convint que l'en esgardast
aucun qui les loiges gardast
et qui les maufeteurs preïst
et droit aus pleintiz en feïst,   9576
ne nus ne l'osast contredire.
Lors s'asenblerent por eslire.
    Un grant vilain entr'eus eslurent,
le plus ossu de quan qu'il furent,   9580
le plus corsu et le greigneur,
si le firent prince et seigneur.
Cil jura que droit leur tendroit   [b]
et que leur loiges deffendroit,   9584
se chascuns endroit soi li livre
des biens don il se puisse vivre.
Ainsinc l'ont entr'eus acordé
con cil l'a dit et recordé.   9588
Cil tint grant piece cel office.
Li robeor, plein de malice,
s'asemblerent quant seul le virent,
et par maintes foiz le batirent,   9592
quant les biens venoient enbler.
Lors restut le pueple assenbler
et chascun endroit soi taillier
por serjanz au prince baillier.   9596
Conmunement lors se taillierent,

treüz et rentes li baillierent
et donerent granz tenemenz :
de la vint li conmencemenz   9600
aus rois, aus princes terriens,
selonc l'escrit des anciens ;
car par l'escrit que nous avons
les fez des anciens savons,   9604
si les en devon mercier
et loer et regracier.
  Lors amasserent les tresors
d'argent, des pierres et des ors.   9608
D'or et d'argent, por ce qu'il ierent
trestable et precieus, forgierent
vesselementes et monoies,
fermauz, aneaus, noiaus, corroies ;   9612
du fer dur forgierent leur armes,   [a]
cousteaus, espees et jusarmes
et glaives et cotes ferrees,
por fere a leur voisins mellees.   9616
Lors firent tourz et toilleïz
et murs, de quarreaus tailleïz ;
chasteaus fermerent et citez,
et firent granz palés litez   9620
cil qui les tresors assembloient,
car trestuit de poor trembloient
por les richeces assemblees,
ou qu'eus ne leur fussent enblees,   9624
ou par quex que forces tolues.
Bien furent leur doleurs creües
au chetis de mavés eür,
c'onq puis ne furent asseür   9628
que ce qui conmun iert devant
conme le soleill et le vant

par covoitise aproprierent,
quant aus richeces se lierent,   9632
qu'ore en a bien uns plus que .xx. :
onques ce de bon queur ne vint.
　　Sanz faille, des vilains gloutons
ne donasse je .ii. boutons ;   9636
conbien que bon queurs leur fausist,
de tel faute ne me chausist :
bien s'entramassent ou haïssent,
ou leur amor s'entrevendissent.   9640
Mes c'est grant deus et grant domages
quant ces dames aus clers visages,
ces jolives, ces renvoisiees,   [b]
par cui doivent estre proisiees   9644
leaus amors et deffendues,
sunt a si grant vilté vendues.
Trop est lede chose a entendre
que noble cors se puisse vendre.   9648
　　Mes, conment que la chose praingne,
gart li vallez qu'il ne se faigne
d'arz et de sciences aprendre
por garantir et por deffendre,   9652
se mestiers est, lui et s'amie
si qu'el nou desguerpisse mie.
Ce peut mout vallet eslever
et si nou peut de riens grever.   9656
　　Emprés li redoit souvenir
de cest mien conseill retenir :
s'il a s'amie, ou jenne ou vielle,
et set et pense qu'ele vielle   9660
autre ami querre, ou a ja quis,
des a querre ne des aquis
ne la doit blamer ne reprendre,

mes amiablement reprendre, 9664
sanz reprandre et sanz ledangier.
Oncor, por li mains estrangier,
s'il la trovoit neïs en l'euvre,
gart que son oill cele part n'euvre. 9668
Senblant doit fere d'estre avugles
ou plus simples que n'est uns bugles,
si qu'el cuide trestout de voir
qu'il n'en puist riens apercevoir. 9672
   Et se nus li envoie lestre, [82 a]
Il ne se doit pas entremestre
du lire ne du reverchier
ne de leur secrez encerchier. 9676
   Ne ja n'ait queur entalenté
d'aler contre sa volenté,
mes que bien soit ele venue
quant el vendra de quelque rue, 9680
et raille quel part qu'el vorra
si con ses volairs li torra,
qu'el n'a cure d'estre tenue.
Si veull qu'il soit chose seüe 9684
ce que ci aprés vos veill dire ;
en livre le devroit l'en lire :
qui de fame veust avoir grace,
mete la tourjorz en espace, 9688
ja mes en regle ne la tiegne,
ainz aille a son volair et viegne ;
car cil qui la veust retenir
qu'el ne puisse aler ne venir, 9692
soit sa moillier ou soit sa drue,
tantost en a l'amor perdue.
   Ne ja riens contre li ne croie
por certeineté qu'il en oie ; 9696

mes bien die a ceus ou a celes
qui l'en aporteront noveles
que du dire folie firent,
qu'onc si preude fame ne virent ;   9700
tourjorz a bien fet sanz recroire,
por ce ne la doit nus mescroire.

Ja ses vices ne li reproche   [b]
ne ne la bate ne ne toche,   9704
car cil qui veust sa fame batre
por soi mieuz en s'amour enbatre,
quant la veust aprés rapesier,
c'est cil qui por aprivesier   9708
bat son chat et puis le rapele
por le lier en sa cordele ;
mes se li chaz s'en peut saillir,
bien peut cil au prendre faillir.   9712

Mes s'ele le bat ou ledange,
gart cil que son queur ne se change.
Se batre ou ledangier se voit,
neïs se cele le devoit   9716
tout vif aus ongles detrenchier,
ne se doit il pas revenchier,
ainz l'en doit mercier et dire
qu'il vodroit bien en tel martire   9720
vivre touz tens, por qu'il seüst
que ses servises li pleüst,
voire ainz neïs tout a delivre
plus lors morir que sanz lui vivre.   9724

Et s'il avient que il la fiere,
por ce qu'el li semble trop fiere
et qu'ele l'a trop corroucié,
tant a forment vers lui groucié,   9728
ou le veust espoir menacier,

tantost, por sa pez porchacier,
gart que le geu d'amors li face
ainz qu'el se parte de la place,   9732
meesmement li povres hom,   [a]
car le povre a poi d'acheson
porroit ele tantost lessier,
s'el nou voiet vers li plessier.   9736
Povres doit amer sagement
et doit souffrir mout hunblement,
sanz senblant de corrouz ne d'ire,
quanc qu'il li voit ou fere ou dire,   9740
meesmement plus que li riches,
qui ne donroit espoir .II. chiches
en son orgueill n'en son dangier,
si la porroit bien ledangier.   9744
    Et s'il est tex qu'il ne veust mie
leauté porter a s'amie,
si ne la vodroit il pas perdre,
mes a autre se veust aherdre,   9748
s'il veut a s'amie novele
doner queuvrechief ou toële,
chapel, anel, fermaill, ceinture,
ou jouel de quelque feture,   9752
gart que l'autre ne les connoisse,
car trop avroit au queur angoisse
quant el les li verroit porter,
riens ne l'en porroit conforter ;   9756
et gart que venir ne la face
en icele meïsmes place
ou venoit a lui la prumiere,
qui de venir est coustumiere ;   9760
car s'el i vient, por qu'el la truisse,
n'est riens qui conseill mestre i puisse,

car nus vieuz sangliers hericiez,   [*b*]
quant des chiens est bien aticiez,   9764
n'est si cruieus, ne lionesse
si triste ne si felonesse,
quant li venierre qui l'assaut
li renforce en ce point l'assaut   9768
quant ele alete ses cheaus,
ne nus serpanz si desleaus
quant l'en li marche sus la queue,
qui du marcher pas ne se jeue,   9772
conme est fame quant ele treuve
o son ami s'amie neuve :
el giete par tout feu et flame,
preste de perdre cors et ame.   9776
    Et s'el n'a pas prise provee
d'eus .ii. ensemble la covee,
mes bien en chiet en jalousie,
qu'el set, ou cuide, estre acoupie,   9780
conment qu'il aut, ou sache ou croie,
gart soi cil que ja ne recroie
de li nier tout pleinemant
ce qu'ele set certainemant,   9784
et ne soit pas lenz de jurer.
Tantost li reface endurer
en la place le jeu d'amors,
lors iert quites de ses clamors.   9788
    Et se tant l'assaut et angoisse
qu'il convient qu'il li reconnoisse,
qu'il ne s'en set espoir deffendre,
a ce doit lores, s'il peut, tendre   9792
qu'il li face a force entendant   [83 a]
qu'il le fist seur soi deffendant ;
car céle si cort le tenoit

et si malement le menoit 9796
c'onques eschaper ne li pot
jusqu'il orent fet ce tripot ;
n'onc ne li avint foiz fors cete.
Lors jurt et fiance et promete 9800
que ja mes ne li avendra ;
si leaument se contendra
que s'el en ot ja mes parole,
bien veust qu'el le tust ou affole, 9804
car mieuz vodroit qu'el fust noiee,
la desleaus, la renoice,
qu'il ja mes en place venist
ou cele en tel point le tenist ; 9808
car s'il avient qu'ele le mant,
n'ira mes a son mandemant,
n'il ne sofferra qu'ele viegne,
s'il peut, en leu ou el le tiegne. 9812
Lors doit cele estrait enbracier,
besier, blandir et solacier,
et crier merci du meffet
puis qu'il ne sera ja mes fet, 9816
qu'il est en vroie repentance,
prest de fere en tel penitance
con cele enjoindre li savra,
puis que pardoné li avra. 9820
Lors face d'amors la besoigne,
s'il veust que ele li pardoigne.
Et gart que de li ne se vante, [b]
qu'ele en porroit estre dolante. 9824
Si se sunt maint vanté de maintes
par paroles fauses et faintes,
dom les cors avoir ne poaient,
les nons a grant tort diffamaient. 9828

Mes a ceus sunt bien queurs faillanz,
ne sunt pas cortois ne vaillanz.
Vanterie est trop vilains vices ;
qui s'en vante, il fet trop que nices,   9832
car, ja soit ce que fet l'eüssent,
toutes vois celer le deüssent.
Amors veut celer ses joiaus,
se n'est a compeignons loiaus   9836
qui les veillent tere et celer ;
la les peut l'en bien reveler.

    Et s'ele chiet en maladie,
droiz est, s'il peut, qu'il s'estudie   9840
en estre li mout serviables
por estre enprés plus agreables.
Gart que nus anuiz ne le tiegne
de la maladie logntiegne ;   9844
lez li le voie demorant,
et la doit besier en plorant,
et se doit voer, s'il est sages,
en mainz loingtiens pelerinages,   9848
mes que cele les vous entende.
Viande pas ne li deffende,
chose amere ne li doit tendre
ne riens qui ne soit douz et tendre.   9852

    Si li doit faindre noveaus songes,   [a]
touz farsiz de plesanz mençonges,
que, quant vient au soir qu'il se couche
touz seus en sa chambre en sa couche,   9856
avis li est, quant il someille,
car poi i dort et mout i veille,
qu'i l'ait entre ses braz tenue
trestoute nuit trestoute nue   9860
par solaz et par druerie,

toute seine et toute guerie,
et par jour en leus delitables :
tex fables li cont, ou semblables.   9864
   Or vos ai jusque ci chanté
par maladie et par santé
conment cil doit fames servir
qui veust leur grace deservir   9868
et leur amor continuer,
qui de legier se veust muer,
qui ne vodroit par grant entante
fere quan que leur atalante ;   9872
car ja fame tant ne savra
ne ja si ferme queur n'avra
ne si leaul ne si meür
que ja puist hom estre asseür   9876
de li tenir por nulle paine,
ne plus que s'il tenoit en Saine
une anguile par mi la queue,
qu'il n'a poair qu'el ne s'esqueue   9880
si qu'el iert tantost eschapee,
ja si fort ne l'avroit hapee.
N'est donc bien privee tel beste   [*b*]
qui de foïr est tourjorz preste ;   9884
tant est de diverse muance
que nus n'i doit avoir fiance.
   Si nou di ge pas por les bones,
qui seur vertuz fondent leur bones,   9888
dom oncor n'ai nules trovees,
tant les aie bien esprovees.
Neis Salemon nes pot trover,
tant les seüst bien esprover ;   9892
car il meïsmes bien afferme
qu'onques fame ne trova ferme.

Et se du querre vos penez,
s'ous la trovez, si la prenez,   9896
s'avrez lors amie a eslite
qui sera vostre toute quite.
S'el n'a poair de tant tracier
qu'el se puisse ailleurs porchacier,   9900
ou s'el ne treuve requerant,
tel fame a Chasteé se rant.
Mes oncor veill un brief mot dire,
ainz que je lesse la matire.   9904

   Briefment, de toutes les puceles,
quex qu'el saient, ledes ou beles,
dom cil veust les amors garder,
cest mien conmant doit regarder,   9908
de cestui tourjorz li souviegne
et por mout precieus le tiegne,
qu'il doint a toutes a entendre
qu'il ne se peut vers eus deffendre,   9912
tant est esbahiz et seurpris   [84 a]
de leur biautez et de leur pris.
Car il n'est fame, tant soit bone,
vielle, jenne, mondaine ou none,   9916
ne si religieuse dame,
tant soit chaste de cors ne d'ame,
se l'en va sa biauté loant,
qui ne se delit en oant.   9920
Conbien qu'el soit lede clamee,
jurt qu'el est plus bele que fee,
et le face seürement,
qu'el l'en croira legierement,   9924
car chascune cuide de sai
que tant ait biauté, bien le sai,
conbien qu'el soit lede provee,

que bien est digne d'estre amee. 9928
   Ainsinc a garder leur amies,
sanz reprendre de leur folies,
doivent tuit estre diligent
li biauz vallet, li preuz, li gent. 9932
   Fames n'ont cure de chasti,
ainz ont si leur engin basti
qu'il leur est vis qu'il n'ont mestier
d'estre aprises de leur mestier ; 9936
ne nus, s'il ne leur veust desplere,
ne deslot riens qu'eus veillent fere.
   Si con li chaz set par nature
la science de surgeüre 9940
ne n'en peut estre destournez,
qu'il est o tel sen tourjorz nez
n'onques n'en fu mis a escole, [b]
ausinc set fame, tant est fole, 9944
par son naturel juigement,
de quan qu'el fet outreement,
soit bien soit maus soit torz ou droiz,
ou de tout quan que vos voudroiz, 9948
qu'el ne fet chose qu'el ne doie,
si het quiconques la chastoie ;
n'el ne tient pas ce sen de mestre,
ainz l'a des lors qu'ele pot nestre, 9952
si n'en peut estre destornee,
qu'el est o tel sen tourjorz nee
que, qui chastier la vorroit,
ja mes de s'amor ne jorroit. 9956
   Ausinc, compainz, de vostre rose,
qui tant est precieuse chose
que n'en prendriez nul avoir
se vos la poïez avoir, 9960

quant vos en serez en sesine,
si conme esperance devine,
et vostre joie avrez pleniere,
si la gardez en tel maniere   9964
con l'en doit garder tel florete.
Lors si jorrez de l'amorete
a cui nul autre ne comper ;
vos ne troveriez son per   9968
espoir en .XIIII. citez.
— Certes, fis je, c'est veritez,
non ou monde, g'en sui seürs,
tant est et fu bon ses eürs. »   9972
    Ainsinc Amis m'a conforté,   [a]
en cui conseill grant confort é,
et m'est avis, au mains de fet,
qu'il set plus que Reson ne fet.   9976
Mes ainceis qu'il eüst finee
sa reson, qui forment m'agree,
Douz Penser, Douz Parler revindrent,
qui pres de moi des lors se tindrent,   9980
n'onc puis guieres ne me lessierent ;
mes Douz Regart pas n'amenerent.
Nes blasmé pas quant lessié l'orent,
car bien sai qu'amener nou porent.   9984
    Congié preign et m'en part atant.
Ausinc con touz seus esbatant
m'en aloi contreval la pree
d'erbe et de fleurs enluminee,   9988
escoutant ces douz oiselez
qui chantent ces sons novelez.
Touz les biens au queur me fesoient
leur douz chanz qui tant me plesoient.   9992
Mes d'une chose Amis me grieve,

qu'il m'a conmandé que j'eschieve
le chastel et que je m'en tour
ne ne m'aille joer entour :   9996
ne sai se tenir m'en porré,
car tourjorz aler i vorré.

   Lors enprés cele departie,
eschivant la destre partie,   10000
vers la senestre m'achemin
por querre le plus brief chemin.
Volentiers ce chemin querroie ;   [b]
s'il iert trovez, je m'i ferroie   10004
de plein eslés, sanz contredit,
se plus forz nou me contredit,
por Bel Aquell de prison trere,
le franc, le douz, le debonere.   10008
Des que g'i verré le chastel
plus foible qu'un ratiz gastel,
et les portes seront overtes,
ne nus nou me deffendra, certes   10012
j'avré bien le deable ou ventre
se nou preign et se je n'i entre.
Lors sera Bel Acueill delivres,
n'en prendroie .c. mile livres,   10016
ce vos puis por voir affichier,
s'en ce chemin me puis fichier.
Toutevois du chastel m'esloign,
mes ce ne fu pas mout tres loign.   10020

   Jouste une clere fontenele,
pensant a la rose novele,
en un biau leu trop delitable,
dame puissant et honorable,   10024
gente de cors, bele de forme,
vi ombroier desouz un horme,

et son ami dejouste lui.
Ne sai pas le non de celui, 10028
mes la dame avoit non Richece,
que mout estoit de grant noblece.
D'un senteret gardoit l'entree,
mes el n'iert pas dedanz entree. 10032
Des que les vi, vers eus m'enclin, [85 a]
saluai les le chief enclin,
et il assez tost mon salu
m'ont rendu, qui poi m'a valu. 10036
Je leur demandé toutevoie
a Trop Doner la droite voie.
Richece, qui parla prumiere,
me dist par parole un poi fiere : 10040
« Voaiz ci le chemin, je le gart.
— Ha ! dame, que Dex vos regart !
Dom vos pri, mes qu'il ne vos poise,
que m'otriez que par ci voise 10044
au chastel de noveau fondé,
que Jalousie a la fondé.
— Vassaus, ce ne sera pas ores,
de riens ne vos connois oncores. 10048
Vos n'iestes pas bien arivez,
puis que vos n'iestes mes privez.
Non pas, espoir, jusqu'a .x. anz
ne seroiz vos par moi mis anz. 10052
Nus n'i entre, s'il n'est des miens,
tant soit de Paris ne d'Esmiens.
G'i lés bien mes amis aler,
queroler, dancier et baler, 10056
s'i ont un poi de plesant vie,
dom nus sages hom n'a emvie.
La sunt servi d'envoiseries,

de tresches et d'espingueries, 10060
et de tabours et de vïeles,
et de rotruanges noveles,
de geus de dez, d'eschés, de tables, [b]
et d'outrageus més delitables. 10064
La vont vallez et damoiseles,
conjoinz par vieilles makereles,
cerchant prez et jardins et gauz,
plus renvoisiez que papegauz ; 10068
puis revont entr'eus aus estuves
et se baignent ensenble en cuves
qu'il ont es chambres toutes prestes,
les chapelez de fleurs es testes, 10072
en l'ostel de Fole Largece,
qui si les apovroie et blece
que puis pueent anviz guerir,
tant leur set chier vendre et merir 10076
son servise et son hostelage,
qu'el en prent si cruel paage
qu'il leur covient leur terres vendre
ainz que tout le li puissent rendre. 10080
Ges i convoi a mout grant joie,
mes Povreté les raconvoie,
froide, tremblant, trestoute nue.
J'ai l'antree, et el a l'essue. 10084
Ja puis d'aus ne m'entremetré,
tant saient sage ne letré :
lors si peuent aler billier,
qu'il sunt au desrenier millier. 10088
  Je ne di pas, se tant fesoient
que puis vers moi se rapesoient
(mes fort chose a fere seroit),
toutes les foiz qu'il leur pleroit, 10092

je ne seroie ja si lasse   [a]
c'oncor ne les i ramenasse.
Mes sachiez que plus s'en repantent
en la fin cil qui plus le hantent,   10096
n'il ne m'osent voair de honte.
Par poi que chascuns ne s'effronte,
tant se corrocent et s'engressent ;
si les lés por ce qu'il me lessent.   10100
Si vos promet bien sanz mentir
qu'a tart vendroiz au repentir,
se vos ja les piez i metez.
Nus hours, quant il est bien betez,   10104
n'est si chetis ne si alez
con vos serez s'ouz i alez.
Se Povreté vos peut baillier,
el vos fera tant baaillier   10108
seur un poi de chaume ou de fain
qu'el vos lera morir de Fain,
qui fut jadis sa chamberiere
et la servi de tel maniere   10112
que Povreté por son servise,
dom Fain iert ardanz et esprise,
li enseigna toute malice
et la fist mestresse et norrice   10116
Larrecin, le valleton let.
Ceste l'aleta de son let,
n'ost autre boulie a lui pestre.
Et se savoir volez son estre,   10120
qui n'est ne souples ne terreus,
Fain demeure en un champ perreus
ou ne croit blé, buisson ne broce ; [b]
cil chanz est en la fin d'Escoce,   10124
si froiz que por neant fust marbres.

Fain, qui n'i voit ne blez ne arbres,
les herbes en arache pures
aus tranchanz ongles, aus denz dures,   10128
mes mout les treuve cleres nees
por les pierres espés semees.
Et se la voloie descrivre,
tost en porroie estre delivre.   10132
    Longue est et megre, lasse et vaine,
grant soffroite a de pain d'avaine ;
les cheveus a touz hericiez,
les euz crués en parfont gliciez,   10136
vis pale et baulievres sechees,
joes dé roïlle entechees ;
par sa piau dure, qui vorroit,
ses entrailles voair porroit.   10140
Les os par les illiers li saillent,
ou trestoutes humeurs defaillent,
n'el n'a, ce semble, point du ventre
fors le leu, qui si parfont entre   10144
que touz li piz a la meschine
pent a la claie de l'eschine.
Ses doiz li a creüz mesgrece,
des genouz li pert la rondece ;   10148
talons a hauz, aguz, paranz,
n'apert qu'il ait point de char anz,
tant la tient meigrece et compresse.
La planteüreuse deesse,   10152
Cerés, qui fet les blez venir,   [86 a]
ne set la le chemin tenir ;
ne cil qui ses dagrons avoie,
Tritholemus, n'i set la voie.   10156
Destinees les en esloignent,
qui n'ont cure que s'entrejoingnent

la deesse planteüreuse
et Fain, la lasse doulereuse. 10160
Mes assez tost vos i menra
Povreté, quant el vos tenra,
se cele part aler volez,
por estre oiseus con vos solez, 10164
car a Povreté toutevoie
torne l'en bien par autre voie
que par cele que je ci garde,
car par vie oiseuse et fetarde 10168
peut l'en a Povreté venir.
Et s'il vos plesoit a tenir
cele voie que j'ai ci dite
vers Povreté lasse et despite 10172
por le fort chastel assaillir,
bien porrez au prendre faillir.
Mes de Fain cuit estre certaine
qu'el vos iert voisine et prochaine, 10176
car Povreté set le chemin
mieuz par queur que par parchemin.
Si sachiez que Fain la chetive
est oncore si ententive 10180
envers sa dame et si cortoise
(si ne l'aime el point ne ne proise,
s'est ele par lui soustenue, [b]
conbien qu'ele soit lasse et nue) 10184
qu'el la vient toute jor voair
et se vet avec li soair
et la tient au bec et la bese
par desconfort et par mesese ; 10188
puis prent Larrecin par l'oreille,
quant le voit dormir, et l'esveille,
et par destrece a lui s'encline,

si le conseille et endoctrine   10192
conment il les doit procurer,
conbien qu'il leur doie durer.
Et Queur Failliz a eus s'acorde,
qui songe toutevois la corde   10196
qui li fet hericier et tendre
tout le poil qu'il ne voie pendre
Larrecin son fill, le tremblant,
se l'en le peut baillier emblant.   10200
Mes ja par ci n'i entrerez,
ailleurs vostre chemin querrez,
car ne m'avez pas tant servie
que m'amor aiez deservie.   10204
— Dame, par Dieu, se je peüsse,
volentiers vostre grace eüsse.
Des que lors ou sentier entrasse,
Bel Acueil de prison ostasse,   10208
qui leanz est enprisonez.
Cest don, s'i vos plest, me donez.
— Bien vos ai, dist ele, entendu,
et sai que n'avez pas vendu   10212
tout vostre bois, gros et menu :   [a]
un fou en avez retenu,
car sanz fou ne peut nus hom vivre
tant con il veille Amors ensivre,   10216
si cuident il estre mout sage
tant con il vivent en tel rage.
Vivent ? certes non font, ainz meurent
tant con en tel torment demeurent,   10220
qu'en ne doit pas apeler vie
tel rage ne tel desverie.
Bien le vos sot Reson noter,
mes ne vos pot desassoter.   10224

Sachiez, quant vos ne la creüstes,
crueusement vos deceüstes ;
voire ainz que Reson i venist,
n'estoit il riens qui vos tenist   10228
n'onques puis riens ne me prisastes
des lors que par amors amastes,
qu'amant ne me veulent prisier,
ainz s'efforcent d'apetisier   10232
mes biens quant je les leur depart,
et les regietent d'autre part.
Ou deables porroit l'en prendre
quan qu'uns amanz vorroit despendre ?   10236
Fuiez de ci, lessiez m'ester. »
    Je, qui n'i puis riens conquester,
d'ileuc me parti sanz demeure.
La bele o son ami demeure,   10240
qui bien riert vestuz et parez.
Pensis m'en vois et esgarez
par le jardin delicieus,   [b]
qui tant iert biaus et precieus   10244
con vos avez devant oï.
Mes de ce mout pou m'esjoï,
qu'ailleur ai mis tout mon pensé.
En touz tens, en touz leus pensé   10248
en quel maniere sanz faintise
je feroie mieuz mon servise,
car mout volentiers le feïsse
si que de riens n'i mespreïsse ;   10252
car n'en creüst de riens mes pris,
se g'i eüsse point mespris.
    Mout se tint mes queurs et veilla
a ce qu'Amis me conseilla.   10256
Male Bouche adés honoroie

en touz les leus ou jou trovoie ;
de touz mes autres anemis
honorer forment m'entremis   10260
et de mon poair les servi.
Ne sai se leur gré deservi,
mes trop me tenoie por pris
dom je n'osoie le porpris   10264
aprochier si con je soloie,
car tourjorz aler i voloie.
Si fis ainsinc ma penitance
lonc tens a tele consciance   10268
conme Dex set, car je fesoie
une chose et autre pensoie.
Ainsinc m'entencion double oi,
n'onc mes nul jor ne la doubloi.   10272
Traïson me covint tracier   [87 a]
por ma besoigne porchacier ;
onc traïstres n'avoie esté,
n'oncor ne m'en a nus resté.   10276
    Quant Amors m'ot bien esprové
et vit qu'il m'ot leal trové,
de tel leauté toutevoie
conme ver lui porter devoie,   10280
si s'aparut, et sus le chief,
en sorriant de mon meschief,
me mist sa main et demanda
se j'ai fet quan qu'il conmenda,   10284
conment il m'est et qu'il me semble
de la rose qui mon queur enble.
Si savoit il bien tout mon fet,
car Dex set tout quan que hon fet.   10288
« Sont fet, dist il, tout li conmant
que je aus fins amanz conmant,

qu'ailleurs nes veill je departir,
n'il n'en doivent ja departir ?   10292
— Ne sai, sire ; mes fez les ai
au plus leaument que je sai.
— Voire, mes trop par iés muables.
Tes queurs n'est mie bien estables,   10296
ainz est malement pleins de doute,
bien en sai la verité toute.
L'autre jor lessier me vossis,
par poi que tu ne me tossis   10300
mon homage, et feïs d'Oiseuse
et de moi pleinte doulereuse,
et redisoies d'Esperance   [b]
qu'el n'iert pas certaine en sciance,   10304
et por fos neïs te tenoies
don en mon servise venoies,
et t'acordoies a Reson.
N'estoies tu pas mauvés hon ?   10308
— Sire, merci. Confés en fui,
si savez que pas ne m'en fui,
et fis mon lés, bien m'en souvient,
si conme fere le convient   10312
a ceus qui sunt en vostre homage.
Ne m'en tint pas sanz faille a sage,
ainz m'an reprist mout malement
et me sarmona longuement,   10316
qui bien cuida par preeschier
vostre servise enpeeschier,
Reson, quant a moi fu venue ;
si ne l'en ai je pas creüe,   10320
tant i seüst metre s'entante ;
mes, sanz faille, que je ne mante,
douter m'en fist, plus n'i a ; mes

Reson ne m'esmovra ja mes 10324
a chose qui contre vos aille
ne contre autre, qui guieres vaille,
se Dex plest, que qu'il m'en aviegne,
tant con mes queurs a vos se tiegne, 10328
qui bien s'i tendra, ce sachiez,
s'il ne m'est du cors arrachiez.
Forment neïs mau gré m'an sai
de tant c'onques le me pansai 10332
et qu'audience li doné ;   [a]
si pri qu'il me soit pardoné,
car je por ma vie amander,
si con vos plut a conmander, 10336
veill, sanz ja mes Reson ansivre,
en vostre loi morir et vivre.
N'est riens qui de mon queur l'efface,
ne ja, por chose que je face, 10340
Atropos mourir ne me doigne
fors en fesant vostre besoigne,
ainz me praigne en meïsmes l'euvre
don Venus plus volentiers euvre, 10344
car nus n'a, ce ne dout je point,
tant de delit conme an ce point ;
et cil qui plorer me devront,
quant ainsint mort m'apercevront, 10348
puissent dire : « Biaus douz amis,
tu qui t'iés en ce point la mis,
or est il voirs, sanz point de fable,
bien iert ceste mort convenable 10352
a la vie que tu menoies
quant l'ame avec ce cors tenoies.
  — Par mon chief, or diz tu que sages.
Or voi je bien que mes homages 10356

est en toi mout bien anploiez.
Tu n'iés pas des faus renoiez,
des larrons qui le me renoient
quant il ont fet ce qu'il queroient.　　10360
Mout est enterins tes corages ;
ta nef vendra, quant si bien nages,
a bon port, et jou te pardon　　[b]
plus par priere que par don,　　10364
car je n'en veill argent ne or.
Mes, en leu de *Confiteor*,
veill, ainz que tu vers moi t'acordes,
que touz mes conmanz me recordes,　　10368
car .X. en tendra tes romanz
entre deffenses et conmanz ;
et se bien retenuz les as,
tu n'as pas gité anbesas.　　10372

　　Di les. — Volentiers. Vilanie
doi foïr ; et que ne mesdie ;
saluz doi tost doner et rendre ;
a dire ordure ne doi tendre ;　　10376
a toutes fames honorer
m'esteut en touz tens laborer ;
orgueill fuie ; cointes me tiegne ;
jolif et renvoisiez deviegne ;　　10380
a larges estre m'abandoigne ;
en un seul leu tout mon queur doigne.

　　— Par foi, tu sez bien ta leçon,
je n'en sui mes en soupeçon.　　10384
Conmant t'est il ? — A douleur vif,
pres que je n'é pas le queur vif.
— N'as tu mes .III. conforz ? — Nenin.
Douz Regarz faut, qui le venin　　10388
me seust oster de ma douleur

par sa tres doucereuse ouleur.
Tuit troi s'en foïrent, mes d'eus
m'en sunt arriers venu les .ii.   10392
— N'as tu Esperance ? — Oïl, sire.   [88 a]
Cele ne me let desconfire,
car lonc tens est enprés tenue
Esperance une foiz creüe.   10396
— Bel Acueill, qu'est il devenuz ?
— Il est en prison retenuz,
li frans, le douz, que tant amoie.
— Or ne te chaut, or ne t'esmoie,   10400
c'oncor l'avras plus, par mes euz,
a ton voloir que tu ne seuz.
Des que tu serz si loiaument,
mes genz veill mander erraument   10404
por le fort chastel assegier.
Li baron sunt fort et legier :
ainz que nous partons mes du siege,
ert Bel Acueill mis hors de piege. »   10408
   Li dex d'Amors, sanz terme metre
de leu ne de tens en sa letre,
toute sa baronie mande ;
les uns prie, aus autres conmande   10412
qu'il viegnent a son parlemant.
Tuit sunt venu sanz contremant,
presz d'acomplir ce qu'il vorra
selonc ce que chascuns porra.   10416
Briefment les nomeré sanz ordre
por plus tost a ma rime mordre.
   Dame Oiseuse, la jardiniere,
i vint o la plus grant baniere ;   10420
Noblece de Queur et Richece,
Franchise, Pitiez et Largece,

Hardement, Honor, Cortoisie,   [b]
Deliz, Simplece et Compaignie,   10424
Seürté, Deduiz et Leesce,
Jolivetez, Biauté, Jennece,
Humilitez et Pacience,
Bien Celer, Contreinte Atenence,   10428
qui Fausemblant o lui ameine,
san lui i venist el a peine.
Cist i sunt o toute leur gent ;
chascuns d'eus ot mout le queur gent,   10432
ne mes Atenance Contreinte
et Faus Semblant a chiere fainte :
quel que semblant qu'il dehors facent,
Barat en leur pensee enbracent.   10436
    Baraz engendra Faus Semblant,
qui va les queurs des genz emblant ;
sa mere ot non Ypocrisie,
la larronesse, la honie.   10440
Ceste l'aleta et norri,
l'ort ypocrite au queur porri,
qui traïst mainte region
par habit de religion.   10444
    Quant li dex d'Amors l'a veü,
tout le queur en ot esmeü.
« Qu'est ce ? dist il, ai je songié ?
Di, Faus Semblant, par cui congié   10448
iés tu venu en ma presance ? »
Atant saut Contrainte Atenance,
si prist Faus Semblant par la main :
« Sire, dist el, o moi l'amain,   10452
si vos pri qu'il ne vos desplese.   [a]
Mainte honor m'a fet, et mainte ese ;
cist me soutient, cist me conforte.

S'il ne fust, de fain fusse morte,   10456
si m'en devriez mains blamer.
Tout ne veulle il les genz amer,
s'ai je mestier qu'il soit amez
et preudon et sainz hon clamez.   10460
Mes amis est, et je s'amie,
si vient o moi par compaignie.
— Or soit », dist il. Adonc parole
a touz une brieve parole :   10464
  « Por Jalousie desconfire,
qui noz amanz met a martire,
vos ai, dist il, ci fet venir,
qui contre moi bee a tenir   10468
ce fort chastel qu'el a drecié,
don j'ai griefment le queur blecié.
Tant l'a fet fierement horder,
mout i convendra behorder   10472
ainz que par nous puisse estre pris.
Si sui dolanz et entrepris
de Bel Acueill qu'el i a mis,
qui tant avanceit noz amis.   10476
S'il n'en ist, je suis maubailliz,
puis que Tibullus m'est failliz,
qui connoisset si bien mes teiches,
por cui mort je brisai mes fleiches,   10480
quassai mes ars, et mes cuiriees
traïnai toutes desciriees,
don tant oi d'angoisses et teles   [b]
qu'a son tomblel mes lasses d'eles   10484
traïnai toutes derompues,
tant les oi de deul debatues ;
por cui mort ma mere plora
tant que pres qu'el ne s'acora.   10488

N'est nus qui pitié n'en preïst
qui por lui plorer nous veïst ;
en noz pleurs n'ot ne frains ne brides.
Gallus, Catillus et Ovides,   10492
qui bien sorent d'amors trestier,
nous reüssent or bien mestier ;
mes chascuns d'aus gist morz porriz.
Vez ci Guillaume de Lorriz,   10496
cui Jalousie, sa contraire,
fet tant d'angoisse et de deul traire
qu'il est en perill de morir,
se je ne pens du secorir.   10500
Cist m'en conseillast volentiers
con cil qui miens est touz entiers,
et droiz fust, car por li meïsmes
en ceste paine nous meïsmes   10504
de touz noz barons assembler
por Bel Acueill toudre ou embler ;
mes il n'est pas, ce dit, si sages ;
si seroit ce mout grant domages   10508
se si leal serjant perdoie,
con secourre li puisse ou doie,
qu'il m'a si loialment servi
qu'il a bien vers moi deservi   10512
que je saille et que je m'ator   [89 a]
de rompre les murs et la tor
et du fort chastel assoair
a tout quan que j'ai de poair.   10516
Et plus oncor me doit servir,
car por ma grace deservir
doit il conmancier le romant
ou seront mis tuit mi conmant,   10520
et jusque la le fornira

ou il a Bel Acueill dira,
qui languist ore en la prison
par douleur et par mesprison : 10524
« Mout sui durement esmaiez
que entroubliez ne m'aiez,
si en ai deul et desconfort,
ja mes n'iert riens qui me confort 10528
se je per vostre bienveillance,
car je n'ai mes aillieurs fiance. »
Ci se reposera Guillaumes,
cui li tombleaus soit pleins de baumes, 10532
d'encens, de mirre et d'aloé,
tant m'a servi, tant m'a loé.

Puis vendra Johans Chopinel,
au cuer jolif, au cors inel, 10536
qui nestra seur Laire a Meün,
qui a saoul et a geün
me servira toute sa vie,
sanz avarice et sanz envie, 10540
et sera si tres sages hon
qu'il n'avra cure de Reson,
qui mes oignemenz het et blasme, [b]
qui plus flerent soëf que basme. 10544
Et s'il avient, conment qu'il aille,
qu'il en aucune chose faille
(car il n'est pas hon qui ne peche,
tourjorz a chascuns quelque teche), 10548
le queur vers moi tant avra fin
que tourjorz, au mains en la fin,
quant en corpe se sentira,
du forfet se repentira, 10552
ne me voudra pas lors trichier.
Cist avra le romanz si chier

qu'il le voudra tout parfenir,
se tens et leus l'en peut venir,   10556
car quant Guillaumes cessera,
Jehans le continuera,
enprés sa mort, que je ne mante,
anz trespassez plus de .XL.,   10560
et dira por la mescheance,
par poor de desesperance
qu'il n'ait de Bel Acueill perdue
la bienvoillance avant eüe :   10564
« Et si l'ai je perdue, espoir,
a poi que ne m'en desespoir »,
et toutes les autres paroles,
quex qu'els soient, sages ou foles,   10568
jusqu'a tant qu'il avra coillie
seur la branche vert et foillie
la tres bele rose vermeille
et qu'il soit jorz et qu'il s'esveille.   10572
Puis vodra si la chose espondre   [a]
que riens ne s'i porra repondre.
Se cist conseill metre i peüssent,
tantost conseillié m'en eüssent ;   10576
mes par cestui ne peut or estre,
ne par celui qui est a nestre,
car il n'est mie ci presanz.
Si rest la chose si pesanz   10580
que certes, quant il sera nez,
se je n'i viegn touz enpenez
por lire li vostre sentance
si tost con il istra d'enfance,   10584
ce vos os jurer et plevir
qu'il n'en porroit ja mes chevir.
    Et por ce que bien porroit estre

que cil Jehans qui est a nestre 10588
seroit, espoir, enpeeschiez,
si seroit ce deaus et pechiez,
et domages aus amoreus,
qu'il fera mout de biens por eus, 10592
pri je Lucina, la deesse
d'enfantemant, qu'el doint qu'il nesse
sanz mal et sanz enconbrement
si qu'il puit vivre longuement ; 10596
et quant enprés a ce vendra
que Jupiter vif le tendra
et qu'il devra estre abevrez,
des ainz neïs qu'il soit sevrez, 10600
des toneaus qu'il a torjorz doubles,
don l'uns est clers, li autres troubles,
li uns douz, li autres amers [b]
plus que n'est suie ne l'amers, 10604
et qu'il ou berceul sera mis,
por ce qu'il iert tant mes amis
je l'afubleré de mes eles
et li chanteré notes teles 10608
que, puis qu'il sera hors d'enfance,
endoctrinez de ma sciance,
si fleütera noz paroles
par carrefors et par escoles 10612
selonc le langage de France,
par tout le regne, en audiance,
que ja mes cil qui les orront
des douz mauz d'amer ne morront, 10616
por qu'il le croient seulement :
car tant en lira proprement
que tretuit cil qui ont a vivre
devroient apeler ce livre 10620

le *Miroër aus Amoreus*,
tant i verront de bien por eu ,
mes que Reson n'i sait creüe,
la chetive, la recreüe.　　　　　　　10624
Por ce m'en veill ci conseillier,
car tuit estes mi conseillier,
si vos cri merci, jointes paumes,
que cist las doulereus Guillaumes,　　　10628
qui si bien s'est vers moi portez,
soit secouruz et confortez.
Et se por lui ne vos prioie,
certes prier vos en devroie　　　　　　10632
au mains por Jehan alegier,　　　　　　[90 a]
qu'il escrive plus de legier,
que cest avantages li fetes
(car il nestra, j'en sui prophetes),　　10636
et por les autres qui vendront,
qui devotement entendront
a mes conmendemanz ensuivre
qu'il troveront escriz ou livre,　　　　10640
si qu'il puissent de Jalousie
seurmonter l'engaigne et l'envie
et touz les chatiaus depecier
qu'ele osera ja mes drecier.　　　　　10644
Conseillez m'en ! Quel la feron ?
Conment nostre ost ordeneron ?
Par quel part mieuz leur porron nuire
por plus tot leur chastel destruire ? »　10648
Ainsinc Amors a ceus parole
qui bien reçurent sa parole.
　　Quant il ot sa reson fenie,
conseilla soi la baronie.　　　　　　10652
En pluseurs sentences se mistrent,

divers diverses choses distrent ;
mes puis divers descorz s'acordent,
au dieu d'Amors l'acort recordent :　　　10656
« Sire, font il, acordé somes
par l'acort de trestouz noz homes,
fors de Richece seulement,
qui a juré son serement　　　　　　　10660
que ja cest chastel n'aserra
ne ja, ce dit, cop n'i ferra
de dart, de lance ne de hache　　　　　[b]
por home qui parler en sache,　　　　10664
ne de nule autre arme qui soit ;
et nostre enprinse despisoit,
et s'est de nostre ost departie,
au mains quant a ceste partie,　　　　10668
tant a ce vallet en despit ;
et por ce le blasme et despit
c'onques, ce dit, cil ne l'ot chiere,
por ce li fet ele tel chiere ;　　　　　10672
si le het et herra des or
puis qu'il ne veust fere tresor,
onc ne li fist autre forfet.
Vez ci quan qu'il li a forfet :　　　　10676
bien dit, sanz faille, qu'avant ier
la requist d'entrer ou santier
qui Trop Doner est apelez,
et la flatoit ileuc delez,　　　　　　10680
mes povres iert quant l'en pria,
por ce l'entree li nia ;
n'oncor n'a pas puis tant ovré
qu'un seul denier ait recovré　　　　10684
qui quites demorez li soit,
si con Richece nous disoit.

Et quan ce nous ot recordé,
sanz lui nous soumes acordé.   10688
　Si trovons en nostre acordance
que Faus Semblant et Attenance
avec touz ceus de leur banieres
assaudront la porte darrieres   10692
que Male Bouche tient en garde   [a]
o ses Normanz (que maus feus arde !),
o eus Cortoisie et Largece,
qui remoutreront leur proece   10696
contre la Vielle qui mestrie
Bel Acueill par dure mestrie.
　Emprés, Deliz et Bien Celer
iront por Honte escerveler ;   10700
seur lui leur ost assembleront
et cele porte assegeront.
　Contre Poor ont ahurté
Hardement avec Seürté ;   10704
la seront o toute leur suite
qui ne sot onques riens de fuite.
　Franchise et Pitié s'offerront
contre Dangier et l'aserront.   10708
Donc iert l'ost ordenee assez ;
par ceus iert li chasteaus quassez,
se chascuns i met bien s'entente,
por quoi Venus i soit presente,   10712
vostre mere, qui mout est sage,
qu'ele set trop de cest usage ;
ne sanz li n'iert ce ja parfet
ne par parole ne par fet :   10716
si fust bien que l'en la mandast,
car la besoigne en amandast.
　— Seigneur, ma mere la deesse,

qui ma dame est et ma mestresse,   10720
n'est pas du tout a mon desir,
n'en faz pas quan que je desir,
si seust ele mout bien acorre,   [*b*]
quant il li plest, por moi secorre   10724
a mes besoignes achever.
Mes ne la veill or pas grever ;
ma mere est, si la creign d'enfance,
je li port mout grant reverance,   10728
qu'enfes qui ne creint pere et mere
ne peut estre qu'il nou compere.
Et ne porquant bien la savrons
mander quant mestier en avrons.   10732
S'el fust ci pres, tost i venist,
que riens, ce croi, ne la tenist.

   Ma mere est de mout grant proece,
el a pris mainte forterece   10736
qui coutoit plus de mil besanz,
ou je ne fusse ja presanz,
si le me metoit l'en asseure ;
mes ja n'i entrasse nule heure,   10740
ne ne me plust onques tel prise
de forterece sanz moi prise,
car il me semble, que qu'an die,
que ce n'est fors marcheandie.   10744
Qui achate un destrier .c. livres,
pait les, si en sera delivres ;
n'en doit plus riens au marcheant,
ne cil ne l'en redoit neant.   10748
Je n'apele pas vente don :
vente ne doit nul guerredon,
n'i affiert graces ne merites,
l'un de l'autre se part tout quites.   10752

Si n'est ce pas vente senblable,   [91 a]
car, quant cil a mis en l'estable
son destrier, il le peut revendre
et chatel ou gaaig reprendre ;   10756
au mains ne peut il pas tout perdre :
s'il se devoit au cuir aherdre,
li cuirs au mains l'en demorroit,
don quelque chose avoir porroit ;   10760
ou, s'il a si le cheval chier
qu'il le gart por son chevauchier,
tourjorz iert il du cheval sires.
Mes trop par est li marchiez pires   10764
dom Venus se seust entremetre,
car nus n'i savra ja tant metre
qu'il n'i perde tout le cheté
et tout quan qu'il a acheté.   10768
L'avoir, le pris a li vendierres
si que tout pert li achetierres,
car ja tant n'i metra d'avoir
qu'il en puist seignorie avoir   10772
ne que ja puisse enpeeschier,
por doner ne por preeschier,
que maugré sien autant n'en ait
uns estranges, s'il i venait,   10776
por doner tant, ou plus, ou mains,
fust Bretons, Engleis ou Roumains,
voire, espoir, trestout por noiant,
tant peut il aler fabloiant.   10780
Sunt donc sage tel marcheant ?
Mes foul et chetif mescheant,
quant chose a esciant achetent   [b]
ou tout perdent quan qu'il i metent   10784
ne si ne leur peut demorer,

ja tant n'i savront laborer.
Ne porquant, je nou quier naier,
ma mere n'en sieust riens paier ;   10788
n'est pas si fole ne si nice
qu'el s'entremeïst de tel vice ;
mes bien sachiez que tiex la paie
qui puis se repent de la paie,   10792
quant Povreté l'a en destrece,
tout fust il deciples Richece,
qui por moi rest en grant esveill,
quant ele veut ce que je veill.   10796

Mes par sainte Venus, ma mere,
et par Saturnus, son viell pere,
qui ja l'angendra jenne touse,
mes non pas de sa fame espouse ;   10800
oncor le vos veill plus jurer,
por mieuz la chose asseürer,
par la foi que doi touz mes freres,
don nus ne set nomer les peres,   10804
tant sunt divers, tant en i a,
que touz ma mere a sai lia ;
oncor vos en jur et tesmoign
la palu d'enfer a tesmoign   10808
(or ne buvré je de piment
devant un an se je ci ment,
car des dex savez la coustume :
qui a parjurer l'acoustume   10812
n'en boit jusque l'an soit passez) ;   [a]
or en ai je juré assez,
maubailliz sui se m'en parjur,
mes ja ne m'en verrez parjur :   10816
puis que Richece ci me faut,
cher li cuit vendre cest defaut.

El le comparra, s'el ne s'arme
au mains d'espee ou de jusarme ;   10820
et puis qu'el ne m'ot pas hui chier
des lors qu'el sot que trebuchier
la forterece et la tor dui,
mal vit ajorner le jor d'hui.   10824
Se je puis riche home baillier,
vos le me verrez si taillier
qu'il n'avra ja tant mars ne livres
qu'il n'en sait en brief tens delivres.   10828
Voler feré touz ses deniers,
s'il ne li sordent en greniers ;
si le plumeront noz puceles
qu'il li faudra plumes noveles,   10832
et le metront a terre vendre,
s'il ne s'en set mout bien deffendre.

    Povre home ont fet de moi leur mestre ;
tout ne m'aient il de quoi pestre,   10836
ne les ai je pas en despit :
n'est pas preudon qui les despit.
Mout est Richece enfrune et gloute,
qui les vistoie et chace et boute.   10840
Mieuz aiment que ne font li riche,
li aver, li tenant, li chiche,
et sunt, foi que doi mon aial,   [b]
plus serviable et plus laial ;   10844
si me soffist a grant plenté
leur bons queurs et leur volenté.
Mis ont en moi tout leur penser,
afforce m'esteut d'eus penser ;   10848
tost les meïsse a granz hauteces
se je fusse dex des richeces
ausinc con je sui dex d'amors,

tiel pitié me font leur clamors. 10852
Si convient que cestui sequeure
qui tant en moi servir labeure,
car s'il des maus d'amer morait,
n'apert qu'en moi point d'amor ait. 10856
— Sire, font il, c'est veritez
trestout quan que vos recitez.
Bien rest li seremenz tenables,
con bons et fins et convenables, 10860
que fet avez des riches homes.
Ainsinc iert il, certains en somes :
se riche home vos font homage,
il ne feront mie que sage, 10864
car ja ne vos en parjurrez,
ja la paine n'en endurrez
que pigment en lessiez a boivre.
Dames leur braieront tel poivre, 10868
s'il peuent en leur laz choair,
qu'il leur en devra meschoair ;
dames si cortoises seront
que bien vos en aquiteront, 10872
ja n'i querrez autres vicaires, [92 a]
car tant des blanches et des noires
leur diront, ne vos esmaiez,
que vos en tendrez a paiez. 10876
Ja ne vos en mellez seur eles :
tant leur conteront de noveles
et tant leur movront de requestes
par flateries deshonestes, 10880
et leur douront si granz colees
de beseries, d'acolees,
s'il les craient, certainement
ne leur demorra tenement 10884

qui ne veille le meuble ensivre
dom il seront primes delivre.
Or conmandez quan que voudroiz,
nous le feron, soit torz ou droiz.   10888
    Mes Faus Semblant de ceste chose
por vos entremetre ne s'ose,
car il dit que vos le haez,
ne set s'a honir le baez.   10892
Si vos prions trestuit, biau sire,
que vos li pardoigniez vostre ire
et soit de vostre baronie
avec Atenance, s'amie :   10896
c'est nostre acort, c'est nostre otroi.
— Par foi, dist Amors, je l'otroi.
Des or veill qu'il soit a ma cort.
Ça, viegne avant ! » Et cil acort.   10900
    « Faus Semblant, par tel covenant
seras a moi tout maintenant
que touz noz amis aideras   [b]
et que ja nul n'en greveras,   10904
ainz penseras d'eus eslever.
Mes de noz anemis grever,
tiens soit li poairs et li bauz.
Tu me seras rois des ribauz,   10908
qu'ainsinc le veust nostre chapistres.
Sanz faille, tu iés maus traïstres
et lierres trop desmesurez,
.c. mile foiz t'iés parjurez ;   10912
mes toutevois en audiance,
por noz genz oster de dotance,
conmant je que tu leur enseignes,
au mains par generaus enseignes,   10916
en quel leu mieuz te troveroient,

se du trover mestier avoient,
et conment l'en te connoistra,
car granz sens en toi connoistre a. 10920
Di nous en quex leus tu converses.
— Sire, j'ai mansions diverses,
que ja ne vos quier reciter,
s'il vos plest a m'en respiter ; 10924
car se le voir vos en raconte,
g'i puis avoir domage et honte.
Se mi compaignon le savoient,
certeinement il m'en harroient 10928
et m'en procurroient ennui,
s'onques leur cruiauté quennui,
car il veulent en touz leus taire
veritez, qui leur est contraire, 10932
ja ne la querroient oïr. [a]
Trop en porroie mal joïr
se je disoie d'eus parole
qui ne leur fust plesant et mole, 10936
car la parole qui les point
ne leur abelist onques point,
se c'estoit neïs l'evangile
qui les repreïst de leur guile, 10940
car trop sunt cruel malement.
Si sai je bien certainement,
se je vos en di nule chose,
ja si bien n'iert vostre cort close 10944
qu'il nou sachent, conbien qu'il tarde.
Des preudes homes n'ai je garde,
car ja seur eus riens n'en prendront
preudome, quant il m'entendront ; 10948
mes cil qui seur lui le prendra
por soupeçoneus se rendra

qu'il ne veille mener la vie
de Barat et d'Ypocrisie   10952
qui m'engendrerent et norrirent.
— Mout bone engendreüre i firent,
dist Amors, et mout profitable,
qu'il engendrerent le deable.   10956
Mes toutevois, conment qu'il aille,
convient il, dist Amors, sanz faille
que ci tes mansions nous nomes
tantost, oianz trestouz noz homes,   10960
et que ta vie nous espoignes ;
n'est pas bon que plus la repoignes,
tout convient que tu nous desqueuvres   [b]
conment tu serz et de quex heuvres,   10964
puis que ceanz t'iés enbatuz ;
et se por voir dire iés batuz,
si n'en iés tu pas costumiers,
tu ne seras pas le prumiers.   10968
— Sire, quant vos vient a plesir,
se j'en devoie morz gesir,
ge feré vostre volanté,
car du fere grant talant é. »   10972
Faus Semblant, qui plus n'i atant,
conmence son sarmon atant
et dit a touz en audience :
« Baron, entendez ma sentence.   10976
Qui Faus Semblant vodra connoistre,
si le quiere au siecle ou en cloistre ;
nul leu fors en ces .II. ne mains,
mes en l'un plus, en l'autre mains.   10980
Briefment je me vois hosteler
la ou je me cuit mieuz celer,
s'est la celee plus seüre

souz la plus umble vesteüre.   10984
Religieus sunt mout couvert,
seculer sunt plus aouvert.
Si ne veill je mie blamer
religion ne diffamer :   10988
en quel que habit que l'en la truisse,
ja religion, que je puisse,
humble et leal ne blamerai.
Ne porquant ja ne l'amerai.   10992
    G'entent des faus religieus,   [93 a]
des folons, des malicieus,
qui l'abit en veulent vestir
et ne veulent leur queur mestir.   10996
Religieus sunt tuit piteus,
ja n'en verrez un despiteus ;
il n'ont cure d'orgueill ensivre,
tuit se veulent humblement vivre.   11000
Avec tex genz ja ne maindrai,
et, se g'i maign, je m'i faindrai ;
leur habit porré je bien prendre,
mes ainz me lesseroie pendre   11004
que ja de mon propos ississe,
quel que chiere que g'i feïsse.
    Je mains avec les orgueilleus,
les vezïez, les arteilleus,   11008
qui mondaines honeurs covoitent
et les granz besoignes esploitent,
et vont traçant les granz pitances
et porchaçant les acointances   11012
des puissanz homes et les sivent ;
et se font povre, et il se vivent
des bons morseaus delicieus
et boivent les vins precieus ;   11016

et la povreté vos preeschent,
et les granz richeces peeschent
aus seïsmes et aus tramaus.
Par mon chief, il en istra maus !   11020
Ne sunt religieus ne monde ;
il font un argument au monde
ou conclusion a honteuse :   [b]
cist a robe religieuse,   11024
donques est il religieus.
Cist argumenz est touz fïeus,
il ne vaut pas un coustel troine :
la robe ne fet pas le moine.   11028
Ne porquant nus n'i set respondre,
tant face haut sa teste tondre,
voire rere au rasoer d'Elanches,
qui barat tremche en .xiii. branches ;   11032
nus ne set si bien distinter
qu'il en ose un seul mot tinter.
Mes en quel que leu que je viegne
ne conment que je m'i contiegne,   11036
nule riens fors barat n'i chaz ;
ne plus que dam Tiberz li chaz
n'entent qu'a soriz et a raz,
n'entent je a riens fors a baraz.   11040
Ne ja certes par mon habit
ne savrez o quex genz j'abit ;
non ferez vos voir aus paroles,
ja tant n'ierent simples ne moles.   11044
Les euvres regarder devez,
se vos n'avez les euz crevez,
car s'i font el que il ne dient,
certainement il vos conchient,   11048
quelconques robes que il aient,

de quelconques estat qu'il saient,
soit clers, soit lais, soit hon, soit fame,
sires, serjanz, baiasse ou dame. »   11052
  Quan qu'ainsinc Faus Semblant sermone,   [a]
Amors de rechief l'aresone
et dit en rompant sa parole
ausinc con s'el fust fausse ou fole :   11056
« Qu'est ce, deable, es tu effrontez ?
Quex genz nous as tu ci contez ?
Peut l'en trover religion
en seculere mansion ?   11060
— Oïl, sire. Il ne s'ensuit mie
que cil maignent mauvese vie
ne que por ce leur ames perdent
qui aus dras du siecle s'aherdent,   11064
car ce seroit trop granz douleurs.
Bien peut en robes de couleurs
sainte religion florir.
Mainz sainz a l'en veü morir,   11068
et maintes saintes glorieuses,
devotes et religieuses,
qui dras conmuns torjorz vestirent,
n'onques por ce mains n'en saintirent,   11072
et je vos en nomasse maintes ;
mes pres que trestoutes les saintes
qui par iglises sunt priees,
virges chastes, et mariees   11076
qui mains biaus enfanz enfanterent,
les robes du siecle porterent
et en ceus meïsmes morurent,
qui saintes sunt, seront et furent.   11080
Neïs les .xi.m. vierges,
qui devant Dieu tienent leur cierges,

don l'en fet feste par iglises,   [b]
furent es dras du siecle prises   11084
quant eus reçurent leur martyres,
n'encor n'en sunt il mie pires.
Bon queur fet la pensee bone,
la robe n'i tost ne ne done ;   11088
et la bone pensee l'euvre,
qui la religion desqueuvre.
Ileuc gist la religion
selonc la droite entencion.   11092

Qui de la toison dam Belin
an leu de mantel sebelin
sire Isengrin affubleroit,
li lous, qui mouton sembleroit,   11096
por qu'o les berbiz demorast,
cuidiez vos qu'il nes devorast ?
Ja de leur sanc mains n'en bevroit,
mes plus tost les en decevroit,   11100
car puis qu'eus ne le connoistroient,
s'il voloit fuire, eus le sivroient.

S'il a guieres de tex loveaus
entre tes apostres noveaus,   11104
Iglise, tu iés maubaillie ;
se ta citez est assaillie
par les chevaliers de ta table,
ta seigneurie est mout endable.   11108
Se cil s'efforcent de la prendre
cui tu la bailles a deffendre,
qui la peut vers eus garantir ?
Prise sera sanz cop sentir   11112
de mangonel ne de perriere,   [94 a]
sanz desploier au vent baniere ;
et se d'eus ne la veuz rescorre,

ainceis les lesses par tout corre,   11116
lesses ? mes se tu leur conmandes,
donc n'i a fors que tu te randes
ou leur tributaire deviegnes
par pez fesant et d'aus la tiegnes,   11120
se meschief ne t'en vient greigneur
qu'il en soient du tout seigneur.
Bien te sevent ore escharnir :
par jour queurent les murs garnir,   11124
par nuit nes cessent de miner.
Pense d'ailleurs enraciner
les entes ou tu veuz fruit prendre,
la ne te doiz tu pas attendre.   11128
Mes a tant pez : ci m'en retour,
n'en veill or plus dire a ce tour,
se je m'en puis a tant passer,
car trop vos porroie lasser.   11132
    Mes bien vos veill convenancier
de touz voz amis avancier,
por quoi ma compaignic veillent ;
si sunt il mort s'il ne m'acueillent.   11136
Et m'amie ausinc serviront,
ou ja, par Dieu, ne cheviront.
Sanz faille traïstres sui gié
et por larron m'a Diex juigié.   11140
Parjurs sui ; mes ce que j'afin,
set l'en enviz devant la fin ;
car pluseur par moi mort reçurent   [b]
qui onc mon barat n'aperçurent,   11144
et reçoivent et recevront
qui ja mes ne l'apercevront.
Qui l'apercevra, s'il est sages,
gart s'en, ou c'iert ses granz domages.   11148

Mes tant est forz la decevance
que trop est grief l'apercevance,
car Protheüs, qui se soloit
muer en tout quan qu'il voloit,   11152
ne sot onc tant barat ne guile
con je faz, car onques en vile
n'entrai ou fusse conneüz,
tant i fusse oïz ne veüz.   11156
　　Trop sé bien mes habiz changier,
prendre l'un et l'autre estrangier.
Or sui chevaliers, or sui moines,
or sui prelaz, or sui chanoines,   11160
or sui clers, autre heure sui prestres,
or sui deciples, or sui mestres,
or chateleins, or forestiers :
briefment je sui de touz mestiers.   11164
Or resui princes, or sui pages,
et sai par queur trestouz langages ;
autre heure sui vieuz et chenuz,
or resui jennes devenuz ;   11168
or sui Roberz, or sui Robins,
or cordeliers, or jacobins ;
si pregn por sivre ma compaigne,
qui me solace et m'acompaigne   11172
(c'est dame Attenance Contrainte),   [a]
autre desguiseüre mainte,
si com il li vient a plesir,
por acomplir li son desir.   11176
Autre eure vest robe de fame,
or sui damoisele, or sui dame ;
autre eure sui religieuse,
or sui rendue, or sui prieuse,   11180
or sui nonnain, or abbeesse,

or sui novice, or sui professe,
et vois par toutes regions
çarchant toutes religions ;   11184
mes de religion sanz faille
j'en lés le grain et pregn la paille.
Por genz enbacler i habit,
je n'en quier sanz plus que l'abit.   11188
Que vos diroie ? En tele guise
con il me plest je me desguise.
Mout est en moi muez li vers,
mout sunt li fet au diz divers. »   11192
   Ci se voust tere Faus Semblant,
mes Amors ne fet pas semblant
qu'il soit ennuiez de l'oïr,
ainz li dit por eus resjoïr :   11196
« Di nous plus especiaument
conment tu serz desloiaument,
ne n'aies pas du dire honte,
car si con tes habiz nous conte,   11200
tu sembles estre uns sainz hermites.
— C'est voirs, mes je suis ypocrites.
— Tu vas preeschant atenance.   [b]
— Voire voir, mes j'emple ma pance   11204
de tres bons morseaus et de vins
tex con il affiert a devins.
— Tu vas preeschant povreté.
— Voire, riches a poeté.   11208
Mes conbien que povres me faigne,
nul povre je ne contredaigne.
   J'ameroie mieuz l'acointance
.c. mile tanz du roi de France   11212
que d'un povre, par Nostre Dame,
tout eüst il ausinc bone ame !

Quant je voi touz nuz ces truanz
trembler sus ces fumiers puanz   11216
de froit, de fain crier et brere,
ne m'entremet de leur affere.
S'il sunt a l'Ostel Dieu porté,
ja n'ierent par moi conforté,   11220
car d'une aumosne toute seule
ne me pestroient il la gueule,
qu'il n'ont pas vaillant une seiche.
Que donra qui son cousteau leiche ?   11224
Mes du riche usurier malade
la visitance est bone et sade ;
celui vois je reconforter,
car j'en cuit deniers aporter ;   11228
et se la male mort l'enosse,
bien le convoi jusqu'a la fosse.
Et s'aucuns vient qui me repreigne
por quoi dou povre me refreigne,   11232
savez vos conment j'en eschape ?   [95 a]
Je faz entendant par ma chape
que li riches est entechiez
plus que li povres de pechiez,   11236
s'a greigneur mestier de conseill,
por ce i vois, por ce le conseill.

   Ne porquant autresi grant perte
receit l'ame en trop grant poverte   11240
conme el fet en trop grant richece ;
l'une et l'autre egaument la blece,
car ce sunt .II. extremitez
que richece et mendicitez.   11244
Li maiens a non soffisance,
la gist des vertuz l'abundance,
car Salomon tout a delivre

nous a escrit en un sien livre   11248
de *Paraboles*, c'est le tistre,
tout droit ou treintiesme chaspistre :
« Garde moi, Dieu, par ta puissance,
de richece et de mendiance ;   11252
car riches hon, quant il s'adrece
a trop penser a sa richece,
tant met son queur en la folie
que son creator en oblie.   11256
Cil que mendicitez guerroie,
de pechié conment le guerroie ?
Enviz avient qu'il ne soit lierres
et parjurs », ou Dex est mentierres,   11260
se Salemon dist de par lui
la lestre que ci vos parlui.
Si puis bien jurer sanz delai   [b]
qu'il n'est escrit en nule lai,   11264
au mains n'est il pas en la nostre,
que Jhesucrist ne si apostre,
tant con il alerent par terre,
fussent onques veü pain querre,   11268
car mendier pas ne voloient
(ainsinc preechier le soloient
jadis par Paris la cité
li mestre de divinité) ;   11272
si poïssent il demander
de plain poair, sanz truander,
car de par Dieu pasteur estoient
et des ames la cure avoient.   11276
Neïs, emprés la mort leur mestre,
reconmancierent il a estre
tantost laboreor de mains ;
de leur labor, ne plus ne mains,   11280

retenoient leur soustenance
et vivoient en pacience ;
et se remenant an avoient,
aus autres povres le donoient ;　　　　11284
n'en fondoient palés ne sales,
ainz gisoient en mesons sales.

Puissanz hon doit, bien le recors,
au propres mains, au propre cors,　　　　11288
en laborant querre son vivre
s'il n'a don il se puisse vivre,
conbien qu'il soit religieus
ne de servir Dieu curieus :　　　　11292
ainsinc fere le li convient,　　　　[a]
fors es cas don il me sovient,
que bien raconter vos savré
quant tens du raconter avré.　　　　11296
Et oncor devroit il tout vendre
et du labeur sa vie prendre,
s'il iert bien parfez en bonté,
ce m'a l'Escriture conté.　　　　11300
Car qui oiseus hante autrui table,
lobierres est et sert de fable.

N'il n'est pas, ce sachiez, roisons
d'escuser sai par oroisons,　　　　11304
qu'il escovient en toute guise
entrelessier le Dieu servise
por ces autres neccessitez :
menger esteut, c'est veritez,　　　　11308
et dormir, et fere autre chose ;
nostre oroison lors se repose :
ausinc se covient il retrere
d'oroison por son labeur fere,　　　　11312
car l'Escriture s'i acorde,

qui la verité nous recorde.

Et si deffent Justinians,
qui fist noz livres ancians,   11316
que nus hon en nule meniere,
poissanz de cors, son pain ne quiere,
por qu'il le truisse ou gaaignier.
L'en le devroit mieuz mehaignier   11320
ou fere en aperte joustice
que soutenir en tel malice.
Ne font pas ce que fere doivent   [b]
cil qui tex ausmosnes reçoivent,   11324
s'il n'en ont espoir priviliege
qui de la paine les elliege ;
mes ne cuit pas qu'il soit eüz,
se li princes n'est deceüz,   11328
ne si ne recuit pas savoir
qu'il le puissent par droit avoir.
Si ne faz je pas terminance
du prince ne de sa poissance,   11332
ne par mon dit ne veill comprandre
s'el se peut en tel cas estandre ;
de ce ne me doi antremetre.
Mes je croi que, selonc la letre,   11336
les aumosnes qui sunt deües
aus lasses genz povres et nues,
foibles et vieuz et mehaigniez,
par cui pains n'iert mes gaaigniez   11340
por ce qu'il n'en ont la poissance,
qui les menjue en leur grevance,
il menjue son danpnement,
se cil qui fist Adan ne ment.   11344

Et sachiez, la ou Dieu conmande
que li preudon quan qu'il a vande

et doint aus povres et le sive,
por ce ne veust il pas qu'il vive   11348
de lui servir en mendiance,
ce ne fu onques sa sentance.
Ainz entant que de ses mains euvre
et qu'il le sive par bone euvre,   11352
car saint Poul conmandoit ovrer   [96 a]
aus apostres por recovrer
leur neccessitez et leur vies,
et leur deffendoit truandies   11356
et disoit : « De voz mains ovrez,
ja seur autrui ne recovrez. »
Ne voloit que riens demandassent,
a quex que genz qu'il preeschassent,   11360
ne que l'evangille vendissent,
ainz dotoit que, s'il requeïssent,
qu'il ne toussissent en requerre,
qu'il sunt maint doneür en terre   11364
qui por ce donent, au voir dire,
qu'il ont honte de l'escondire ;
ou li requeranz leur ennuie,
si donent por ce qu'il s'en fuie.   11368
Et savez que ce leur profite ?
Le don perdent et la merite.
Quant les bones genz qui oaient
le sarmon saint Poul li prioaient   11372
por Dieu qu'il vosist dou leur prendre,
n'i vosist il ja la main tendre,
mes du labeur des mains prenoit
ce don sa vie soutenoit.   11376
    — Di moi donques, conment peut vivre
fors hon de cors qui Dieu veust sivre,
puis qu'il a tout le sien vendu

et aus povres Dieu despendu, 11380
et veust tant seulement orer
sanz ja mes de mains laborer ?
Le peut il fere ? — Oïl. — Conmant ? [b]
— S'il entroit, selonc le conmant 11384
de l'escriture, en abbaïe
qui fust de propre bien garnie,
si con sunt ore cil blanc moine,
cil noir et cil reglier chanoine, 11388
cil de l'Ospital, cil du Tample,
car j'en repuis bien fere example,
et i preïst sa soutenance,
car la n'a point de mendiance. 11392
Ne porquant maint moine labeurent,
et puis au Dieu servise queurent.
     Et por ce qu'il fu grant descorde
en un tens don je me recorde 11396
seur l'estat de mendicité,
briefment vos iert ci recité
conment peut hon mendianz estre
qui n'a don il se puisse pestre. 11400
Les cas en orrez tire à tire
si qu'il n'i avra que redire,
maugré les felonesses jangles,
car veritez n'a cure d'angles ; 11404
si porré je bien comparer,
quant onc osai tel champ arer.
     Vez ci les cas especiaus :
se li hons est si bestiaus 11408
qu'il n'ait de nul mestier sciance,
ne n'en desierre l'ignorance,
a mendience se peut trere
jusqu'il sache aucun mestier fere 11412

don il puisse sanz truandie   [a]
loiaument gaaignier sa vie ;
   ou s'il laborer ne peüst
por maladie qu'il eüst,   11416
ou por viellece ou por enfance,
torner se peust a mendiance ;
   ou s'il a trop, par aventure,
d'acoustumee norreture   11420
vescu delicieusement,
les bones genz conmunement
en doivent lors avoir pitié
et soffrir le par amitié   11424
mendier et son pain querir,
non pas lessier de fain perir ;
   ou s'il a d'ovrer la sciance
et le volair et la puissance,   11428
presz de laborer bonement,
mes ne treuve pas prestement
qui laborer fere li veille
por riens que fere puisse ou seille,   11432
bien peut lors en mendicité
porchacier sa neccessité ;
   ou s'il a son labeur gaaigne,
mes il ne peut de sa gaaigne   11436
souffisaument vivre sus terre,
bien se peut lors metre a pain quere
et d'uis en huis par tout tracier
por le remaignant porchacier ;   11440
   ou s'il veust, por la foi deffendre,
quelque chevalerie enprendre,
soit d'armes ou de letreüre   [b]
ou d'autre covenable cure,   11444
se povreté le va grevant,

bien peut, si con j'ai dit devant,
mendier tant qu'il puisse ovrer
por ses estovoirs recovrer,   11448
mes qu'il euvre des mains itex,
non pas des mains esperitex,
mes des mains du cors proprement,
sanz metre i double entendement.   11452
En touz ces cas et es semblables,
se plus en trovez resonables
seur ceus que ci presenz vos livre,
qui de mendicité veust vivre   11456
fere le peut, non autrement,
se cil de Saint Amor ne ment,
qui desputer solait et lire
et preeschier ceste matire   11460
a Paris avec les devins.
Ja ne m'eïst ne pains ne vins
s'il n'avoit en sa verité
l'acort de l'Université   11464
et du peuple conmunement
qui oait son preeschement.
Nus preudon de ce refuser   [97 a]
ver Dieu ne se peut escuser :   11468
qui grocier en vodra, si groce ;
ou corrocier, si s'en corroce ;
car je ne m'en teroie mie,
se j'en devoie perdre vie,   11472
ou estre mis, contre droiture,
conme saint Poul, en chartre oscure,
ou estre baniz du rïaume
a tort, con fu mestre Guillaume   11476
de Saint Amor, qu'Ypocrisie
fist essillier par grant envie.

Ma mere en essill le chaça,
le vaillant home, tant braça,   11480
por verité qu'il soutenoit.
Vers ma mere trop mesprenoit,
por ce qu'il fist un noveau livre
ou sa vie fist toute escrivre,   11484
et voloit que je reniasse
mendicité et laborasse,
se je n'avoie de quoi vivre.
Bien me voloit tenir por ivre,   11488
car laborer ne me peut plere.
De laborer n'ai je que fere,
trop a grant paine en laborer.
J'aim mieuz devant les genz orer   11492
et affubler ma renardie
du mantel de papelardie.
    — Qu'est ce, deable ? Quex sunt ti dit ?
Qu'est ce que tu as ici dit ?   11496
— Quoi ? — Granz desleautez apertes !   [b]
Don ne crainz tu pas Dieu ? — Non, certes,
qu'enviz peut a grant chose ateindre
en cest siecle qui Dieu veust creindre ;   11500
car li bon, qui le mal eschivent
et leaument du leur se vivent
et qui selonc Dieu se maintienent,
enviz de pain a autre vienent.   11504
Tex genz boivent trop de mesese,
n'est vie qui tant me desplese.
    Mes esgardez que de deniers
ont usurier en leur greniers,   11508
faussonier et termaieür,
baillif, bedel, prevost, maieur :
tuit vivent pres que de rapine.

Li menuz pueple les encline, 11512
et cil conme lou les deveurent ;
trestuit sus les povres genz queurent,
n'est nus qui despoillier nes voille,
tuit s'affublent de leur despoille, 11516
trestuit de leur sustance hument,
sanz eschauder touz vis les plument ;
li plus fors le plus foible robe.
Mes je, qui vest ma simple robe, 11520
lobant lobez et lobeürs,
robe robez et robeeurs.

    Par ma lobe entas et amasse
grant tresor en tas et en masse, 11524
qui ne peut por riens affonder ;
car se j'en faz palés fonder
et acomplis touz mes deliz [a]
de compaignies ou de liz, 11528
de tables plaines d'entremés
(car ne veill autre vie mes),
recroist mes argenz et mes ors ;
car ainz que soit vuiz mes tresors, 11532
denier me vienent a resours.
Ne faz je bien tunber mes ours ?
En aquerre est toute m'entente,
mieuz vaut mes porchaz que ma rente. 11536
S'en me devoit tuer ou batre,
si me veill je par tout enbatre,
si ne querroie ja cessier
ou d'empereeurs confessier, 11540
ou rois, ou dux, ou bers, ou contes.
Mes des povres genz est ce hontes,
je n'aim pas tel confession.
Se n'est por autre occasion, 11544

je n'ai cure de povre gent :
leur estat n'est ne bel ne gent.

Ces empereriz, ces duchesses,
ces raïnes et ces contesses,   11548
ces hautes dames palatines,
ces abbaesses, ces beguines,
ces ballives, ces chevalieres,
ces bourjaises cointes et fieres,   11552
ces nonains et ces damoiseles,
por qu'eus saient riches ou beles,
saient nues ou bien parees,
ja ne s'en iront esgarees.   11556

Et por le sauvement des ames   [b]
g'enquier des seigneurs et des dames
et de tretoutes leur mainies
les proprietez et les vies,   11560
et leur faz croire et met es testes
que leur prestres curez sunt bestes
envers moi et mes compaignons,
don j'ai mout de mauvés gaignons,   11564
a cui je seull, sanz riens celer,
les secrez aus genz reveler ;
et eus ausinc tout me revelent,
que riens du monde il ne me celent.   11568

Et por les felons aperçoivre
qui ne cessent des genz deçoivre,
paroles vos diré ja ci
que nous lisons de saint Maci,   11572
c'est a savoir l'evangelistre,
ou vint e troisieme chapistre :

« Seur la chaiere Moÿsi
(car la glose l'espont isi :   11576
c'est le Testament Ancien)

sidrent scribe et pharisien
(ce sunt les fausses genz maudites
que la letre apele ypocrites).   11580
Fetes ce qu'il sarmoneront,
ne fetes pas ce qu'il feront.
Du bien dire n'ierent ja lent,
mes il n'ont du fere talent.   11584
Il lient aus genz decevables
griés fes qui ne sunt pas portables,
et seur les espaules leur posent,   [98 a]
mes a leur doi mouvoir nes osent.   11588
— Por quoi non ? — Par foi, qu'il ne veulent ;
car les espaules sovent seulent
aus porteürs des fes douloir,
por ce fuient cil tel vouloir.   11592
S'il font euvres qui bones soient,
c'est por ce que les genz les voient.
Leur philateres eslargissent
et leur finbries agrantissent ;   11596
et des sieges aiment aus tables
les plus hauz, les plus honorables,
et les prumiers des synagogues,
con fiers et orgueilleus et rogues ;   11600
et aiment que l'en les salue
quant il trespassent par la rue,
et veulent estre apelé mestre,
ce qu'il ne devroient pas estre,   11664
car l'esvangile vet encontre,
qui leur desleauté demontre.
   Une autre coustume ravons
seur ceus que contre nous savons :   11608
trop les volons forment haïr
et tuit par acort envaïr.

Ce que l'un het, li autre heent,
tretuit a confundre le beent.   11612
Se nous veons qu'il puist conquerre
par quex que genz honeur en terre,
provendes ou possessions,
a savoir nous estudions   11616
par quele eschiele il peut monter ;   [b]
et por li mieuz prendre et donter
par traïson le diffamons
vers ceus, puis que nous ne l'amons.   11620
De s'eschiele les echillons
ainsinc coupons, et le pillons
de ses amis, qu'il ne savra
ja mot que perduz les avra.   11624
Car s'en apert le grevions,
espoir blasmez en serions
et si faudrions a nostre esme ;
car se nostre entencion pesme   11628
savoit cil, il s'en desfendroit
si que l'en nous en reprendroit.

   Grant bien se l'un de nos a fet,
par nous touz le tenons a fet.   11632
Voire, par Dieu, s'il le faigneit
ou, sanz plus, vanter s'en daigneit
d'avoir avancié quex ques homes,
tuit du fet parçonier nos fomes   11636
et disons, bien savoir devez,
que tex est par nous eslevez.
Et pour avoir des genz loanges,
des riches homes par losanges   11640
empetrons que letres nous doignent
qui la bonté de nos tesmoignent,
si que l'en croie par le monde

que vertu toute en nous habonde. 11644
Et tourjorz povres nos faignon,
mes, conment que nos nos plaignon,
nous somes, ce vos faz savoir, [a]
cil qui tout ont sanz riens avoir. 11648

   Si m'entremet de corretages,
je faz pes, je joig mariages,
seur moi preign execucions
et vois en procuracions. 11652
Mesagiers suis et faz enquestes,
si ne me sunt eus pas honestes ;
les autrui besoignes trestier,
ce m'est un trop plesant mestier ; 11656
et se vos avez riens a fere
vers ceus entor cui je repere,
dites le moi, c'est chose fete
si tost con la m'avrez retrete : 11660
por quoi vos m'aiez bien servi,
mon servise avez deservi.
Mes qui chastier me voudroit,
tantost ma grace se toudroit, 11664
ne m'aim pas home ne ne pris
par cui je sui de riens repris.
Les autres veill je touz reprendre,
mes ne veill leur reprise entendre, 11668
car je, qui les autres chasti,
n'ai mestier d'estrange chasti.

   Si n'ai mes cure d'ermitages,
j'ai lessié deserz et boschages, 11672
et quit a saint Jehan Baptiste
du desert et menoir et giste.
Trop par estoie loign gitez ;
es bours, es chateaus, es citez 11676

faz mes sales et mes palés,   [b]
ou l'en peut corre a plein alés ;
et di que je sui hors du monde,
mes je m'i plunge et m'i affonde   11680
et m'i aese et baigne et noe
mieuz que nul poisson de sa noe

   Je sui des vallez Antecrit,
des larrons don il est escrit   11684
qu'il ont habit de sainteé
et vivent en tel fainteé.
Dehors semblons aigneaus pitables,
dedanz somes lous ravisables ;   11688
si avironnons mer et terre,
a tout le monde avons pris guerre,
et volons du tout ordener
quel vie l'en i doit mener.   11692
S'il i a chastel ne cité
ou bogres saient recité,
neïs s'il ierent de Melan,
car ausinc les en blasme l'an,   11696
ou se nus hon outre mesure
vent a terme ou preste a usure,
tant est d'aquerre curieus,
ou s'il est trop luxurieus,   11700
ou lierres, ou symoniaus,
soit prevosz, soit officiaus,
ou prelaz de jolive vie,
ou prestres qui tiegne s'amie,   11704
ou vielles pustains hostelieres,
ou maquereaus, ou bordelieres,
ou repris de quelconques vice   [99 a]
dom l'en doie fere joustice,   11708
par trestouz les sainz que l'en proie !

s'il ne se deffent de lamproie,
de luz, de saumon ou d'anguile,
s'en le peut trover en la vile, 11712
ou de tartes ou de flaons
et de formages en glaons,
qu'ausinc est ce mout biau joël
o la poire de kailloël, 11716
ou d'oisons gras, ou de chapons
dom par les gueules nous frapons,
ou s'il ne fet venir en haste
chevreaus, connins, lardez en haste, 11720
ou de porc au meins une longe,
il avra de corde une longe
a quoi l'en le menra bruler,
si que l'en l'orroit bien uler 11724
d'une grant luie tout entour ;
ou sera pris et mis en tour
por estre a tourjorz enmurez,
s'il ne nos a bien procurez ; 11728
ou sera puniz du meffet
plus, espoir, qu'il n'avra meffet.
   Mes s'il, se tant d'engin avoit,
une grant tour fere savoit, 11732
ne li chausist ja de quel pierre,
fust sanz compas ou sanz esquierre,
neïs de motes ou de fust
ou d'autre rien, que que ce fust, 11736
mes qu'il eüst leanz assez [b]
des biens temporex amassez,
et dreçast sus une perriere
qui lançast devant et darriere 11740
et des .ii. costez ensement
encontre nos espessement

tex chaillous con m'oez nomer
por soi fere bien renomer,   11744
et gitast an granz mangoneaus
vins en barilz ou en toneaus
ou granz sas de centeine livre,
tost se porroit voair delivre.   11748
Et s'il ne treuve tex pitances,
estudit en equipollences
et lest ester leus et fallaces,
s'il n'en cuide aquerre noz graces,   11752
ou tel tesmoign li porteron
que tout vif ardoir le feron,
ou li donron tel penitance
qui vaudra pis que la pitance.   11756
    Ja ne les connoistrez aus robes,
li faus treïstres pleins de lobes ;
leur fez vos esteut regarder,
se vos volez bien d'eus garder.   11760
    Et se ne fust la bone garde
de l'Université, qui garde
la clef de la crestienté,
tout eüst esté tourmenté,   11764
quant par mauvese entencion,
en l'an de l'incarnacion
.M. et .II.C. .V. et .L.,   [a]
n'est hom vivanz qui m'en desmante,   11768
fu bailliez, c'est bien chose voire,
por prendre conmun examplaire,
un livre de par le deable,
c'est l'*Esvangile Pardurable*,   11772
que li Sainz Esperiz menistre,
si con il apparoit ou tistre,
ainsinc est il entitulez ;

bien est digne d'estre brulez. 11776
A Paris n'ot home ne fame,
ou parvis devant Nostre Dame,
qui lors avoir ne l'i peüst
a transcrivre, s'il li pleüst. 11780
La trovast par granz mespraisons
maintes teles conparaisons :
autant con par sa grant valeur,
soit de clarté soit de chaleur, 11784
seurmonte li soleuz la lune,
qui trop est plus trouble et plus brune,
et li noiaus des noiz la quoque,
ne cuidiez pas que je me moque, 11788
seur m'ame le vos di sanz guile,
tant seurmonte ceste evangile
ceus que li .IIII. evangelistre
Jhesucrist firent a leur tistre. 11792
De tex comparaisons grant masse
i trovast l'en, que je trespasse.

    L'Université, qui lors iere
endormie, leva la chiere ; 11796
du bruit du livre s'esveilla [b]
n'onc puis guieres ne someilla,
ainz s'arma por aler encontre,
quant el vit cel horrible montre, 11800
toute preste de bataillier
et du livre aus juges baillier.
Mes cil qui la le livre mistrent
saillirent sus et le repristrent 11804
et se hasterent du repondre,
car il ne savoient respondre
par espondre ne par gloser
a ce qu'em volait opposer 11808

contre les paroles mal dites
qui en ce livre sunt escrites.
Or ne sai qu'il en avendra
ne quel chief cil livres tendra,   11812
mes onquor leur convient atendre
tant qu'il le puissent mieuz deffendre.

    Ainsint Antecrist atendrons,
tuit ensemble a lui nos tendrons.   11816
Cil qui ne s'i vorront aherdre,
la vie leur convendra perdre.
Les genz encontre eus esmovrons
par les baraz que nous covrons,   11820
et les feron deglavier
ou par autre mort devier,
puis qu'il ne nos voudront ensivre,
qu'il est escrit ainsint ou livre   11824
qui ce raconte et senefie :
tant con Pierres ait seigneurie,
ne peut Jehan moutrer sa force.   [100 a]
Or vos ai dit du sen l'escorce,   11828
qui fet l'entencion repondre ;
or en veill la moële espondre.
Par Pierre veust la pape entendre
et les clers seculiers comprendre,   11832
qui la loi Jhesucrist tendront
et garderont et deffendront
contre touz enpeecheürs ;
par Jehan, les preecheürs,   11836
qui diront qu'il n'est loi tenable
fors l'*Evangile Pardurable,*
que li Sainz Esperiz envoie
por metre genz a bone voie.   11840
Par la force Jehan antant

la grace don se va vantant
qu'il veust pecheeurs convertir
por les fere a Dieu revertir.   11844
Mout i a d'autres deablies
conmandees et establies
en ce livre que je vos nome,
qui sunt contre la loi de Rome   11848
et se tienent a Antecrist,
si con je truis ou livre escrit.
Lors conmenderont a occierre
tous ceus de la partie Pierre,   11852
mes ja n'avront poair d'abatre,
ne por occierre ne por batre,
la loi Pierre, ce vos plevis,
qu'il n'en demeurt assez de vis   11856
qui torjorz si la maintendront   [b]
que tuit en la fin i vendront ;
et sera la loi confundue
qui par Jehan est entendue.   11860
Mes ne vos en veill or plus dire,
car trop a ci longue matire.
Mes se cist livres fust passez,
en greigneur estat fusse assez,   11864
s'ai je ja de mout granz amis
qui en grant estat m'ont ja mis.

   De tout le monde est emperetes
Baraz, mes sires et mes peres ;   11868
ma mere en est empereriz.
Maugré qu'an ait Sainz Esperiz,
nostre puissant lignage reigne.
Nous reignons or en chascun reigne,   11872
et bien est droiz que noz resnons
qui tretout le monde fesnons

et savons si les genz deçoivre
que nus ne s'en set aperçoivre ;   11876
ou, qui le set apercevoir,
n'en ose il descovrir le voir ;
mes cist en l'ire Dieu se boute
quant plus que Dieu mes freres doute.   11880
N'est pas en foi bons champions
qui craint tex simulacions
ne qui vieust paine refuser
qui puist venir d'eus encuser.   11884
Tex hom ne veust entendre a voir
ne Dieu devant ses euz avoir,
si l'en punira Dex sanz faille.   [a]
Mes ne m'en chaut conment qu'il aille,   11888
puis que l'aneur avons des homes.
Por si bone gent tenu somes
que de reprendre avons le pris
sanz estre d'ome nul repris.   11892
Quex genz doit l'en donc honorer
fors nos, qui ne cesson d'orer
devant les genz apertement,
tout soit il darriers autrement ?   11896
   Est il greigneur forsenerie
que d'essaucier chevalerie
et d'amer genz nobles et cointes
qui robes ont gentes et jointes ?   11900
S'il sunt tel genz com il aperent,
si net com netement se perent,
que leur diz s'acort a leur fez,
n'est ce grant deaus et granz seurfez ?   11904
S'il ne veulent estre ypocrite,
tel gent puisse estre la maldite !
Ja certes tex genz n'amerons,

mes beguins aus granz chaperons,   11908
aus chieres pales et alises,
qui ont ces larges robes grises
toutes frestelees de crotes,
houseaus fronciez et larges botes   11912
qui resemblent borse a caillier.
A ceus doivent princes bailllier
a governer eus et leur terres,
ou soit par pes ou soit par guerres ;   11916
a ceus se doit princes tenir   [b]
qui vcut a grant honeur venir.
Et s'il sunt autres qu'il ne semblent,
qu'ainsint la grace du monde emblent,   11920
la me veill enbatre et fichier
por decevoir et por trichier.
Si ne veill je pas por ce dire
que l'en doie hunble habit despire,   11924
por quoi desouz orgueill n'abit :
nul ne doit haïr por l'abit
le povre qui s'en est vestuz ;
mes Dex nou prise .ii. festuz,   11928
s'il dit qu'il a lessié le monde,
et de gloire mondaine habonde
et de delices veust user.
Qui peut tel beguin escuser ?   11932
Tex papelarz, quant il se rant,
puis va mondains deliz querant
et dit que touz les a lessiez,
s'il en veust puis estre angressiez,   11936
c'est li mastins qui glotement
retorne a son vomissement.
Mes a vos n'ose je mentir ;
mes se je peüsse sentir   11940

que vos ne l'aperceüssiez,
la mençonge ou poign eüssiez :
certainement je vos bolasse,
ja por pechié ne le lessasse ;   11944
si vos porré je bien faillir,
s'ous m'en deviez maubaillir. »
Li dex sorrit de la merveille,   [101 a]
chascun s'en rit et s'en merveille,   11948
et dient : « Ci a biau sergent,
ou bien se doivent fier gent ! »
   « Faus Semblant, dist Amors, di moi,
puis que de moi tant t'aprimoi   11952
qu'en ma court si grant poër as
que rois des ribauz i seras,
me tendras tu ma couvenance ?
— Oïl, jou vos jur et fiance,   11956
n'onc n'orent serjanz plus leaus
vostre pere ne vostre eaus.
— Conment ? C'est contre ta nature.
— Metez vos en en aventure,   11960
car se pleges en requerez,
ja plus asseür n'en serez,
non voir, se j'en bailloie ostages
ou letres ou tesmoignz ou gages ;   11964
car a tesmoign vos en apel :
l'en ne peut oster de sa pel
le lou tant qu'il soit escorchiez,
ja tant n'iert batuz ne torchiez.   11968
Cuidiez que je ne triche et lobe
por ce se je vest simple robe,
souz cui j'ai maint grant mal ovré ?
Ja, par Dieu, mon queur n'en movré —   11972
et se j'ai chiere simple et coie

que de mal fere me recroie ?
M'amie Contrainte Atenance
a mestier de ma proveance ;   11976
pieça fust morte et malbaillie   [b]
s'el ne m'eüst en sa baillie.
Lessiez nos, moi et lui, chevir.
— Or soit, je t'en croi sanz plevir. »   11980
Et li lierres enz en la place,
qui de traïson ot la face
blanche dehors, dedenz nercie,
si s'agenoille et l'en mercie.   11984
    Donc n'i a fors de l'atourner.
« Or a l'assaut sanz sejourner »,
ce dist Amors apertement.
Donc s'arment tuit conmunement   11988
de tex armes con armer durent.
Armez sunt ; et quant armez furent,
si saillent sus tuit abrivé.
Au fort chastiau sunt arivé,   11992
dont ja ne beent a partir
tant que tuit i soient martir,
ou qu'il soit pris ainz qu'il s'en partent.
Leur batailles en .IIII. partent,   11996
si s'en vont en .IIII. parties,
si con leur genz orent parties,
por assaillir les .IIII. portes,
don les gardes n'ierent pas mortes   12000
ne malades ne pareceuses,
ainz ierent forz et viguereuses.
    Or vos dirai la contenance
de Faus Semblant et d'Atenance,   12004
qui contre Male Bouche vindrent.
Entr'eus .II. un parlement tindrent

conment contenir se devroient :   [a]
ou se connoistre se feroient,   12008
ou s'il iroient desguisé.
Si ont par acort devisé
qu'il s'en iront en tapinage
ausinc con en pelerinage,   12012
con bone gent piteuse et sainte.
Tantost Atenance Contrainte
vest une robe kameline
et s'atourne conme beguine,   12016
et ot d'un large queuvrechief
et d'un blanc drap covert le chief.
Son sautier mie n'oblia ;
unes paternostres i a   12020
a un blanc laz de fil pendues,
qui ne li furent pas vendues ;
donees les li ot uns freres
qu'el disoit qu'il estoit ses peres,   12024
et le visitoit mout sovent
plus que nul autre du covent ;
et il sovent la visitoit,
maint biau sarmon li recitoit.   12028
Ja por Faus Semblant nou lessast
que souvent ne la confessast,
et par si grant devocion
fesoient leur confession   12032
que .ii. testes avoit ensemble
en un chaperon, ce me semble.
    De bele taille la devis ,
mes un poi fu pale de vis.   12036
El resembloit, la puste lisse,   [b]
le cheval de l'Apochalipse,
qui senefie la gent male,

d'ypocrisie tainte et pale ; 12040
car cil chevaus seur soi ne porte
nule coleur, fors pale et morte ;
d'itel coleur enlangoree
iert Atenance coloree. 12044
De son estat se repentoit,
si con ses vouz representoit.
De larrecin ot un bordon,
qu'el reçut de Barat por don, 12048
de triste fumee roussi ;
escherpe ot pleine de soussi.
Quant el fu preste, si s'en torne.
Faus Semblant, qui bien se ratorne, 12052
ot, ausinc con por essaier,
vestuz les dras frere Saier.
La chiere ot mout simple et piteuse,
ne regardeüre orgueilleuse 12056
n'ot il pas, mes douce et pesible.
A son col portoit une bible.
Emprés s'en va sanz esquier,
et por ses menbres apuier 12060
ot ausinc con par impotance
de traïson une potance,
et fist en sa manche glacier
un bien trainchant rasoer d'acier 12064
qu'il fist forgier en une forge
que l'en apele Coupe Gorge.
    Tant va chascuns et tant s'aprouche [102 a]
qu'il sunt venuz a Male Bouche 12068
qui a sa porte se soait.
Trestouz les trespassanz voait ;
les pelerins choisist qui vienent,
qui mout humblement se contienen . 12072

Encliné l'ont mout humblement.
Atenance prumierement
le salue et de lui va pres,
Faus Semblant le salue aprés,   12076
et cil eus, mes onc ne se mut,
qu'il nes douta ne ne cremut ;
car quant veüz les ot u vis,
bien les connut, ce li fu vis,   12080
qu'il connoissoit bien Atenance,
mes n'i sot point de contraignance.
Ne savoit pas que fust contrainte
sa larronesse vie fainte,   12084
ainz cuidoit qu'el venist de gré,
mes el venoit d'autre degré ;
et s'ele de gré conmença,
failli li grez des lors en ça.   12088
    Semblant ravoit il mout veü,
mes faus ne l'ot pas conneü.
Faus iert il, mes de fausseté
ne l'eüst il ja mes reté,   12092
car li semblant si fort ovroit
que la fausseté li covroit ;
mes s'avant le conneüssiez
qu'en ces dras veü l'eüssiez,   12096
bien juressiez le roi celestre   [b]
que cil, qui devant soloit estre
de la dance le biaus Robins,
or est devenuz jacobins.   12100
Mes sanz faille, c'en est la some,
li Jacobin sunt tuit preudome
— mauvesement l'ordre tendroient
se tel menesterel estoient —   12104
si sunt Cordelier et Barré,

tout saient il gros et quarré,
et Sac et tuit li autre frere :
n'i a nus qui preudon n'apere.   12108
Mes ja ne verrez d'apparance
conclurre bone consequance
en nul argument que l'en face,
se deffaut existance efface ;   12112
tourjorz i troverez soffime
qui la consequance envenime,
se vos avez soutillité
d'entendre la duplicité.   12116
     Quant li pelerin venu furent
a Male Bouche ou venir durent,
tout leur hernois mout pres d'eus mistrent.
Delez Male Bouche s'asistrent   12120
qui leur ot dit : « Or ça venez,
de voz noveles m'aprenez
et me dites quele acheson
vos ameine en ceste meson.   12124
— Sire, dist Contrainte Atenance,
por fere nostre penitance
de fin queur net et enterin   [a]
somes ci venu pelerin.   12128
Presz que tourjorz a pié alons,
mout avons poudreus les talons.
Si somes andui envoié
par mi cest monde desvoié   12132
doner example et preeschier
por les pecheeurs peescheir,
qu'autre peschaille ne voulons ;
et por Dieu, si con nous soulons,   12136
l'ostel vos venons demander ;
et por vostre vie amander,

mes qu'il ne vos deüst desplere,
nous vos voudrions ci retrere   12140
un bon sarmon a brief parole. »
Atant Male Bouche parole :
« L'ostel, dist il, tel con vaez
prenez, ja ne vos iert vaez,   12144
et dites quan qu'il vos plera :
j'escouteré que ce sera.
— Grant merciz, sire. » Adonc conmance
prumierement dame Atenance :   12148
    « Sire, la vertu prumereine,
la plus grant, la plus sovereine
que nus mortex hom puisse avoir
par science ne par avoir,   12152
c'est de sa langue refrener :
a ce se doit chascuns pener,
qu'adés vient il mieuz qu'an se tese
que dire parole mauvese ;   12156
et cil qui volentiers l'escoute   [b]
n'est pas preudón ne Dieu ne doute.
Sire, seur touz autres pechiez
de cestui iestes entechiez.   12160
Une trufle pieça deïstes,
don trop malement mespreïstes,
du vallet qui ci reperoit.
Vos deïstes qu'il ne queroit   12164
fors que Bel Aqueull decevoir :
ne deïstes pas de ce voir,
ainz en mentistes, se devient,
n'il ne va mes ci ne ne vient,   12168
n'espoir ja mes ne l'i verrez.
Bel Acueill en rest enserrez,
qui avec vos ci se jouait

des plus biaus geus que il pouait 12172
le plus des jorz de la semaine,
sanz nule pensee vilaine ;
or n'i s'ose mes soulacier.
Le vallet avez fet chacier 12176
qui se venoit ici deduire.
Qui vos esmut a tant li nuire,
fors que vostre male pensee
qui mainte mençonge a pensee ? 12180
Ce mut vostre fole loquence,
qui bret et crie et noise et tence,
et les blasmes aus genz eslieve
et les deshoneure et les grieve 12184
por chose qui n'a point de preuve,
fors d'apparence ou de contreuve.
Dire vos os tout en apert [103 a]
qu'il n'est pas voirs quan qu'il apert, 12188
si rest pechiez de controver
chose qui fet a reprover.
Vos meïsmes bien le savez,
par quoi plus grant tort en avez. 12192
Et ne porquant il n'i fet force,
il n'i donroit pas une escorce
de chesne, conment qu'il en soit.
Sachiez qu'a nul mal n'i pensoit, 12196
car il i alast et venist,
nule essoine nou detenist :
or n'i vient mes n'il n'en a cure,
se n'est par aucune aventure, 12200
en trespassant, mains que li autre.
Et vos guetiez, lance sus fautre,
a ceste porte, sanz sejor :
la muse musart toute jor. 12204

Par nuit et par jor i veilliez,
por droit noiant i travailliez :
Jalousie, qui s'en atant
a vous, ne vos vaudra ja tant.   12208
Si rest de Bel Aqueull domages,
qui, sanz riens acroire, est en gages ;
sanz forfet en prison demeure,
la languist le chetif et pleure.   12212
Se vos n'aviez plus meffet
ou monde que cestui meffet,
vos deüst en, ne vos poist mie,
bouter hors de ceste baillie,   12216
metre en chartre ou lier en fer.   [b]
Vos en irez ou cul d'enfer,
se vos ne vos en repentez.
— Certes, dist il, vos i mentez !   12220
Mal saiez vos ore venu !
Vos ai je por ce retenu,
por moi dire honte et ledure ?
Par vostre grant malaventure   12224
me tenissiez vos por bergier !
Or alez ailleurs hebergier,
qui m'apelez ci manteeur.
Vos estes dui enchanteeur   12228
qui m'iestes ci venuz blamer
et por voir dire mesamer.
Alez vos ore ce querant ?
A touz les deables me rant,   12232
ou vos, biaus Dex, me confondez,
s'ainz que li chasteaus fust fondez
ne passerent jorz plus de .x.
qu'en le me dist, et jou redis,   12236
et que cil la rose besa ;

ne sai se plus s'en aesa.
Por quoi me feïst en acroire
la chose, s'ele ne fust voire ?   12240
Par Dieu, jou dis et rediré,
et croi que ja n'en mentiré,
et corneré a mes boisines
et aus voisins et aus voisines   12244
conment par ci vint et par la. »
Adonques Faus Semblant parla :
   « Sire, tout n'est pas evangile   [a]
quan que l'an dit aval la vile.   12248
Or n'aiez pas oreilles sordes,
et je vos pruis que ce sunt bordes.
Vos savez bien certainement
que nus n'aime enterinement,   12252
por tant qu'il le puisse savoir,
tant ait en lui poi de savoir,
home qui mesdie de lui ;
et si rest voirs, s'onques le lui,   12256
tuit amant volentiers visitent
les leus ou leur amors habitent.
Cist vos honeure, cist vos aime,
cist son tres chier ami vos claime,   12260
cist par tout la ou vos encontre
bele chiere et liee vos montre,
et de vos saluer ne cesse ;
si ne vos fet pas ci grant presse,   12264
n'iestes pas trop par lui lassez ;
li autre i vienent plus assez.
Sachiez, se ses queurs l'enpressast
de la rose, il s'en apressast   12268
et ci sovent le veïssiez ;
voire prouvé le preïssiez,

qu'il ne s'en peüst pas garder,
s'en le deüst tout vif larder,   12272
il ne fust pas ore en ce point.
Donc sachiez qu'il n'i pense point.
Non fet Bel Acueill vraiement,
tout en ait il mal paiement.   12276
Par Dieu, s'endui bien le vousissent,   [b]
maugré vos la rose quieusissent.
Quant du vallet mesdit avez,
qui vos aime, bien le savez,   12280
sachiez, s'il i eüst beance,
ja n'en saiez en mescreance,
ja mes nul jor ne vos amast,
ja mes ami ne vos clamast ;   12284
et vousist penser et veillier
au chastel rompre et esseillier,
s'il fust voirs, car il le seüst,
qui que soit dit le li eüst.   12288
De soi le poïst il savoir :
puis qu'accés n'i poïst avoir
si con avant avoit eü,
tantost l'eüst aperceü.   12292
Or le fet il tout autrement.
Donc avez vos outreement
la mort d'enfer bien deservie
qui tel gent avez asservie. »   12296
    Faus Semblant ainsinc le li preuve ;
cil ne set respondre a la preuve,
et voit toutevois apparence.
Presz qu'il n'en chiet en repentence,   12300
et leur dit : « Par Dieu, bien peut estre.
Semblant, je vos tiegn a bon mestre,
et Attenance mout a sage.

Bien semblez estre d'un corage :   12304
que me loez vos que je face ?
— Confés serez en ceste place
et ce pechié sanz plus direz,   [104 a]
de cestui vos repentirez ;   12308
car je sui d'ordre et si sui prestres,
de confessier li plus hauz mestres
qui soit, tant con li mondes dure.
J'ai de tout le monde la cure,   12312
ce n'ot onques prestres curez,
tant fust a s'iglise jurez,
et si ai, par la haute dame !
.c. tanz plus pitié de vostre ame   12316
que voz prestres parrochiaus,
ja tant n'iert vostre especiaus.
Si rai un mout grant avantage :
prelat ne sunt mie si sage   12320
ne si letré de trop con gié.
J'ai de divinité congié,
voire, par Dieu, pieça leü.
Por confessor m'ont esleü   12324
li meilleur qu'en puisse savoir
par mon sens et par mon savoir.
Se vos volez ci confessier
et ce pechié sanz plus lessier,   12328
sanz fere en ja mes mencion,
vos avrez m'asolucion. »
    Male Bouche tantost s'abesse,
si s'agenoille et se confesse,   12332
car verais repentanz ja ert ;
et cil par la gorge l'ahert,
a .II. poinz l'estraint, si l'estrangle,
si li a tolue la jangle :   12336

la langue a son rasoer li oste.   [b]
Ainsint chevirent de leur oste,
ne l'ont autrement enossé,
puis le tumbent en un fossé.   12340
Sanz deffanse la porte quassent,
quassee l'ont, outre s'en passent,
si troverent leanz dormanz
tretouz les soudaiers normanz,   12344
tant orent beü a guersai
du vin que je pas ne versai :
eus meïsmes l'orent versé
tant que tuit jurent enversé.   12348
Ivres et dormanz les estranglent,
ja ne seront mes tex qu'il janglent.
    Ez vos Courtoisie et Largece,
la porte passent sanz perece,   12352
si sunt la tuit .IIII. assemblé
repostement et en emblé.
La vielle, qui ne s'en gardoit,
qui Bel Acueill pieça gardoit,   12356
ont tuit .IIII. ensemble veüe.
De la tour estoit descendue,
si s'esbatoit par mi le baile ;
d'un chaperon en leu de vaile   12360
sus sa guimple ot covert sa teste.
Contre lui corurent en heste,
si l'assaillent tantost tuit .IIII.
El ne se vost pas fere batre ;   12364
quant les vit touz .IIII. assemblez :
« Par foi, dist ele, vos semblez
bone gent, vaillant et courtoise.   [a]
Or me dites sanz fere noise,   12368
si ne me tien ge pas por prise,

que querez en ceste porprise ?
— Por prise, douce mere tendre !
Nous ne venons pas por vos prendre,   12372
mes seulement por vos voair
et, s'il vos peut plere et soair,
noz cors offrir tout pleinement
a vostre douz conmandement,   12376
et quan que nous avons vaillant,
sanz estre a nul jor defaillant,
et, s'il vos plesoit, douce mere,
qui ne fustes onques amere,   12380
requerre vos qu'il vos pleüst,
sanz ce que nul mal i eüst,
que plus leanz ne languisist
Bel Aqueill, ainceis s'en issist   12384
o nous un petitet joer
sanz ses piez guieres enboer.
Ou voilliez au mains qu'il parole
a ce vallet une parole   12388
et que li uns l'autre confort :
ce leur fera mout grant confort,
ne guieres ne vos coutera,
et cil vostre hom liges sera,   12392
mes vostre sers, don vos porrez
fere tout quan que vos vorrez,
ou vendre, ou pendre, ou mehaignier.
Bon fet un ami gaaignier,   12396
et vez ci de ses joelez :   [b]
cest fermaill et ces noelez
vos done, voire un garnement
vos donra il procheinement.   12400
Mout a franc queur, cortais et large,
et si ne vos fet pas grant charge.

De li estes forment amee,
et si n'en serez ja blasmee,   12404
qu'il est mout sages et celez ;
et prions que vos le celez,
ou qu'il i aut sanz vilanie,
si li avrez rendu la vie.   12408
Et maintenant ce chapelet
de par lui, de fleurs novelet,
s'il vous plest, Bel Acueill portez,
et de par lui le confortez   12412
et l'estrenez d'un biau salu,
ce li avra .c. mars valu.
    — Se Dex m'aït, s'estre peüst
que Jalousie nou seüst   12416
et que ja blasme n'en oïsse,
dist la vielle, bien le feïsse.
Mes trop est malement janglierres
Male Bouche, li fleütierres.   12420
Jalousie l'a fet sa guiete,
c'est cist qui tretouz nous aguiete,
cil bret et crie sanz deffense
quan qu'il set, voire quan qu'il pense,   12424
et contreuve neïs matire
quant il ne set de cui mesdire.
S'il en devoit estre penduz,   [105 a]
n'en seroit il pas deffenduz.   12428
S'il le disoit a Jalousie,
li lierres, il m'avroit honie.
    — De ce, font il, n'esteut douter,
ja mes n'en peut riens escouter   12432
ne voair en nule maniere :
morz gist la fors, en leu de biere
en ces fossez, gueule baee.

Sachiez, s'il n'est chose faee, 12436
ja mes d'eus .ii. ne janglera,
car ja ne resoucitera ;
se deables n'i font miracles
par venins et par tiriacles, 12440
ja mes ne les peut encuser.
— Donc ne quier je ja refuser,
dist la vielle, vostre requeste ;
mes distes li que il se heste. 12444
Je li troveré bien passage,
mes n'i parost pas a outraige
ne n'i demeurt pas longuement,
et viengne trop celeement 12448
quant je le li feré savoir.
Et gart seur cors et seur avoir
que nus hom ne s'en aperçoive,
ne riens n'i face qu'il ne doive, 12452
bien die sa volenté toute.
— Dame, ainsint sera il sanz doute »,
font cil, et chascuns l'en mercie :
ainsinc ont cele euvre bastie. 12456
  Mes conment que la chose en soit, [b]
Faus Semblant, qui ailleurs pensoit,
dist a voiz basse a soi meïsmes :
« Se cil par cui nous empreïsmes 12460
ceste heuvre de riens me creüst,
puis que d'amer ne recreüst,
s'ous ne vos i acordissiez,
ja gueres n'i gaaigneissiez 12464
au loign aler, mien esciant,
qu'il i entrast en espiant,
s'il en eüst ne tens ne leu.
L'en ne voit pas tourjorz le leu, 12468

ainz prent bien ou tait les berbiz,
tout les gart l'en par les herbiz.
Une heure alissiez au moutier,
vos i demourastes mout ier ;   12472
Jalousie, qui si le guile,
ralast espoir hors de la vile ;
ou que soit, convient il qu'el aille :
il venist lors en repostaille,   12476
ou par nuit de vers les cortiz,
seus, sanz chandele et sanz tortiz,
se n'iert d'Ami qui le guetast,
espoir, s'il l'en amonetast ;   12480
par confort tost le conduisist,
mes que la lune n'i luisist,
car la lune par son cler luire
seust aus amanz maintes foiz nuire ;   12484
ou il entrast par les fenestres,
qu'il set bien de l'ostel les estres,
par une corde s'avalast,   [a]
ainsinc i venist et alast.   12488
Bel Acueill, espoir, descendist
es courtiz ou cil l'atendist,
ou s'enfoïst hors du porpris
ou tenu l'avez maint jor pris,   12492
et venist au vallet paler,
s'il a lui ne poïst aler ;
ou, quant endormiz vos seüst,
se tens et leu voair peüst,   12496
les huis entroverz li lessast.
Ainsinc du bouton s'apressast
li fins amanz, qui tant i pense,
et le cueillist lors sanz deffense,   12500
s'il poïst par nule matire

les autres portiers desconfire. »
Et ge, qui gueres loing n'estoie,
me pensé qu'ainsinc le feroie.   12504
Se la vielle me veust conduire,
ce ne me doit grever ne nuire ;
et s'el ne veust, g'i enterré
par la ou mieuz mon point verré,   12508
si con Faus Semblant ot pensé ;
du tout m'en tign a son pensé.

    La vielle illeuc point ne sejorne,
le trot a Bel Aqueull retorne,   12512
qui la tour outre son gré garde,
car bien se soffrist de tel garde.
Tant va qu'ele vient a l'entree
de la tour, ou tost est entree.   12516
Les degrez monte lieement   [b]
au plus qu'el peut hastivement,
si li trembloient tuit li mambre.
Bel Aqueill quiert de chambre en chambre,   12520
qui s'iert aus querneaus apuicz,
de la prison touz ennuiez.
Pensif le treuve, et triste et morne ;
de li reconforter s'atorne :   12524
« Biaus filz, dist ele, mout m'esmoi
quant vos truis en si grant esmoi.
Dites moi quex sunt cist pensé,
car se conseillier vos en sé,   12528
ja ne m'en verrez nul jor faindre. »
Bel Aqueull ne s'ose complaindre
ne dire li quoi ne coument,
qu'il ne set s'el dit voir ou ment.   12532
Tretout son penser li nia,
car point de seürté n'i a,

de riens en li ne se fiait.
Neïs ses cueurs la deffiait,   12536
qu'il ot poëreus et tremblant,
mes n'en oseit moutrer semblant,
tant l'avoit tourjorz redoutee,
la pute vielle redoutee.   12540
Garder se veust de mesprison,
qu'il a poor de traïson ;
ne li desclost pas sa mesese,
en soi meïsmes se rapese   12544
par semblant, et fet liee chiere :
« Certes, fet il, ma dame chiere,
conbien que mis sus le m'aiez,   [106 a]
je ne sui de riens esmaiez,   12548
fors, sanz plus, de vostre demeure.
Sanz vos enviz ceanz demeure,
car en vos trop grant amor é.
Ou avez vos tant demoré ?   12552
— Ou ? Par mon chief, tost le savrez,
mes du savoir grant joie avrez,
se point estes vaillant ne sages,
car, en leu d'estranges mesages,   12556
li plus cortais vallez du monde,
qui de toutes graces habonde.
qui plus de mil foiz vos salue
— car jou vi ore en cele rue   12560
si con il trespassoit la voie —
par moi ce chapel vos envoie.
Volentiers, ce dit, vos verroit,
ja mes puis vivre ne queroit   12564
n'avoir un seul jor de santé
se n'iert par vostre volanté,
si le gart Dex et sainte Foiz !

mes qu'une toute seule foiz   12568
parler, ce dit. a vos peüst
a loisir, mes qu'il vos pleüst.
Por vos, sanz plus, aime il sa vie ;
touz nuz vorroit estre a Pavie   12572
par tel covant qu'il seüst fere
chose qui bien vos peüst plere ;
ne li chaudroit qu'il devenist,
mes que pres de lui vos tenist. »   12576
　　Bel Acueill enquiert toute voie   [b]
qui cil est qui ce li envoie,
ainz qu'il reçoive le present,
por ce que doutable le sent,   12580
qu'il peüst de tel leu venir
qu'il n'en vosist point retenir.
Et la vielle, sanz autre conte,
toute la verité li conte :   12584
« C'est le vallez que vos savez,
don tant oï parler avez,
por cui pieça tant vos greva,
quant le blasme vos esleva,   12588
feu Male Bouche de jadis.
Ja n'aille s'ame en paradis !
Maint preudome a desconforté,
or l'en ont deable porté,   12592
qu'il est morz, eschapé li somes !
Ne pris mes sa jangle .ii. pomes,
a tourjorz en somes delivre ;
et s'il poait ore revivre,   12596
ne nous porroit il pas grever,
tant vos seüst blasme eslever,
car je sai plus qu'il ne fist onque .
Or me craez et prenez donques   12600

cest chapel et si le portez,
de tant au mains le confortez,
qu'il vos aime, n'en doutez mie,
de bone amor sanz vilenie.   12604
Et s'il a autre chose tant,
ne m'en desclost il mie tant.
Mes bien nous i poon fier :   [a]
vos li resavrez bien nier   12608
s'il requiert chose qu'il ne doive :
s'il fet folie, si la boive.
Si n'est il pas fox, ainz est sages,
onc par lui ne fu fez outrages,   12612
don je le pris mieuz et si l'ains ;
n'il ne sera pas si vilains
qu'il de chose vos requeïst
qui a requerre ne feïst.   12616
Leaus est seur touz ceus qui vivent.
Cil qui sa compaignie sivent
l'en ont torjorz porté tesmoign,
et je meïsmes le tesmoign.   12620
Mout est de meurs bien ordenez ;
onq ne fu hons de mere nez
qui de li nul mal entendist,
fors tant con Male Bouche en dist,   12624
s'a l'en ja tout mis en oubli.
Je meïsmes par poi l'oubli,
ne me sovient nes des paroles,
fors qu'eus furent fausses et foles,   12628
et li lierres les controva,
que onques bien ne se prova.
Certes bien sai que mort l'eüst
li vallez, se riens en seüst,   12632
qu'il est preuz et hardiz sanz faille.

En cest païs n'a qui le vaille,
tant a le queur plein de noblece,
et seurmonteroit de largece   12636
le roi Artu, voire Alixandre,   [b]
s'il eüst autant a despandre
d'or et d'argent conme cil orent ;
onques tant cil doner ne sorent   12640
que cist .c. tanz plus ne donast :
par dons tout le monde estonast
se d'avoir eüst tel planté,
tant a bon queur en sai planté ;   12644
nou peut nus de largece aprendre.
Or vos lo ce chapel a prendre,
don les fleurs eulent mieuz que basme.
— Par foi, j'en creindroie avoir blasme »,   12648
fet Bel Aqueull, qui touz fremist
et tremble et tressaut et gemist,
roigist, palist, pert contenance.
Et la vielle es poinz le li lance   12652
et li veust fere a force prendre,
car cil n'i osoit la main tendre,
ainz dist, por soi mieuz escuser,
que mieuz le li vient refuser.   12656
Si le vossist il ja tenir,
que que l'en deüst avenir.
« Mout est biaus, fet il, li chapeaus,
mes mieuz me vendroit mes drapeaus   12660
avoir touz ars et mis en cendre
que de par lui l'osasse prendre.
Mes or soit posé que jou praigne,
a Jalousie la riaigne   12664
que porrions nous ore dire ?
Bien sai qu'el enragera d'ire

et seur mon chief le descierra   [107 a]
piece a piece, et puis m'ocierra,   12668
s'el set qu'il soit de la venuz ;
ou seré pris et pis tenuz
qu'onques en ma vie ne fui ;
ou, se je li eschape e fui,   12672
quel part m'en porré je foïr ?
Tout vif me verrez enfoïr,
se je sui pris enprés la fuite ;
si croi je que j'avroie suite,   12676
si seroie pris en fuiant,
touz li mondes m'iroit huiant.
Nou prendrai pas. — Si ferez, certes.
Ja n'en avrez blasmes ne pertes.   12680
— Et s'ele m'enquiert don ce vint ?
— Responses avrez plus de .xx..
— Toutevois, se le me demande,
que puis je dire a sa demande ?   12684
Se j'en sui blasmez ne repris,
ou diré je que je le pris ?
Car il le me convient repondre,
ou quelque mençonge respondre.   12688
S'el le savoit, ce vos plevis,
mieuz vodroie estre morz que vis.
— Que vos direz ? Se nou savez,
se meilleur response n'avez,   12692
dites que je le vous doné.
Bien savez que tel renon é
que n'avrez blasme ne vergoigne
de riens prendre que je vos doigne. »   12696
    Bel Acueill, sanz dire autre chose,   [b]
le chapel prent et si le pose
seur ses crins blons et s'aseüre,

et la vielle li rit et jure 12700
s'ame, son cors, ses os, sa pel
qu'onc ne li sist si bien chapel.
Bel Acueill sovent le remire,
dedanz son miroër se mire 12704
savoir s'il est si bien seanz.
Quant la vielle voit que leanz
n'avoit fors eus .II. seulement,
lez lui s'assiet tot belement, 12708
si li conmence a preeschier :
« Ha, Bel Acueill, tant vos é chier,
tant iestes biaus et tant valez !
Mi tens jolis est toz alez, 12712
et li vostres est a venir.
Poi me porré mes soutenir
fors a baston ou a potance.
Vos iestes oncore en enfance, 12716
si ne savez que vos ferez,
mes bien sai que vos passerez,
quan que ce soit, ou tost ou tart,
par mi la flambe qui tout art, 12720
et vos baignerez en l'estuve
ou Venus les dames estuve.
Bien sai, le brandon sentiroiz ;
or vos lo que vos atiroiz, 12724
ainz que la vos ailliez baignier,
si con vos m'orrez ensaignier,
car perilleusement s'i baigne [a]
jennes hon qui n'a qui l'ensaigne. 12728
Mes se mon conseill ensivez,
a bon port iestes arivez.
   Sachiez, se je fusse ausinc sage,
quant j'estoie de vostre aage, 12732

des geus d'amors con je suis ores
— car de trop grant biauté fui lores,
mes or m'esteut pleindre et gemir,
quant mon vis esfacié remir   12736
et voi que froncir le covient,
quant de ma biauté me sovient
qui ces vallez fesoit triper ;
tant les fesoie defriper   12740
que ce n'iert se merveille non ;
trop iere lors de grant renon,
par tout coroit la renomee
de ma grant biauté renomee,   12744
tele ale avoit en ma meson
qu'onques tele ne vit mes hon,
mout iert mes huis la nuit hurtez,
trop leur fesoie de durtez   12748
quant leur failloie de covent,
et ce m'avenoit trop sovent,
car j'avoie autre compaignie ;
fete en estoit mainte folie,   12752
dom j'avoie corroz assez,
sovent en iert mes huis quassez
et fetes maintes tex mellees
qu'ainceis qu'eus fussent demellees 12756
menbres i perdoient et vies   [b]
par haïnes et par envies,
tant i avenoit de contanz ;
se mestre Algus, li bien contanz,   12760
i voussist bien metre ses cures
et venist o ses .x. figures
par quoi tout certefie et nombre,
si ne peüst il pas le nombre   12764
des granz contanz certefier,

tant seüst bien monteplier ;
lors iert mes cors forz et delivres —
j'eüsse or plus vaillant .m. livres 12768
de blans estellins que je n'ai.
Mes trop nicement me menai.

  Bele iere, et jenne et nice et fole,
n'onc ne fui d'Amors a escole 12772
ou l'en leüst la theorique,
mes je sai tout par la practique.
Experimenz m'en ont fet sage,
que j'ai hantez tout mon aage ; 12776
or en sai jusqu'a la bataille,
si n'est pas droiz que je vos faille
des biens aprendre que je sai,
puis que tant esprovez les ai. 12780
Bien fet qui jennes genz conseille.
Sanz faille, ce n'est pas merveille
s'ous n'en savez quartier ne aune,
car vos avez trop le bec jaune. 12784
  Mes tant a que je ne finé
que la sciance en la fin é,
don bien puis en chaiere lire. [108 a]
Ne fet a foïr n'a despire 12788
tout ce qui est en grant aage,
la treuve l'en sen et usage ;
ç'a l'en bien esprové de maint
qu'au mains en la fin leur remaint 12792
usage et sen pour le cheté,
conbien qu'il l'aient acheté.
Et puis que j'oi sen et usage,
que je n'oi pas sanz grant domage, 12796
maint vaillant home ai deceü,
quant en mes laz le tench cheü ;

mes ainz fui par mainz deceüe
que je me fusse aperceüe. 12800
Ce fu trop tart, lasse dolante !
G'iere ja hors de ma jovante ;
mes huis, qui ja souvent ovroit,
car par jour et par nuit ovroit, 12804
se tint adés pres du lintier :
« Nus n'i vient hui ne n'i vint hier,
pensaie je, lasse chetive !
En tristeur esteut que je vive. » 12808
De deul me dut li queurs partir ;
lors me vols du païs partir
quant vi mon huis en tel repos,
et je meïsmes me repos, 12812
car ne poi la honte endurer.
Conment poïsse je durer,
quant cil jolif vallet venoient,
qui ja si chiere me tenoient 12816
qu'il ne s'en poaient lasser, [b]
et ges voaie trespasser,
qu'il me regardoient de coste,
et jadis furent mi chier oste ? 12820
Lez moi s'en aloient saillant
sanz moi prisier un euf vaillant.
Neis cil qui plus jadis m'amoient
vielle ridee me clamoient, 12824
et pis disoit chascuns assez
ainz qu'il s'en fust outre passez.
   D'autre part, mes enfes gentis,
nus, se trop n'iert bien ententis, 12828
ou granz deaus essaiez n'avroit,
ne penseroit ne ne savroit
quel doleur au queur me tenoit

quant en pensant me sovenoit   12832
des biaus diz, des douz aesiers,
des douz deduiz, des douz besiers
et des tres douces acolees
qui s'en ierent si tost volees.   12836
Volees ? voire, et sanz retour !
Mieuz me venist en une tour
estre a torjorz enprisonee
que d'avoir esté si tost nee.   12840
Dex ! en quel soussi me metoient
li biau don qui failli m'estoient !
Et ce qui remés leur estoit,
en quel torment me remestoit !   12844
Lasse ! por quoi si tost naqui ?
A qui m'en puis je pleindre, a qui,
fors a vos, filz, que j'ai tant chier ?   [a]
Ne m'en puis autrement vanchier   12848
que par aprendre ma doctrine.
Por ce, biaus filz, vos endoctrine
que, quant endoctrinez seroiz,
des ribaudiaus me vancheroiz ;   12852
car, se Dex plest, quant la vendra,
de cest sarmon vos souvendra.
Car sachiez que du retenir
si qu'il vos en puist sovenir   12856
avez vos mout grant avantage
par la reson de vostre aage,
car Platon dit : « C'est chose voire
que plus tenable est la memoire   12860
de ce qu'en aprent en enfance,
de quiconques soit la sciance. »
    Certes, chiers filz, tendre jovente,
se ma jennece fust presente   12864

si con est la vostre orendroit,
ne porroit estre escrite en droit
la venjance que j'en preïsse.
Par touz les leus ou je venisse   12868
je feïsse tant de merveilles
c'onques n'oïstes les parailles
des ribauz qui si poi me prisent
et me ledangent et despisent   12872
et si vilment lez moi s'en passent.
Et il et autre comparassent
leur grant orgueill et leur despit,
sanz prendre en pitié ne respit ;   12876
car au sen que Dex m'a doné,   [b]
si con je vos ai sarmoné,
savez en quel point ges meïsse ?
Tant les plumasse et tant preïsse   12880
du leur, de tort et de travers,
que mengier les feïsse a vers
et gesir touz nuz es fumiers,
meesmement ceus les prumiers   12884
qui de plus leal queur m'amassent
et plus volentiers se penassent
de moi servir et honorer.
Ne leur lessasse demorer   12888
vaillant un aill, se je peüsse,
que tout en ma borse n'eüsse.
A povreté touz les meïsse
et touz enprés moi les feïsse   12892
par vive rage tripeter.
Mes riens n'i vaut le regreter :
qui est alé ne peut venir.
Ja mes n'en porré nul tenir,   12896
car tant ai ridee la face

qu'il n'ont garde de ma menace.
Pieça que bien le me disoient
li ribaut qui me despisoient, 12900
si me pris a plorer des lores.
Par Dieu, si me plest il oncores
quant je m'i sui bien porpensee ;
mout me delite en ma pensee 12904
et me resbaudissent li menbre
quant de mon bon tens me remembre
et de la jolivete vie [109 a]
dom mes queurs a si grant envie ; 12908
tout me rejovenist le cors
quant g'i pens et quant jou recors ;
touz les biens du monde me fct
quant me souvient de tout le fet, 12912
qu'au mains ai je ma joie eüe,
conbien qu'il m'aient deceüe.
Jenne dame n'est pas oiseuse
quant el maine vie joieuse, 12916
meesmement cele qui pense
d'aquerre a fere sa despense.

    Lors m'en vign en ceste contree,
ou j'ai vostre dame encontree, 12920
qui ci m'a mise en son servise
por vos garder en sa porprise.
Diex, qui sires est et tout garde,
doint que je face bone garde ! 12924
Si feré je certainement
par vostre biau contenement.
Mes la garde fust perilleuse
por la grant biauté merveilleuse 12928
que Nature a dedanz vos mise,
s'el ne vos eüst tant aprise

proëce et sen, valeur et grace ;
et por ce que tens et espace   12932
nous est or si venu a point
que de destorbier n'i a point
de dire quan que nous volons
un poi mieuz que nous ne solons,   12936
tout vos daie je conseillier,   [b]
ne vos devez pas merveillier
se ma parole un poi recop.
Je vos di bien avant le cop,   12940
ne vos veill pas en amor metre,
mes, s'ous en volez entremetre,
je vos moutreré volentiers
et les chemins et les sentiers   12944
par ou je deüsse estre alee
ainz que ma biauté fust alee. »
    Lors se test la vielle et soupire
por oïr que cil vodroit dire ;   12948
mes n'i va gueres atendant,
car, quant le voit bien entendant
a escouter et a soi tere,
a son propos se prent a trere   12952
et se pense : « Sanz contredit,
tout otroie qui mot ne dit ;
quant tout li plest a escouter,
tout puis dire sanz riens douter. »   12956
    Lors a reconmencié sa verve
et dist, con fausse vielle et serve,
qui me cuida par ses doctrines
fere lechier miel sus espines   12960
quant vost que fusse amis clamez
sanz estre par amors amez,
si con cil puis me raconta

qui tout retenu le conte a ;   12964
car s'il fust tex qu'il la creüst,
certainement trahi m'eüst ;
mes por riens nule qu'el deïst   [a]
tel traïson ne me feïst :   12968
ce me fiançoit et juroit,
autrement ne m'aseüroit.

  « Biau tres douz filz, bele char tendre,
des geus d'Amors vos veill aprendre,   12972
que vos n'i saiez deceüz
quant vos les avrez receüz ;
seïonc mon art vos conformez,
car nus, s'il n'est bien enformez,   12976
nes peut passer sanz beste vendre.
Or pensez d'oïr et d'entendre
et de metre tout a memoire,
car j'en sai trestoute l'estoire.   12980

  Biau filz, qui veust joïr d'amer,
des douz maus qui tant sunt amer,
les conmandemenz d'Amors sache,
mes gart qu'Amors a soi nou sache.   12984
Et ci tretouz les vos deïsse,
se certainement ne veïsse
que vos en avez par nature
de chascun a comble mesure   12988
quen que vos en devez avoir.
De ceus que vos devez savoir
.x. an i a, qui bien les nonbre ;
mes mout est fos cil qui s'amcombre   12992
des .ii. qui sunt au darrenier,
qui ne valent un faus denier.
Bien vos en abandon les .viii.,
mes qui des autres .ii. le suit,   12996

il pert son estuide et s'affole :   [*b*]
l'en nes doit pas lire en escole.
Trop malement les amanz charge
qui veust qu'amanz ait le queur large   13000
et qu'en un seul leu le doit metre.
C'est faus texte, c'est fause letre,
ci mant Amors, le filz Venus,
de ce ne le doit croire nus.   13004
Qui l'an croit chier le comparra,
si con en la fin i parra.

   Biau filz, ja larges ne saiez ;
en pluseurs leus le queur aiez,   13008
en un seul leu ja nou metez
ne nou donez ne ne pretez,
mes vendez le bien chierement
et torjorz par enchierement ;   13012
et gardez que nus qui l'achat
n'i puisse fere bon achat ;
por riens qu'il dont ja point n'en ait,
mieuz s'arde, ou se pende, ou se nait.   13016
Seur toutes riens gardez ces poinz :
a doner aiez clos les poinz,
et, a prendre, les mains overtes.
Doner est grant folie, certes,   13020
se n'est un poi, por genz atrere,
quant l'en en cuide son preu fere
ou, por le don, tel chose atendre
qu'en ne le peüt pas mieuz vendre.   13024
Tel doner bien vos habandone ;
bons est doners ou cil qui done
son don monteplie et gaaigne.   [110 a]
Qui certains est de sa gaaigne   13028
ne se peut du don repentir ;

tel don puis je bien consentir.
    Emprés, de l'arc et des .v. fleches,
qui tant sunt plein de bones teches   13032
et tant fierent soutivement,
trere en savez si sagement
c'onques Amors, li bons archiers,
des fleches que tret li ars chiers   13036
ne trest mieuz, biaus filz, que vos fetes,
qui maintes foiz les avez tretes.
Mes n'avez pas tourjorz seü
quel part li cop en sunt cheü,   13040
car quant l'an tret a la volee,
tex peut recevoir la colee
don l'archier ne se done garde.
Mes qui vostre maniere esgarde,   13044
si bien savez et trere et tandre
que ne vos en puis riens aprandre ;
s'an repeut estre tex navrez
dom grant preu, se Dieu plest, avrez.   13048
    Si n'esteut ja que je m'atour
de vos aprendre de l'atour
des robes ne des garnemenz
dom vos ferez voz paremenz   13052
por sembler aus genz mieuz valoir,
n'il ne vos en peut ja chaloir,
quant par queur la chançon savez
que tant oï chanter m'avez,   13056
si con joer nous alion,   [b]
de l'ymage Pimalion.
La prenez garde a vos parer,
s'an savrez plus que beuf d'arer.   13060
De vos aprendre ces mestiers
ne vos est il mie mestiers.

Et se ce ne vos peut soffire,
aucune chose m'orrez dire   13064
ça avant, s'ous volez atandre,
ou bien porrez example prandre.
Mes itant vos puis je bien dire,
se vos ami volez eslire,   13068
bien lo que vostre amor soit mise
ou biau vallet qui tant vos prise,
mes n'i soit pas trop fermement.
Amez des autres sagement,   13072
et je vos en querroi assez,
dom granz avoir iert amassez.
Bon acointier fet homes riches,
s'il n'ont les queurs avers et chiches,   13076
s'il est qui bien plumer les sache.
Bel Acueill quan qu'il veut en sache,
por qu'il doint a chascun entendre
qu'il ne voudroit autre ami prendre ·   13080
por .M. mars de fin or molu,
et jurt que, s'il eüst volu
soffrir que par autre fust prise
sa rose, qui bien est requise,   13084
d'or fust chargiez et de joiaus ;
mes tant est ses fins queur loiaus
que ja nus la main n'i tendra   [a]
fors cil seus qui lors la tendra.   13088
     S'il sunt mil, a chascun doit dire :
« La rose avrez touz seus, biau sire,
ja mes autre n'i avra part.
Faille moi Dex se ja la part ! »   13092
Ce leur jurt et sa foi leur baille.
S'il se parjure, ne li chaille ;
Dex se rit de tel serement

et le pardone lieement. 13096
　　Jupiter et li dieu riaient
quant li amant se parjuraient,
et maintes foiz se parjurerent
li dieu qui par amours amerent. 13100
Quant Jupiter asseüroit
Juno sa fame, il li juroit
la palu d'enfer hautement,
et se parjuroit faussement. 13104
Ce devroit mout asseürer
les fins amanz de parjurer
saintes et sainz, moustiers et tamples,
quant li dieu leur doncnt examples. 13108
Mes mout est fos, se Dex m'amant,
qui por jurer croit nul amant,
car il ont trop les queurs muables.
Jennes genz ne sunt point estables, 13112
non sunt li viell sovante foiz,
ainz mentent seremenz e foiz.
　　Et sachiez une chose vaire :
cil qui sires est de la faire 13116
doit prendre par tout son toulin ; [b]
et qui ne peut a un moulin,
hez a l'autre tretout le cours !
Mout a soriz povre secours 13120
et fet en grant perill sa druige
qui n'a q'un pertuis a refuige.
Tout ausinc est il de la fame,
qui de touz les marchiez est dame 13124
que chascun fet por lui avoir :
prendre doit par tout de l'avoir,
car mout avroit fole pensee,
quant bien se seroit porpensee, 13128

s'el ne voloit ami que un ;
car, par seint Lifart de Meün,
qui s'amor en un seul leu livre
n'a pas son queur franc ne delivre,   13132
ainz l'a malement asservi.
Bien a tel fame deservi
qu'ele ait assez ennui et peine
qui d'un seul home amer se peine.   13136
S'el faut a celui de confort,
el n'a nullui qui la confort ;
et ce sunt ceus qui plus i faillent
qui leur queurs en un seul leu baillent.   13140
Tuit en la fin toutes les fuient,
quant las en sunt et s'en ennuient.
    N'am peut fame a bon chief venir.
Onc ne pot Enee tenir   13144
Dydo, reïne de Cartage,
qui tant li ot fet d'avantage
que povre l'avoit receü   [111 a]
et revestu et repeü,   13148
las et fuitif du biau païs
de Troie, dom il fu naïs.
Ses compaignons mout honorot,
car en lui trop grant amor ot ;   13152
fist li ses nés toutes refere
por lui servir et por lui plere,
dona lui por s'amor avoir
sa cité, son cors, son avoir ;   13156
et cil si l'en asseüra
qu'il li promist et li jura
que siens ert et tourjorz seroit
ne ja mes ne la lesseroit ;   13160
mes cele guieres n'an joï,

car li traîstres s'en foï
sanz congié, par mer, en navie,
don la bele perdi la vie,   13164
qu'el s'en ocist ainz l'andemain
de l'espee, o sa propre main,
qu'il li ot donee, en sa chambre.
Dydo, qui son ami remanbre   13168
et voit que s'amour a perdue,
l'espee prent, et toute nue
la drece encontremont la pointe,
souz ses .II. mameles l'apointe,   13172
seur le glaive se let choair.
Mout fust grant pitiez a voair,
qui tel fet fere li veïst ;
dur fust qui pitiez n'en preïst,   13176
quant si veïst Dydo la bele   [b]
seur la pointe de l'alumele.
Par mi le cors la se ficha,
tel deul ot don cil la tricha.   13180
    Phillis ausint tant atendi
Demophon qu'ele s'en pendi
por le terme qu'il trespassa,
dom serement et foi quassa.   13184
    Que fist Paris de Oenoné,
qui queur et cors li rot doné,
et cil s'amor li redona ?
Tantost retolu le don a,   13188
si l'an ot il en l'arbre escrites
a son coustel letres petites
desus la rive en leu de chartre,
qui ne valurent une tartre.   13192
Ces letres en l'escorce estoient
d'un poplier, et representoient

que Xantus s'en retourneroit
si tost con il la lesseroit.   13196
Or raut Xantus a sa fonteine,
qu'il la lessa puis por Heleine !
   Que refist Jason de Medee,
qui si vilmant refu boulee   13200
que li faus sa foi li manti
puis qu'el l'ot de mort garanti,
quant des toreaus qui feu gitoient
par leur gueules et qui venoient   13204
Jason ardoir ou depecier,
sanz feu santir et sanz blecier
par ses charmes le delivra,   [a]
et le sarpant li enivra   13208
si qu'onc ne se pot esveillier,
tant le fist formant someillier ?
Des chevaliers de terre nez,
bataillereus et forsenez,   13212
qui Jason voloient occierre
quant il entr'eus gita la pierre,
fist ele tant qu'il s'entrepristrent
et qu'il meïsmes s'entrocistrent,   13216
et li fist avoir la toison
par son art et par sa poison.
Puis fist Eson rejovenir
por mieuz Jason a soi tenir,   13220
ne riens de lui plus ne voloit
fors qu'il l'amast con il soloit
et ses merites regardast
por ce que mieuz sa foi gardast.   13224
Puis la lessa, li maus trichierres,
li faus, li desloiaus, li lierres ;
don ses enfanz, quant el le sot,

por ce que de Jason les ot, 13228
estrangla de deul et de rage,
don el ne refist pas que sage
quant el lessa pitié de mere
et fist pis que marrastre amere. 13232
Mil examples dire en savroie,
mes trop grant conte a fere avroie.
    Briefment tuit les bolent et trichent,
tuit sunt ribaut, par tout se fichent, 13236
si les doit l'en ausinc trichier, [b]
non pas son queur an un fichier.
Fole est fame qui si l'a mis,
ainz doit avoir pluseurs amis 13240
et fere, s'el peut, que tant plese
que touz les mete a grant mesese.
S'el n'a graces, si les aquiere,
et soit tourjorz vers ceus plus fiere 13244
qui plus, por s'amor deservir,
se peneront de lui servir ;
et de ceus acueillir s'efforce
qui de s'amor ne feront force. 13248
Sache de geus et de chançons,
et fuie noises et tançons.
S'el n'est bele, si se cointait,
la plus lede atour plus cointe ait. 13252
    Et s'ele voait dechoair,
don grant deaus seroit a voair,
les biaus crins de sa teste blonde,
ou s'il covient que l'en les tonde 13256
por aucune grant maladie,
don biautez est tost enledie,
ou s'il avient que par courrouz
les ait aucun ribauz touz rouz 13260

si que de ceus ne puisse ovrer,
por grosses treces recovrer,
face tant que l'en li aporte
cheveus de quelque fame morte, 13264
ou de saie blonde borreaus,
et boute tout en ses forreaus.
Seur ses oreilles port tex cornes [112 a]
que cers ne bous ne unicornes, 13268
s'il se devoit touz effronter,
ne puist ses cornes seurmonter;
et s'el ont mestier d'estre taintes,
taigne les en jus d'erbes maintes, 13272
car mout ont forces et mecines
fruit, fust, fuelle, escorce et racines;
et s'el reperdoit sa couleur,
don mout avroit au queur douleur, 13276
procurt qu'el ait ointures moestes
en ses chambres, dedanz ses boestes,
tourjorz por sai farder repostes.
Mes bien gart que nus de ses hostes 13280
nes puist ne santir ne voair:
trop li en porroit meschoair.
　S'ele a biau col et gorge blanche,
gart que cil qui sa robe tranche 13284
si tres bien la li escolete
que la char pere blanche et nete
demi pié darriers et devant,
s'an iert assez plus decevant. 13288
　Et s'ele a trop grosses espaules,
por plere a dances et a baules,
de delié drap robe port,
si parra de mains let deport. 13292
　Et s'el n'a mains beles et netes

ou de sirons ou de bubetes,
gart que lessier ne les i veille,
face les hoster o l'agueille ;   13296
ou ses mains en ses ganz repoigne,   [b]
si n'i parra bube ne roigne.
   Et s'el a trop lordes mameles,
praingne queuvrechiés ou toueles   13300
don seur le piz se face estraindre
et tout autour ses coustez çaindre,
puis atachier, coudre ou noer,
lors si se peut aler joer.   13304
   Et conme bone baisselete,
tiegne la chambre Venus nete.
S'el est preuz et bien enseignie,
ne lest entour nule ireignie   13308
qu'el n'arde ou ree, araiche ou housse,
si qu'il n'i puisse queullir mousse.
   S'ele a lez piez, torjorz les chauce ;
a grosse jambe ait tanve chauce.   13312
Briefment, s'el set seur lui nul vice,
couvrir le doit, se mout n'est nice.
   S'el set qu'el ait mauvese aleine,
ne li doit estre grief ne peine   13316
de garder que ja ne jeüne
ne qu'el ne parole jeüne ;
et gart si bien, s'el peut, sa bouche
que pres du nés aus genz n'aprouche.   13320
   Et s'il li prent de rire envie,
si sagement et si bel rie
qu'ele descrive .II. fossetes
d'ambedeus parz de ses levretes,   13324
ne par ris n'enfle trop ses joes
ne nes restraingne par ses moes ;

ja ses levres par ris ne s'euvrent,   [a]
mes repoignent les denz et queuvrent.   13328
Fame doit rire a bouche close,
car ce n'est mie bele chose
quant el rit a gueule estandue,
trop samble estre large et fandue.   13332
   Et s'el n'a denz bien ordenees,
mes ledes et sanz ordre nees,
s'el les montroit par sa risee,
mains en porroit estre prisee.   13336
   Au plorer rafiert il maniere ;
mes chascunne est assez maniere
de bien plorer en quelque place ;
car ja soit ce qu'an ne leur face   13340
ne griés ne hontes ne molestes,
tourjorz ont eus les lermes prestes :
toutes pleurent et plorer seulent
en tel guise conme eles veulent.   13344
Mes hom ne s'en doit ja movoir,
s'il voait tex lermes plovoir
ausint espés con onque plut ;
qu'onq a fame tex pleurs ne plut,   13348
ne tex deaus ne tex marremenz,
que ce ne fust conchiemenz.
Pleurs de fame n'est fors aguiet,
lors n'est douleurs qu'ele n'aguiet ;   13352
mes gart que par voiz ne par euvre
riens de son pansé ne desqueuvre.
   Si raffiert bien qu'el soit a table
de contenance convenable.   13356
Mes ainz qu'el s'i viegne soair,   [b]
face soi par l'ostel voair
et a chascun antandre doigne

qu'ele fet trop bien la besoigne : 13360
aille et viegne avant et arriere
et s'assiee la darreniere,
et se face un petit atandre
ainz qu'el puisse a soair antandre ; 13364
et quant ele iert a table assise,
face, s'el peut, a touz servise.
Devant les autres doit taillier,
et du pain antour sai baillier, 13368
et doit, por grace deservir,
devant le compaignon servir
qui doit mengier en s'escuële :
devant lui mete ou cuisse ou ele, 13372
ou beuf ou porc devant li taille,
selonc ce qu'il avront vitaille,
soit de poisson ou soit de char ;
n'ait ja queur de servir echar, 13376
s'il est qui soffrir le li veille.
Et bien se gart qu'ele ne mueille
ses doiz es broëz jusqu'au jointes
ne qu'el n'ait pas ses lievres ointes 13380
de soupes, d'auz ne de char grasse,
ne que trop de morseaus n'antasse
ne trop gros nes mete en sa bouche ;
du bout des doiz le morsel touche 13384
qu'el devra moillier en la sausse,
soit vert ou kameline ou jausse,
et sagement port sa bouchiee, [113 a]
que seur son piz goute n'en chiee 13388
de soupe, de saveur, de poevre.
Et si sagement redoit boevre
que seur soi n'en espande goute,
car por trop rude ou por trop gloute 13392

l'en porroit bien aucuns tenir
qui ce li verret avenir,
et gart que ja hanap ne touche
tant con el ait morsel en bouche.   13396
Si doit si bien sa bouche terdre
qu'el n'i lest nule gresse aherdre,
au mains en la levre deseure,
car quant gresse en cele demeure,   13400
ou vin en perent les mailletes,
qui ne sunt ne beles ne netes.
Et boive petit a petit :
conbien qu'ele ait grant appetit,   13404
ne boive pas a une aleine
ne hanap plain ne coupe pleine,
ainz boive petit et souvant,
qu'el n'aut les autres esmouvant   13408
a dire que trop an angorge
ne que trop boive a gloute gorge ;
mes delïeement le coule.
Le bort du hanap trop n'engoule   13412
si conme font maintes norrices,
qui sunt si gloutes et si nices
qu'el versent vin en gorge creuse
tout ausint conme en une heuse,   13416
et tant a granz gorz an antonent   [b]
qu'el s'en confondent et estonent.
Et bien se gart qu'el ne s'enivre,
car en home ne en fame ivre   13420
ne peut avoir chose secree ;
et puis que fame est anivree,
il n'a point en li de deffanse
et jangle tout quan qu'ele panse   13424
et est a touz habandonee

quant a tel meschief s'est donee.
Et se gart de dormir a table,
trop an seroit mains agraable ;　　　　　13428
trop de ledes choses avienent
a ceus qui tex dormirs maintienent ;
ce n'est pas sens de someillier
es leus establiz a veillier ;　　　　　13432
maint en ont esté deceü,
par maintes foiz an sunt cheü
devant ou darriers ou encoste,
brisant ou braz ou teste ou coste :　　　　13436
gart que tex dormirs ne la tiegne.
De Palinurus li souviegne,
qui governoit la nef Enee ;
veillant l'avoit bien governee,　　　　　13440
mes quant dormir l'ot envaï,
du governaill en mer chaï
et des compaignons naia pres,
qui mout le plorerent aprés.　　　　　13444
　　Si doit la dame prendre garde
que trop a joer ne se tarde,
car el porroit bien tant atandre　　　　　[a]
que nus n'i voudroit la main tandre.　　　13448
Querre doit d'amors le deduit
tant con jennece la deduit ;
car quant viellece fame assaut,
d'amors pert la joie et l'assaut.　　　　13452
Le fruiz d'amors, se fame est sage,
cueille an la fleur de son aage,
car tant pert de son tens, la lasse,
con sanz joïr d'amors an passe.　　　　13456
Et s'el ne croit ce mien conseill,
que por conmun profit conseill,

sache qu'el s'en repentira
quant viellece la flestira.   13460
Mes bien sai qu'eles m'en creront,
au mains ceus qui sages seront,
et se tendront aus regles nostres,
et diront maintes paternostres   13464
por m'ame quant je seré morte,
qui les enseigne ore et conforte ;
car bien sai que ceste parole
sera leüe an mainte escole.   13468
Biau tres douz filz, se vos vivez,
— car bien voi que vos escrivez
ou livre du queur volentiers
touz mes enseignemenz antiers,   13472
et quant de moi departiraiz,
se Dieu plest, encor an liraiz
et an seraiz mestres con gié —
je vos doign de lire congié,   13476
maugré tretouz les chanceliers,   [b]
et par chambres et par celiers,
en prez, en jardins, en gaudines,
souz paveillons et souz courtines,   13480
et d'enformer les escoliers
par garderobes et soliers,
par despanses et par estables,
s'ous n'avez leus plus delitables,   13484
mes que ma leçon soit leüe,
quant vos l'avrez bien retenue.
    Et gart que trop ne sait enclose,
quar, quant plus a l'ostel repose,   13488
mains est de toutes genz veüe
et sa biauté mains conneüe,
mains couvoitiee et mains requise.

Sovant aille a la mestre iglise   13492
et face visitacions
a noces, a processions,
a geus, a festes, a queroles,
car en tex leus tient ses escoles   13496
et chante a ses deciples messe
li dex d'Amors et la deesse.

  Mes bien se soit ainceis miree
savoir s'ele est bien atiree.   13500
Et quant a point se sentira
et par les rues s'en ira,
si soit de beles aleüres,
non pas trop moles ne trop dures,   13504
trop eslevees ne trop corbes,
mes bien plesanz en toutes torbes.
Les espaules, les costez meuve   [114 a]
si noblement que l'en n'an treuve   13508
nule de plus biau mouvement,
et marche jolivetement
de ses biaus solerez petiz,
que fere avra fet si fetiz   13512
qu'il joindront aus piez si a point
que de fronce n'i avra point.

  Et se sa robe li trahine
ou pres du pavement s'encline,   13516
si la lieve ancoste ou devant
si con por prendre un po de vant,
ou por ce que fere le sueille
ausinc con secourcier se vueille   13520
por avoir le pas plus delivre.
Lors gart que si le pié delivre
que chascun qui passe la voie
la bele forme du pié voie.   13524

Et s'ele est tex que mantel port,
si le doit porter de tel port
qu'il trop la veüe n'anconbre
du bel cors a cui il fet onbre ;   13528
et por ce que li cors mieuz pere,
et li teissuz don el se pere,
qui n'iert trop larges ne trop grelles,
d'argent dorez, a menuz pelles,   13532
et l'aumoniere toutevoie,
qu'il rest bien droiz que l'an la voie,
a .II. mains doit le mantel prandre,
les braz eslargir et estandre,   13536
soit par bele voie ou par boe ;   [b]
et li souviegne de la roe
que li paons fet de sa queue :
face ausinc du mantel la seue,   13540
si que la penne, ou vere ou grise,
ou tel con el l'i avra mise,
et tout le cors en apert montre
a ceus qu'el voit muser encontre.   13544
    Et s'el n'est bele de visage,
plus leur doit torner conme sage
ses beles treces blondes chieres
et tout le haterel darrieres,   13548
quant bel et bien trecié le sant ;
c'est une chose mout plesant
que biauté de cheveleüre.
Torjorz doit fame metre cure   13552
qu'el puist la louve resembler
quant el vet les berbiz enbler ;
car, qu'el ne puist du tout faillir,
por une en vet .M. assaillir,   13556
qu'el ne set la quele el prendra

devant que prise la tendra.
Ausinc doit fame par tout tendre
ses raiz por touz les homes prendre,   13560
car por ce qu'el ne peut savoir
des quex el puist la grace avoir,
au mains por un a soi sachier
a touz doit son croc estachier.   13564
Lors ne devra pas avenir
qu'el n'en daie aucun pris tenir
des fos antre tant de milliers   [a]
qui li frotera ses illiers,   13568
voire pluseurs par aventure,
car art aïde mout nature.

  Et s'ele pluseurs en acroche
qui metre la vueillent en broche,   13572
gart, conmant que la chose queure,
qu'ele ne mete a .II. une heure,
car por deceüz se tendroient
quant pluseur ensemble vendroient,   13576
si la porroient bien lessier.
Ce la porroit mout abessier,
car au mains li eschaperoit
ce que chascuns aporteroit.   13580
El ne leur doit ja riens lessier
don il se puissent engressier,
mes metre an si grant povreté
qu'il muirent las et endeté,   13584
et cele an soit riche mananz,
car perduz est li remananz.

  D'amer povre home ne li chaille,
qu'il n'est riens que povre home vaille ;   13588
se c'iert Ovides ou Homers,
ne vaudroit il pas .II. gomers ;

ne ne li chaille d'amer hoste,
car ausinc con il met et hoste   13592
son cors en divers herbergages,
ausinc li est li queurs volages.
Hoste amer ne li lo je pas ;
mes toutevois an son trepas,   13596
se deniers ou joiaus li offre,   [b]
praingne tout et boute en son coffre,
et face lors cil son plesir
ou tout a haste ou a lesir.   13600
    Et bien gart qu'el n'aint ne ne prise
nul home de trop grant cointise
ne qui de sa biauté se vante,
car c'est orgueuz qui si le tante,   13604
si s'est en l'ire Dieu boutez
hom qui se plest, ja n'an doutez,
car ausinc le dit Tholomee,
par cui fu mout sciance amee.   13608
Tex n'a poair de bien amer,
tant a mauvés queur et amer ;
et ce qu'il avra dit a l'une,
autant an dit il a chascune,   13612
et pluseurs en revet lober
por eus despoillier et rober.
Mainte compleinte an ai veüe
de pucele ainsinc deceüe.   13616
Et s'il vient aucuns prometierres,
soit leaus hom ou hoquelierres,
qui la veulle d'amors prier
et par promesse a soi lier,   13620
et cele ausinc li repromete,
mes bien se gart qu'el ne se mete
por nule riens en sa menoie,

s'el ne tient ainceis la monoie. 13624
Et s'il mande riens par escrit,
gart se cil faintemant escrit
ou s'il a bone entencion [115 a]
de fin queur sanz decepcion ; 13628
amprés li rescrive an poi d'eure,
mes ne sait pas fet sanz demeure :
demeure les amanz atise,
mes que trop longue ne soit prise. 13632
Et quant el orra la requeste
de l'amant, gart qu'el ne se heste
de s'amor du tout otroier ;
ne ne li doit du tout noier, 13636
ainz le duit tenir en balance,
qu'il ait poor et esperance ;
et quant cil plus la requerra
et cele ne li offerra 13640
s'amor, qui si forment l'enlace,
gart soi la dame que tant face
par son engin et par sa force
que l'esperance adés anforce, 13644
et petit a petit s'an aille
la poor tant qu'ele defaille,
et qu'il faceint pes et concorde.
Cele qui puis a lui s'acorde 13648
et qui tant set de guiles faintes,
Dieu doit jurer et sainz et saintes
c'onq ne se volt mes otrier
a nul, tant la seüst prier, 13652
et dire : « Sire, c'est la some,
foi que doi saint Pere de Rome,
par fine amor a vos me don,
car ce n'est pas por vostre don. 13656

N'est hom nez por cui ce feïsse   [b]
por nul don, tant grant le veïsse.
Maint vaillant home ai refusé,
car mout ont maint a moi musé.   13660
Si croi qu'ous m'avez anchantee,
male chançon m'avez chantee. »
Lors le doit estroit acoler
et besier por mieuz affoler.   13664
    Mes s'el veult mon conseill avoir,
ne tande a riens fors qu'a l'avoir.
Fole est qui son ami ne plume
jusqu'a la darreniere plume ;   13668
car qui mieuz plumer le savra,
c'iert cele qui meilleur l'avra
et qui plus iert chiere tenue,
quant plus chier se sera vendue ;   13672
car ce que l'an a por noiant,
trop le va l'en plus vistoiant ;
l'an nou prise pas une escorce ;
se l'an le pert, l'en n'i fet force,   13676
au mains si grant ne si notee
con qui l'avroit chier achatee.
Mes au plumer convient maniere.
Ses vallez et sa chamberiere   13680
et sa sereur et sa norrice
et sa mere, se mout n'est nice,
por qu'il consentent la besoigne,
facent tuit tant que cil leur doigne   13684
seurcot ou cote ou ganz ou mofles,
et ravissent conme uns escofles
quant qu'il an porront agraper,   [a]
si que cil ne puist eschaper   13688
de leur mains en nule maniere

tant qu'il ait fet sa darreniere,
si con cil qui geue aus noiaus,
tant leur doint deniers et joiaus :   13692
mout est plus tost praie achevee,
quant par pluseurs mains est levee.

    Autre foiz li redient : « Sire,
puis qu'il le vos convient a dire,   13696
vez qu'a ma dame robe faut.
Conment soffrez vos cest defaut ?
S'el vousist fere, par saint Gile,
por tel a il en ceste vile,   13700
conme reïne fust vestue
et chevauchast a grant sambuc.
Dame, por quoi tant atandez
que vos ne la li demandez ?   13704
Trop par iestes vers lui honteuse,
quant si vos lesse soffreteuse. »
Et cele, conbien qu'il li plesent,
leur doit conmander qu'il se tesent,   13708
qui tant, espoir, en a levé
qu'el l'a trop durement grevé.

    Et s'ele voit qu'il s'aperçoive
qu'il li doint plus que il ne doive   13712
et que formant grevez cuide estre
des granz dons dom il la seut pestre,
et sentira que de doner
ne l'ose ele mes sarmoner,   13716
lors li doit prier qu'il li preste,   [b]
et li jurt qu'ele est toute preste
de le li randre a jour nomé
tel con il li avra nomé.   13720
Mes bien est par moi deffandu
que ja mes n'an soit riens randu.

Se ses autres amis revient,
don el a pluseurs, se devient,　　　　　　　13724
(mes an nul d'aus son queur n'a mis,
tout les claime ele touz amis)
si se complaigne conme sage
que sa meilleur robe et si gage　　　　　　13728
queurent chascun jour a usure,
don ele est en si grant ardure
et tant est ses queurs a mesese
qu'el ne fera riens qui li plese,　　　　　　13732
se cil ne li reant ses gages ;
et li vallez, se mout n'est sages,
por quoi pecune li sait sourse,
metra tantost main a la bourse　　　　　　13736
ou fera quelque chevissance
don li gage aient delivrance,
qui n'ont mestier d'estre reanz,
ainz sunt, espoir, tretuit leanz　　　　　　13740
por le bacheler anserré
an aucun coffre bien ferré,
qu'il ne li chaut, espoir, s'il cerche
dedanz sa huche ou a sa perche,　　　　　13744
por estre de li mieuz creüe,
tant qu'ele ait la pecune eüe.
Le tierz reserve d'autel lobe ;　　　　　　[116 a]
ou ceinture d'argent ou robe　　　　　　　13748
ou guimple lo qu'el li demande,
et puis deniers qu'ele despande.
　　Et s'il ne li a que porter
et jurt, por li reconforter,　　　　　　　　13752
et fiance de pié, de main
qu'il l'aportera l'andemain,
face li les orreilles sourdes,

n'en croie riens, quar ce sunt bourdes.   13756
Trop sunt tuit espert menteür,
plus m'ont menti, li fouteür,
et foiz et seremenz jadis
qu'il n'a de sainz en paradis.   13760
Au mains, puis qu'il n'a que paier,
face au vin son gage anvaier
por .ii. deniers, por .iii., por .iiii.,
ou s'aille hors ailleurs esbatre.   13764
   Si doit fame, s'el n'est musarde,
fere samblant d'estre couarde,
de trembler, d'estre pooreuse,
d'estre destraite et angoisseuse   13768
quant son ami doit recevoir,
et li face antendre de voir
qu'an trop grant perill le reçoit
quant son mari por lui deçoit,   13772
ou ses gardes, ou ses paranz ;
et que, se la chose iert paranz
qu'ele veust fere en repoutaille,
morte seroit sanz nule faille ;   13776
et jurt qu'il ne peut demourer,   [b]
s'il la devoit vive acourer ;
puis demeurt a sa volanté,
quant el l'avra bien anchanté.   13780
   Si li redoit bien souvenir,
quant ses amis devra venir,
s'el voit que nus ne l'aperçoive,
par la fenestre le reçoive,   13784
tout puisse ele mieuz par la porte ;
et jurt qu'ele est destruite et morte,
et que de lui seroit neanz
se l'en savoit qu'il fust leanz :   13788

nou guerroient armes molues,
heaumes, haberz, pex ne maçues,
ne huches, ne clotez, ne chambres
qu'il ne fust depeciez par manbres.   13792
  Puis doit la dame sopirer
et sai par samblant aïrer,
et l'assaille et li queure seure
et die que si grant demeure   13796
n'a il mie fet sanz reson
et qu'il tenoit en sa meson
autre fame, quel qu'ele soit,
dom li solaz mieuz li plesoit,   13800
et qu'or est ele bien traïe
quant il l'a por autre enhaïe ;
bien doit estre lasse clamee
quant ele aime sanz estre amee.   13804
Et quant orra ceste parole
cil qui la pensee avra fole,
si cuidera tout erraument   [a]
que cele l'aint trop leaument   13808
et que plus soit de li jalouse
c'onc ne fu de Venus s'espouse
Vulcanus, quant il l'ot trovee
aveques Mars prise provee.   13812
Es laz qu'il ot d'arain forgiez
les tenoit andeus an forz giez,
ou geu d'amors joinz et lïez,
tant les ot li fous espïez.   13816
Si tost con Vulcanus ce sot,
que pris provez andeus les ot
es laz qu'entour le lit posa
— mout fu fos quant fere l'osa,   13820
car cil a mout po de savoir

qui seus cuide sa fame avoir —
les dex i fist venir an heste,
qui mout ristrent et firent feste   13824
quant en ce point les aperçurent.
De la biauté Venus s'esmurent
tuit li pluseur des damedex,
qui mout fesoit plaintes e dex   13828
conme honteuse et corrociee
don ainsinc iert prise et laciee,
n'onc n'ot honte a ceste paraille.
Si n'iert ce pas trop grant mervaille   13832
se Venus o Mars se metoit,
car Vulcanus si lez etoit
et si charboncz de sa forge
par mains et par vis et par gorge   13836
que por riens Venus ne l'amast,   [b]
conbien que mari le clamast.
Non, par Dieu, pas, se ce fust ores
Absalon o ses treces sores,   13840
ou Paris, filz le roi de Troie,
ne l'en portast el ja menoie,
qu'el savoit bien, la debonere,
que toutes fames sevent fere.   13844
    D'autre part el sunt franches nees ;
loi les a condicionees,
qui les oste de leur franchises
ou Nature les avoit mises ;   13848
car Nature n'est pas si sote
qu'ele face nestre Marote
tant seulement por Robichon,
se l'antandement i fichon,   13852
ne Robichon por Mariete,
ne por Agnés ne por Perrete,

ainz nous a fez, biau filz, n'en doutes,
toutes por touz et touz por toutes,   13856
chascune por chascun conmune
et chascun conmun a chascune,
si que, quant el sunt affiees,
par loi prises et mariees,   13860
por oster dissolucions
et contenz et occisions
et por aidier les norretures
dom il ont ensemble les cures,   13864
si s'efforcent en toutes guises
de retourner a leur franchises
les dames et les damoiseles,   [117 a]
quex qu'el soient, ledes ou beles.   13868
Franchise a leur poair maintienent,
don trop de maus vendront et vienent,
et vindrent a pluseurs jadis ;
bien an nombreroie ja .x.,   13872
voire tant (mes je les trespasse)
que j'en seroie toute lasse,
et vos d'oïr touz anconbrez
ainz que ges eüsse nonbrez ;   13876
car quant chascun jadis vaiet
la fame qui mieuz li saiet,
maintenant ravir la vosist,
se plus fort ne la li tosist,   13880
et la lessast, s'il li pleüst,
quant son voloir fet en eüst ;
si que jadis s'entretuaient
et les norretures lessaient,   13884
ainz que l'an feïst mariages
par le conseill des homes sages.
Et qui vodroit Horace croire,

bone parole en dit et voire, 13888
car mout sot bien lire et diter,
si la vos vueill ci reciter,
car sage fame n'a pas honte
quant bone auctorité raconte. 13892

Jadis avant Helene furent
batailles que li con esmurent,
don cil a grant douleur perirent
qui por eus les batailles firent 13896
(mes les morz n'en sunt pas seües,
quant en escrit ne sunt leües),
car ce ne fu pas la prumiere, [b]
non sera ce la darreniere, 13900
par cui guerres vendront et vindrent
entre ceus qui tandront et tindrent
leurs queurs mis en amor de fame,
don maint ont perdu cors et ame, 13904
et perdront, se li siecles dure.
Mes prenez bien garde a Nature,
car, por plus clerement voair
conme el a merveilleus poair, 13908
mainz examples vos an puis metre,
qui bien font a voair an letre.

Li oisillons du vert bochage,
quant il est pris et mis en cage, 13912
nourriz mout antantivement
leanz delicieusement,
et chante, tant con sera vis,
de queur gai, ce vos est avis, 13916
si desierre il les bois ramez
qu'il a naturelment amez,
et voudroit seur les arbres estre,
ja si bien nou savra l'an pestre. 13920

Tourjorz i panse et s'estudie
a recouvrer sa franche vie ;
sa viande a ses piez demarche
o l'ardeur qui son queur li charche,   13924
et va par sa cage traçant,
a grant angoisse porchaçant
conment fenestre ou pertuis truisse
par quoi voler au bois s'an puisse.   13928
Ausinc sachiez que toutes fames,   [a]
saient damoiseles ou dames,
de quelconques procession,
ont naturele entencion   13932
qu'el cercheroient volentiers
par quex chemins, par quex sentiers
a franchise venir porroient,
car torjorz avoir la vorroient.   13936
    Ausinc vos di je que li hom
qui s'an entre en religion,
et vient aprés qu'il se repent,
par po que de deul ne se pent,   13940
et se complaint et se demente
si que touz an soi se tourmente,
tant li sourt grant desir d'ovrer
conment il porra recovrer   13944
la franchise qu'il a perdue,
car la volenté ne se mue
par nul abit qu'il puisse prandre,
en quelque leu qu'il s'aille randre.   13948
    C'est li fos poissons qui s'an passe
par mi la gorge de la nasse,
qui, quant il s'en veust retourner,
maugré sien l'esteut sejourner   13952
a torjorz en prison leanz,

car du retourner est neanz.
Li autre, qui dehors demeurent,
quant il le voient, si aqueurent   13956
et cuident que cil s'esbanoie
a grant deduit et a grant joie,
quant la le voient tournoier   [b]
et par semblant esbanoier ;   13960
et por ice meesmement
qu'il voient bien apertement
qu'il a leanz assez viande,
tele con chascun d'eus demande,   13964
mout volentiers i entreroient,
si vont antour et tant tournoient,
tant i hurtent, tant i aguetent
que le trou treuvent, si s'i gietent.   13968
Mes quant il sunt leanz venu,
pris a torjorz et retenu,
puis ne se peuent il tenir
qu'il ne vuellent bien revenir ;   13972
mes ce n'est pas chose possible,
qu'il sunt mieuz pris que a la trible.
La les convient a grant deul vivre,
tant que la mort les an delivre.   13976
    Tout autel vie va querant
li jennes hom quant il se rant,
car ja si granz solers n'avra
ne ja si fere ne savra   13980
grant chaperon ne large aumuce
que Nature ou queur ne se muce.
Lors est il morz et maubailliz,
quant frans estaz li est failliz,   13984
s'il ne fet de neccessité
vertu par grant humilité.

Mes Nature ne peut mentir,
qui franchise li fet sentir,   13988
car Horaces neïs raconte,   [118 a]
qui bien set que tel chose monte,
qui voudroit une forche prandre
por soi de Nature deffandre   13992
et la bouteroit hors de sai,
revandroit ele, bien le sai.
Tourjorz Nature recourra,
ja por habit ne demourra.   13996
Que vaut ce ? Toute creature
veust retourner a sa nature,
ja nou lera por violance
de force ne de couvenance.   14000
Ce doit mout Venus escuser
qu'el vouloit de franchise user,
et toutes dames qui se geuent,
conbien que mariage veuent,   14004
car ce leur fet Nature fere,
qui les veust a franchise trere.
Trop est fort chose que Nature,
el passe neïs nourreture.   14008

    Qui prendroit, biau filz, un chaton
qui onques rate ne raton
veü n'avroit, puis fust nouriz
sanz ja voair rat ne souriz,   14012
lonc tens, par ententive cure,
de delicieuse pasture,
et puis veïst souriz venir,
n'est riens qui le peüst tenir,   14016
se l'en le lessoit eschaper,
qu'il ne l'alast tantost haper;
tretouz ses mes en lesseroit,   [b]

ja si familleus ne seroit ; 14020
n'est riens qui pes entr'eus feïst,
por peine que l'en i meïst.

Qui nourrir un polein savroit
qui jumant veüe n'avroit 14024
jusqu'a tant qu'il fust granz destriers
por soffrir selles et estriers,
et puis veïst jumant venir,
vos l'orriez tantost henir, 14028
et voudroit encontre lui courre,
s'il n'iert qui l'en peüst rescourre,
non pas morel contre morele
seulement, mes contre fauvele, 14032
contre grise ou contre liarde,
se freins ou bride nou retarde,
qu'il n'en a nules espiees,
fors qu'il les truisse desliees 14036
ou qu'il puisse seur eus saillir :
toutes les voudroit assaillir.
Et qui morele ne tendroit,
tout le cours a morel vendroit, 14040
voire a fauvel ou a liart,
si con sa volanté li art.
Li prumiers qu'ele troveroit,
c'est cil qui ses mariz seroit, 14044
qu'ele n'en ra nus espiez,
fors qu'el les truisse desliez.

Et ce que je di de morele
et de fauvel et de fauvele 14048
et de liart et de morel, [a]
di je de vache et de torel
et des berbiz et du mouton,
car de ceus mie ne douton 14052

qu'il ne veillent leur fames toutes ;
ne ja de ce, biau filz, ne doutes
que toutes ausinc touz ne veillent,
toutes volentiers les acueillent.   14056
Ausinc est il, biau filz, par m'ame,
de tout houme et de toute fame
quant a naturel appetit,
don lai les retret un petit.   14060
Un petit ? Mes trop, ce me samble ;
car quant lai les a mis ensamble,
el veust, soit vallez ou pucele,
que cil ne puisse avoir que cele,   14064
au mains tant con ele soit vive,
ne cele autre, tant con cil vive.
Mes toutevois sunt il tanté
d'user de franche volanté,   14068
car bien sai que tel chose monte ;
si s'an gardent aucun por honte,
li autre por poor de peine,
mes Nature ausinc les demeine   14072
con les bestes que ci deïsmes.
Je le sé bien par moi meïsmes,
car je me sui tourjorz penee
d'estre de touz homes amee ;   14076
et se je ne doutasse honte,
qui refreine mainz queurs et donte,
quant par ces rues m'en aloie   [b]
(car tourjorz aler i voloie,   14080
d'aournemenz envelopee,
por neant fust une popee),
ces vallez, qui tant me plesoient,
quant ces douz regarz me fesoient   14084
— Douz Dex, quel pitié m'en prenoit

quant cil regarz a moi venoit ! —
touz ou pluseurs les receüsse,
s'i leur pleüst et je peüsse ;   14088
touz les vousisse tire a tire,
se je peüsse a touz soffire.
Et me sambloit que, s'il peüssent,
volentiers tuit me receüssent   14092
(je n'en met hors prelaz ne moines,
chevaliers, borgois ne chanoines,
ne clerc ne lai, ne fol ne sage,
por qu'il fust de poissant aage)   14096
et des religions saillissent,
s'il ne cuidassent qu'il faillissent
quant requise d'amors m'eüssent.
Mes se bien mon pensé seüssent   14100
et noz condicions tretoutes,
il n'en fussent pas en tex doutes ;
et croi que, se pluseur osassent,
leur mariages en brisassent ;   14104
ja de foi ne leur souvenist,
se nus en privé me tenist ;
nus n'i gardast condicion,
foi ne veu ne religion,   14108
se ne fust aucuns forsenez   [119 a]
qui fust d'amors anchifrenez
et leaument s'amie amast :
cil espoir quite me clamast   14112
et pensast a la seue avoir,
don il ne preïst nul avoir.
Mes mout est po de tex amanz,
si m'aïst Dex et sainz Amanz,   14116
conme je croi certeinement :
s'il parlast a moi longuement,

que qu'il deïst, mençonge ou voir,
tretout le feïsse esmouvoir ;   14120
qui qu'il fust, seculiers ou d'orde,
fust ceint de cuir rouge ou de corde,
quel que chaperon qu'il portast,
o moi, ce croi, se deportast,   14124
s'il cuidast que je le vousisse
ou que, sanz plus, le li soffrisse.
Ainsinc Nature nos joutise,
qui noz queurs a deliz attise ;   14128
por quoi Venus de Mars amer
a mains deservi a blamer.

    Ainsinc con en tel point estoient
Mars et Venus, qui s'entr'amoient,   14132
des dex i ot mainz qui vousissent
que li autre d'aus se resissent
en tel point con il font de Mars.
Mieuz vousist puis .II. mile mars   14136
avoir perdu dam Vulcanus
que ceste euvre seüst ja nus ;
car li dui, qui tel honte an orent,   [b]
quant il virent que tuit le sorent,   14140
firent des lors a huis ouvert
ce qu'il fesoient en couvert,
n'onques puis du fet n'orent honte
que li dieu firent d'aus leur conte   14144
et tant peuplaierent la fable
qu'el fu par tout le ciel notable ;
s'an fu Vulcanus plus irez
quant plus fu li fez enpirez,   14148
n'onques puis n'i pot conseill metre ;
et si con tesmoigne la letre,
mieuz li venist estre sofferz

qu'avoir au lit les laz offerz,   14152
et que ja ne s'an esmeüst,
mes feinsist que riens n'en seüst,
s'il vousist avoir bele chiere
de Venus, que tant avoit chiere.   14156
  Si se devroit cil prendre garde
qui sa fame ou s'amie garde
et par son fol aguiet tant euvre
qu'il la prent provee seur l'euvre,   14160
car sache que pis en fera
quant prise provee sera ;
ne cil qui du mal felon art,
qui si l'a prise par son art,   14164
ja mes n'en avra puis la prise
ne biau semblant ne bon servise.
Trop est fos maus que jalousie,
qui les jalous art et soussie ;   14168
mes ceste a jalousie fainte   [a]
qui faintemant fet tel complainte
et amuse ainsinc le musart :
quant plus l'amuse, et cil plus art.   14172
  Et s'il ne s'en daigne escondire,
ainz die, por lui metre en ire,
qu'il a voirement autre amie,
gart qu'el ne s'en corroce mie.   14176
Ja soit ce que semblant an face,
se cil autre amie porchace,
ja ne li soit a un bouton
de la ribaudie au glouton,   14180
mes face tant que cil recroie,
por ce que d'amer ne recroie,
qu'el veille autre ami porchacier
et qu'el nou fet for por chacier   14184

celui don el veust estre estrange,
car bien est droiz qu'el s'en estrange ;
et die : « Trop m'avez meffet,
vanchier m'esteut de ce meffet.   14188
Puis que vos m'avez fete coupe,
je vos servirai d'autel coupe. »
Lors sera cil en pire point
c'onques ne fu, s'il l'aime point,   14192
ne ne s'en savra deporter,
car nus n'a poair de porter
grant amor ardanment ou piz
s'il n'a poor d'estre acoupiz.   14196
    Lors resaille la chamberiere,
qui face pooreuse chiere,
et die : « Lasse, mortes somes !   [b]
Mi sires, ou ne sai quex homes,   14200
est antrez dedanz nostre court. »
La convient que la dame court
et antrelaist toute besoigne,
mes le vallet ainceis respoigne   14204
an tait, en estable ou en huche,
jusqu'a tant qu'ele le rehuche,
quant ele iert arriers la venue.
Cil qui desierre la venue   14208
voudroit lors estre ailleurs, espoir,
de poor et de desespoir.
    Lors, se c'est uns autres amis,
cui la dame terme avra mis,   14212
dom el n'avra pas esté sage,
qu'il n'en port du tout le musage,
conbien que de l'autre li manbre,
mener le peut en quelque chambre.   14216
Face lors tout ce qu'il vorra

cil qui demourer n'i porra,
don mout avra pesance et ire,
car la dame li porra dire :   14220
« Du demourer est ce neanz
puis que mi sires est ceanz,
et .IIII. mien cousin germain.
Si m'aïst Dex et saint Germain,   14224
quant autre foiz venir porrez,
je feré quan que vos vorrez ;
mes soffrir vos convient atant.
Je m'an revois, car l'an m'atant. »   14228
Mes ainceis le doit hors bouter,   [120 a]
qu'el nou puist hui mes riens douter.
    Lors doit la dame retorner,
qu'ele ne face sejorner   14232
trop longuement l'autre a mesese,
por ce que trop ne li desplese
si que trop ne se desconfort.
Si li redoint novel confort,   14236
et convient que de prison saille
et que couchier avec lui s'aille
antre ses braz dedanz sa couche ;
mes gart que sanz poor n'i couche :   14240
face li antandant et die
qu'ele est trop fole et trop hardie,
et jurt que par l'ame son pere
l'amor de li trop chier compere   14244
quant se met en tele avanture,
ja soit ce qu'el soit plus seüre
que ceus qui vont a leur talant
par chans et par vignes balant ;   14248
car deliz an seürté pris
mains est plesanz, mains a de pris.

Et quant aler devront ensamble,
gart que ja cil a lui n'assamble,   14252
conbien qu'il la tiegne a sejor,
por qu'ele voie cler le jor,
qu'el n'antrecloe ainz les fenestres,
que si soit ombrages li estres   14256
que, s'ele a ne vice ne tache
seur sa char, que ja cil nou sache.
Gart que nule ordure n'i voie,   [b]
qu'il se metroit tantost a voie   14260
et s'en fuiroit queue levee,
s'an seroit honteuse et grevee.

Et quant se seront mis an l'euvre,
chascuns d'aus si sagement euvre,   14264
et si a point, que il conviegne
que li deliz ensamble viegne
de l'une et de l'autre partie
ainz que l'euvre soit departie,   14268
et s'antredoivent entr'atendre
por ansamble a leur bonne tendre.
L'un ne doit pas l'autre lessier,
de nagier ne doivent cessier   14272
jusqu'il preingnent ansamble port ;
lors avront anterin deport.

Et s'el n'i a point de delit,
faindre doit que trop s'i delit,   14276
et faigne et face touz les signes
qu'el set qui sunt au delit dignes,
si qu'il cuit que cele an gré preigne
ce qu'el ne prise une chateigne.   14280
Et s'il, por eus asseürer,
peut vers la dame procurer
qu'ele viegne a son propre hostel,

si roit la dame propos tel, 14284
le jor qu'el devra l'erre anprandre,
qu'el se face un petit atandre,
si que cil en ait grant desir
ainz qu'il la tiegne a son plesir. 14288
Geus d'amors est, quant plus demeure, [a]
plus agreable par demeure,
s'an sunt cil mains antalanté
qui les ont a leur volanté. 14292
   Et quant iert a l'ostel venue
ou tant sera chiere tenue,
lors li jurt et li face antandre
qu'au jalous se fet tant atandre 14296
qu'ele an fremist et tremble toute,
et que trop durement se doute
d'estre ledangiee ou batue
quant el iert arriers revenue ; 14300
mes conment qu'ele se demente,
conbien qu'el die voir ou mente,
preingne an poor seürement,
seürté pooreusement, 14304
et facent en leur priveté
tretoute leur joliveté.
   Et s'el n'a pas laisir d'aler
a son hostel a li paler, 14308
ne recevoir ou sien ne l'ose,
tant la tient li jalous anclose,
lors le doit, s'el peut, anivrer,
se mieuz ne s'an set delivrer. 14312
Et se de vin nou peut fere ivre,
d'erbes peut avoir une livre,
ou plus ou mains, don sanz dangier
li peut fere boivre ou mangier : 14316

lors dormira cil si formant
qu'il li lerra fere an dormant
tretout quan que cele vorra,   [b]
car destourner ne l'an porra.   14320

   De sa mesnie, s'ele l'a,
anvoit ci l'un, et l'autre la ;
ou par legiers dons les deçoive
et son ami par eus reçoive ;   14324
ou les repeut touz abevrer,
se du secré les veust sevrer.

   Ou, s'il li plest, au jalous die :
« Sire, ne sai quel maladie,   14328
ou fievre ou goute ou apotume,
tout le cors m'anbrase et alume ;
si m'esteut que j'aille aus estuves ;
tout aions nous ceanz .ii. cuves,   14332
n'i vaudroit riens baign sanz estuve,
por ce convient que je m'estuve. »

   Quant li vilains avra songié,
li donra il, espoir, congié,   14336
conbien qu'il face lede chiere ;
mes qu'ele maint sa chamberiere,
ou aucune seue voisine
qui savra toute sa couvine   14340
et son ami, espoir, ravra,
et cele ausinc tout resavra.
Lors s'en ira chiés l'estuvier,
mes ja ne cuve ne cuvier   14344
par aventure n'i querra,
mes o son ami se gerra,
se n'est, por ce que bon leur semble,
que baignier se doivent ensemble ;   14348
car il la peut ileuc atandre,   [121 a]

s'il set qu'el doit cele part tandre.

Nus ne peut metre en fame garde,
s'ele meïsmes ne se garde. 14352
Se c'iert Argus qui la gardast
et de ses .c. euz l'esgardast,
don l'une des moitiez veilleit
et l'autre moitié someilleit, 14356
quant Jupiter li fist tranchier
le chief, por Yo revanchier
qu'il avoit en vache muee,
de forme humaine desnuee 14360
(Mercurius le li trancha
quant de Juno la revancha),
n'i vaudroit sa garde mes rien.
Fos est qui garde tel mesrien. 14364

Mes gart que ja ne soit si sote,
por riens que clers ne lais li note,
que ja riens d'anchantement croie,
ne sorcerie ne charoie, 14368
ne Balenuz ne sa sciance,
ne magique ne nigromance,
que par ce puisse home esmouvoir
a ce qu'il l'aint par estouvoir 14372
ne que por li nule autre hee.
Onques ne pot tenir Medee
Jason por nul anchantemant,
n'onq Cyrcé ne tint ansemant 14376
Ulixés qu'il ne s'en foïst
por nul sort que fere en poïst.

Si gart fame qu'a nul amant, [b]
tant l'aille son ami clamant, 14380
ne doigne don qui gueres vaille.
Bien doignt oreillier, ou touaille,

ou queuvrechief, ou aumosniere,
mes qu'el ne soit mie trop chiere, 14384
aguillier, ou laz, ou ceinture,
don po vaille la ferreüre,
ou un biau petit coustelet,
ou de fil un lumuisselet, 14388
si con font nonains par costume
— mes fos est qui les acostume ;
mieuz vient fames du siecle amer :
l'en ne s'en fet pas tant blamer, 14392
si vont mieuz a leur volantez ;
leur mariz et leur parantez
sevent bien de paroles pestre ;
et ja soit ce qu'il ne puisse estre 14396
que l'une et l'autre trop ne coust,
trop sunt nonains de graindre coust.

Mes hom qui bien sages seroit
touz dons de fame douteroit, 14400
car dons de fame, au dire voir,
ne sunt fors laz a decevoir ;
et contre sa nature peche
fame qui de largece a teche. 14404
Lessier devons largece aus homes,
car, quant nous, fames, larges somes,
c'est grant mescheance et granz vices,
deables nous ont fet si nices. 14408
Mes ne m'en chaut, il n'en est guieres [a]
qui de dons saient coustumieres.

De tex dons con j'ai dit devant,
mes que ce soit an decevant, 14412
biau filz, poez vos bien user
por les musarz mieuz amuser ;
et gardez quan que l'en vos done,

et vos soviegne de la bone   14416
ou tretoute jennece tant,
se chascuns poait vivre tant :
c'est de viellece, qui ne cesse,
qui chascun jor de nous s'apresse,   14420
si que, quant la seroiz venuz,
ne saiez pas por fos tenuz,
mes saiez d'avoir si garniz
que vos n'en saiez escharniz,   14424
car aquerre, s'il n'i a garde,
ne vaut pas un grain de moustarde.
   Ha ! lasse ! ainsinc n'ai ge pas fet,
or sui povre par mon las fet !   14428
Les granz dons que cil me donaient
qui tuit a moi s'abandonoient
aus mieuz amez habandonaie.
L'an me donoit, et je donaie,   14432
si que n'en ai riens retenu.
Doner m'a mise au pein menu.
Ne me sovenoit de viellece,
qui or m'a mise en tel destrece ;   14436
de povreté ne me tenoit ;
le tens ainsinc con il venoit
lessoie aler, sanz prendre cure   [b]
de despans fere par mesure.   14440
   Se je fusse sage, par m'ame,
trop eüsse esté riche dame,
car de trop granz genz fui acointe
quant g'iere ja mignote et cointe,   14444
et bien an tenoie aucuns pris.
Mes quant j'avoie des uns pris,
foi que doi Dieu ne saint Tibaut,
tretout donoie a un ribaut,   14448

qui trop de honte me fesoit,
mes c'iert cil qui plus me plesoit.
Les autres touz amis clamoie,
mes li tant seulement amoie ;   14452
mes sachiez qu'il ne me prisoit
un pois, et bien le me disoit.
Mauvés iert, onques ne vi pire,
onc ne me cessa de despire ;   14456
putain conmune me clamoit
li ribauz, qui point ne m'amoit.
Fame a trop povre jugement,
et je fui fame droitement.   14460
Onc n'amoi home qui m'amast ;
mes se cil ribauz m'antamast
l'espaule, ou ma teste eüst quasse,
sachiez que je l'en merciasse.   14464
Il ne me seüst ja tant batre
que seur moi nou feïsse enbatre,
qu'il savoit trop bien sa pes fere,
ja tant ne m'eüst fet contrere.   14468
Ja tant ne m'eüst maumenee   [122 a]
ne batue ne trahinee,
ne mon vis blecié ne nerci,
qu'ainceis ne me criast merci   14472
que de la place se meüst ;
ja tant dit honte ne m'eüst
que de pes ne m'amonetast
et que lors ne me rafetast :   14476
si ravions pes et concorde.
Ainsinc m'avoit prise en sa corde,
car trop estoit fiers rafetierres
li faus, li traïstres, li lierres.   14480
Sanz celi ne poïsse vivre,

celi vosisse tourjorz sivre.
S'il foïst, bien l'alasse querre
jusqu'a Londres en Angleterre,   14484
tant me plut et tant m'abeli.
Cil me mist a honte et je li,
car il menoit les granz cembeaus
des dons qu'il ot de moi tant beaus,   14488
ne n'en metoit nus an espernes :
tout joait aus dez es tavernes.
N'onques n'aprist autre mestier,
n'il ne l'en ert lors nul mestier,   14492
car tant li livroie a despandre,
et je l'avoie bien ou prandre.
Touz li mondes iert mes rantiers,
et il despandoit volantiers,   14496
et tourjorz an ribauderie,
tretouz frianz de lecherie.
Tant par avoit la bouche tandre   [b]
qu'il ne vost a nul bien antandre,   14500
n'onc vivre ne li abelit
fors en oiseuse et en delit.
En la fin l'en vi maubailli,
quant li don nous furent failli ;   14504
povre devint et pain queranz ;
et je n'oi vaillant .II. ceranz,
n'onques n'oi seigneur espousé.
Lors m'an vins, si con dit vos é,   14508
par ces boissons, gratant mes tamples.
Cist miens estaz vos soit examples,
biau douz filz, et le retenez.
Si sagement vos demenez   14512
que mieuz vos soit de ma mestrie ;
car, quant vostre rose iert flestrie

et les chenes vous assaudront,
certainement li don faudront. »   14516
    Ainsinc la vielle a sermoné.
Bel Acueill, qui mot n'a soné,
mout volantiers tout escouta.
De la vielle mains se douta   14520
qu'il n'avoit onques fet devant,
et bien se vet apercevant
que, se ne fust por Jalousie
et ses portiers ou tant se fie,   14524
au mains les .iii. qui li demeurent,
qui tourjorz par le chastel queurent
tuit forsené por le deffendre,
legiers fust li chasteaus a prendre.   14528
Mes ja n'iert pris, si con il cuide,   [a]
tant i metent cil grant estuide.
De Male Bouche, qui morz iere,
ne fesoit nus d'aus lede chiere,   14532
qu'il n'estoit point leanz amez.
Torjorz les avoit diffamez
vers Jalousie et touz traïz,
si qu'il iert si formant haïz   14536
qu'il ne fust pas d'un aill reanz
de nul qui demorast leanz,
se n'iert, espoir, de Jalousie.
Cele amoit trop sa janglerie,   14540
volantiers li prestoit l'oreille ;
si riert ele triste a merveille
quant li lierres chalumeloit,
qui nule riens ne li celoit   14544
don il li peüst souvenir,
por quoi mal en deüst venir.
Mes de ce trop grant tort avoit

qu'il disoit plus qu'il ne savoit, 14548
et tourjorz par ses flateries
ajoustoit aus choses oïes ;
tourjorz acroissoit les noveles
quant el n'ierent bones ne beles, 14552
et les bones apetisoit.
Ainsinc Jalousie atisoit
conme cil qui toute sa vie
usoit an jangle et en envie. 14556
N'onques messe chanter n'en firent,
tant furent lié quant mort le virent.
Riens n'ont perdu, si con leur senble, [b]
car quant mis se seront ensemble, 14560
garder cuident si la porprise
qu'el n'avroit garde d'estre prise
s'il i venoit .v. cenz .m. homes.
« Certes, font il, po puissant somes 14564
se sanz ce larron ne savons
garder tout quan que nous avons.
Ce faus traïstre, ce truant,
aut s'ame ou feu d'enfer puant, 14568
qui la puist ardoir et destruire !
Onques ne fist ceanz for nuire. »
Ce vont li .iii. portier disant.
Mes que qu'il aillent devisant, 14572
formant an sunt afebloié.

Quant la vielle ot tant fabloié,
Bel Acueill reprent la parole.
A tart conmence et po parole, 14576
et dist conme bien anseigniez :
« Ma dame, quant vos m'anseigniez
vostre art si debonerement,
je vos an merci bonement. 14580

Mes quant parlé m'avez d'amer,
du douz mal ou tant a d'amer,
ce m'est trop estrange matire.
Riens n'an sai for par oïr dire,   14584
ne ja mes n'an quier plus savoir.
Quant vos me reparlez d'avoir,
qu'il soit par moi granz amassez,
ce que j'ai me soffist assez.   14588
D'avoir bele maniere et gente,   [123 a]
la veill je bien metre m'entente.
De magique, l'art au deable,
je n'en croi riens, soit voirs soit fable.   14592
    Mes du vallet que vos me dites
ou tant a bontez et merites
que toutes graces i aqueurent,
s'il a graces, si li demeurent :   14596
je ne bé pas qu'el soient moies,
ainz les li quit. Mes, toutes voies,
nou hé je pas certainement,
ne ne l'ain pas si finement,   14600
tout aie je pris son chapel,
que por ce mon ami l'apel,
se n'est de parole conmune,
si con chascuns dit a chascune :   14604
Bien puissiez vos venir, amie !
Amis, et Dex vos beneïe !
ne que je l'aime ne l'honor,
se n'est par bien et par honor.   14608
Mes puis qu'il le m'a presanté,
et receü son presant é,
ce me doit bien plere et soair,
s'il peut, qu'il me viegne voair,   14612
s'il a de moi voair talant :

il ne me trovera ja lant
que nou reçoive volantiers,
mes que ce soit andemantiers   14616
que Jalousie iert hors de vile,
qui forment le het et devile ;
si dout je, conmant qu'il aviegne,   [b]
s'el iert or hors, qu'el n'i seurviegne,   14620
car, puis qu'ele a fet anmaler
tout son hernois por hors aler
et de remaindre avons congié,
quant seur son chemin a songié,   14624
souvant an mi voie retourne
et touz nous tampeste et bestourne ;
et s'il i vient par aventure,
tant est vers moi crueuse et dure,   14628
s'ele le peut ceanz trouver,
n'an puisse ele ja plus prouver,
se sa cruauté remanbrez,
je seré touz vis desmambrez. »   14632
    Et la vielle mout l'asseüre :
« Seur moi soit, fet ele, la cure.
De l'i trover est ce neanz,
et fust Jalousie ceanz,   14636
car je sai tant de repostaille
que plus tost en un tas de paille,
si m'aïst Dex et saint Roumi,
troveroit un euf de froumi   14640
que celui, quant repoust l'avroie,
si bien repondre le savroie.
— Don veill je bien, fet cil, qu'il viegne,
mes que sagement se contiegne   14644
si qu'il se gart de touz outrages.
— Par la char Dieu, tu diz que sages,

con preuz et con bien apansez,
filz, qui tant vauz et qui tant sez. »   14648

    Leur paroles atant faillirent,   [a]
d'ileuc atant se departirent.
Bel Acueill en sa chambre va,
et la vielle ausinc se leva   14652
por besoignier par les mesons.
Quant vint leus et tens et sesons
que la vielle pot seul choisir
Bel Acueill, si que par loisir   14656
peüst l'en bien a lui paler,
les degrez prent a devaler
tant que de la tour est issue,
n'onques ne cessa des l'issue   14660
jusqu'a mon hostel de troter ;
por moi la besoigne noter
vint s'an a moi lasse et tauganz :
« Vien ge, dit ele, a tens au ganz,   14664
se je vos di bones noveles,
toutes fresches, toutes noveles ?
— Au ganz ! dame, ainz vos di sanz lobe
que vos avrez mantel et robe   14668
et chaperon a penne grise
et botes a vostre devise,
s'ous me dites chose qui vaille. »
Lors me dit la vielle que j'aille   14672
sus ou chatel, ou l'an m'atant.
Ne s'an vost pas partir a tant,
ainz m'aprist d'antrer la maniere :
« Vos anterrez par l'uis darriere,   14676
dist ele, et jou vos vois ovrir,
por mieuz la besoigne covrir.
Cist passages est mout couverz ;   [b]

sachez, cil huis ne fu ouverz   14680
plus a de .II. mais et demi.
— Dame, fis je, par saint Remi,
coust l'aune .X. livres ou .XX.
(car mout bien d'Ami me souvint,   14684
qui me dist que bien promeïsse,
neïs se randre ne poïsse),
bon drap avrez, ou pers ou vert,
se je puis trouver l'uis ouvert. »   14688
    La vielle atant de moi se part ;
je m'an revois de l'autre part,
par l'uis darriés, ou dit m'avoit,
priant Dieu qu'a droit port m'avoit.   14692
A l'uis m'an vign, sanz dire mot,
que la vielle deffermé m'ot
et le tint encore antreclos.
Quant me fui mis anz, si le clos,   14696
si fumes plus seüremant,
et je de ce meïsmemant
que je soi Male Bouche mort ;
onques ne fui si liez de mort.   14700
Ileuc vi sa porte quassee.
Je ne l'oi pas plus tost passee
qu'Amors trouvai dedanz la porte,
et son ost qui confort m'aporte.   14704
Dex ! quel avantaige me firent
li vassal qui la desconfirent !
De Dieu et de saint Benoait
puissent il estre benoait !   14708
Ce fu Faus Samblant, li traïstres,   [124 a]
le filz Barat, li faus ministres
dame Ypocrisie sa mere,
qui tant est au vertuz amere,   14712

et dame Attenance Contrainte,
qui de Faus Samblant est enceinte,
preste d'anfanter Antecrit,
si con je truis an livre ecrit.   14716
Cil la desconfirent sanz faille,
si pri por eus, vaille que vaille.

    Seigneurs, qui veust traïstres estre,
face de Faus Samblant son mestre,   14720
et Contrainte Attenance preingne :
double soit et simple se faigne.

    Quant cele porte que j'ai dite
vi ainsinc prise et desconfite,   14724
et trouvai l'ost armé leanz,
prest d'assaillir, mes euz veanz,
se j'oi joie, nus nou demant.
Lors pansai mout parfondemant   14728
conment j'avroie Douz Regart.
Estes le vos, que Dex le gart !
qu'Amors par confort le m'anvoie.
Trop grant piece perdu l'avoie ;   14732
quant jou vi, tant m'en esjoï
qu'a po ne m'en esvanoï.
Mout refu liez de ma venue
Douz Regart, quan il l'a veüe.   14736
Tantost a Bel Acueill me montre,
qui saut sus et me vient encontre
conme courtais et bien apris,   [b]
car sa mere l'avoit apris.   14740
Enclins le salu de venue,
et il ausinc me resalue
et de son chapel me mercie.
« Sire, fis ge, ne vos poist mie,   14744
ne m'en devez pas mercier ;

mes je vos doi regracier
.c. .m. foiz, quant me feïstes
tant d'anneur que vos le preïstes ; 14748
et sachez que, s'il vos plesoit,
je n'ai riens qui vostre ne soit
por fere tout vostre vouloir,
qui qu'an deüst rire ou douloir. 14752
Tout me veill a vos asservir
por vos honorer et servir.
S'ous me voulez riens conmander,
ou san conmendemant mander, 14756
ou s'autremant le puis savoir,
g'i metré le cors et l'avoir,
voire certes l'ame en balance,
sanz nul remors de consciance. 14760
Et, que plus certains an saiez,
je vos pri que vos l'essaiez ;
et se j'en faill, jà mes ne joie
de cors ne de chose que j'aie. 14764
— Vostre merci, fet il, biau sire.
Je vos reveill bien ausinc dire
que, se j'ai chose qui vos plese,
bien veill que vos an aiez ese. 14768
Prenez an neïs san congié, [a]
par bien et par anneur, con gié.
— Sire, fis ge, vostre merci,
.c. mile foiz vos an merci. 14772
Quant ainsinc puis voz choses prendre,
donc n'i quier je ja plus atendre,
quant avez ci la chose preste
don mes queurs fera greigneur feste 14776
que de tretout l'or d'Alixandre. »
Lors m'avançoi por les mains tandre

a la rose que tant desir,
por acomplir tout mon desir ;   14780
si cuidai bien a noz paroles,
qui tant ierent douces et moles,
et a noz plesanz acointances
pleines de beles contenances   14784
que trop fust fet legierement ;
mes il m'avint tout autrement.
Mout remaint de ce que fos panse,
trop i trovai cruel deffanse,   14788
car si con cele part tandi,
Dangiers le pas me deffandi,
li vilains, que maus lous estrangle !
Il s'estoit reposz an un angle   14792
par derriers et nous aguetoit,
et mot a mot toutes metoit
noz paroles en son escrit.
Lor n'atant plus qu'il ne m'escrit :   14796
    « Fuiez, vassaus, fuiez, fuiez,
fuiez, dist il, trop m'annuiez.
Deable vos ont ramené,   [b]
li malaaist, li forsené,   14800
qui a cest biau servise partent,
ou tout preingnent ainz qu'il s'en partent !
Ja n'i viegne il sainte ne saint !
Vassauz, vassauz, se Dex me saint,   14804
a po que je ne vos effronte ! »
Lors saut Poor, lors aqueurt Honte,
quant oïrent le païsant
« Fuiez, fuiez, fuiez » disant,   14808
n'oncor a tant pas ne s'an tut,
mes le deable i amantut
et sainz et saintes an osta.

Hé ! Dex, con ci felon hoste a !   14812
Si s'an corrocent et forsanent,
tuit troi par un acort me pranent,
si me boutent arriers mes mains :
« Ja n'en avrez, font il, mes mains   14816
ne plus que vos eü avez.
Malement antandre savez
ce que Bel Acueil vos offri,
quant parler a lui vos soffri.   14820
Ses biens vos offroit lieement,
mes que ce fust honestement.
D'honesteté cure n'eüstes,
mes l'offre simple receüstes   14824
non pas ou sen qu'en la doit prendre,
car san dire est il a entendre,
quant preudons offre son servise,
que ce n'est fors en bone guise,   14828
qu'ainsinc l'entent li prometierres.   [125 a]
Mes or nous dites, dan trichierres,
quant ses paroles apreïstes,
ou droit sen por quoi nes preïstes ?   14832
Prandre les si vilenement
vos mut de rude antandement,
ou vos avez apris d'usage
a contrefere le fol sage.   14836
Ja ne vos offre il pas la rose,
car ce n'est mie honeste chose
ne que requerre la daiez
ne que san requeste l'aiez.   14840
Et quant voz choses li offristes,
cele offre, conment l'antendistes ?
Fu ce de venir le lober
por li de sa rose rober ?   14844

Bien le traïssiez et boulez,
qui servir ainsint le voulez
por estre privez anemis.
Ja n'est il riens an livre mis　　　　　14848
qui tant puist nuire ne grever ;
se de deul deviez crever,
si nou devons nous pas cuidier :
cest porpris vos convient vuidier.　　　　14852
Maufé vos i font revenir,
car bien vos deüst souvenir
qu'autre foiz an fustes chaciez.
Or hors ! ailleurs vos pourchaciez !　　　　14856
Sachiez, cele ne fu pas sage
qui quist a tel musart pasage.
Mes ne sot ne vostre pansee　　　　　　[b]
ne la traïson porpansee,　　　　　　　14860
car ja quis ne le vos eüst
se tel desleauté seüst.
Mout refu certes deceüz
Bel Acueill, li desporveüz,　　　　　　14864
quant vos reçut en sa porprise.
Il vos cuidoit fere servise,
et vos tandez a son domage.
Par foi, tant an a qui chien nage :　　　　14868
quant est a rive, si l'abaie.
Or querez ailleurs vostre praie
et hors de cest porpris alez ;
noz degrez tantost devalez　　　　　　14872
debonerement et de gré,
ou ja n'i conteraiz degré,
car tex porroit tost ci venir,
s'il vos peut baillier ne tenir,　　　　　14876
qui les vos feroit mesconter,

s'il vos i devoit effronter.

Sire fos, sire outrecuidiez,
de toutes leautez vuidiez,   14880
Bel Acueill, que vos a forfet ?
Por quel pechié, por quel forfet
l'avez si tost pris a haïr
qui le voulez ici traïr,   14884
et maintenant li offriez
tretout quan que vos aviez ?
Est ce por ce qu'il vos reçut
et nous et lui por vos deçut   14888
et vos offri li damoisiaus   [a]
tantost ses chiens et ses oisiaus ?
Sache il, folement se mena ;
et de tant con ci fet en a,   14892
et por ore et por autre foiz,
si nos gart Dex et sainte Foiz,
ja sera mis en tel prison
c'onc en si fort n'antra pris hom ;   14896
en tex aneaus sera rivez
que ja mes jour que vos vivez
ne le verrez aler par voie,
quant ainsinc nous trouble et desvoie.   14900
Mar l'eüssiez vos tant veü !
Par lui somes tuit deceü. »
Lors le prenent et tant le batent
que fuiant en la tour l'ambatent   14904
et l'ont, anprés tant de leidures,
a .III. peires de serreüres,
sanz plus metre en fers ne en clos,
souz .III. peires de clés anclos.   14908
A cele foiz plus nou greverent,
mes c'iert por ce qu'il se hasterent,

si li prometent a pis fere
quant se seront mis au repere.   14912
   Ne se sunt pas a tant tenu,
seur moi sunt tuit troi revenu,
qui dehors iere demourez,
triste, dolanz, maz, anplourez,   14916
si me rassaillent et tourmentent.
Or doint Dex qu'encor s'en repentent
du grant outrage qu'il m'en font !   [b]
Pres que mes queurs de deul n'en font.   14920
Car je me vouloie bien randre,
mes vif ne me vouloient prandre.
D'avoir leur pes mout m'entremis
et vousisse bien estre mis   14924
avec Bel Acueill en prison.
« Dangiers, fis je, biau gentis hon,
frans de queur et vaillanz de cors,
piteus plus que je ne recors,   14928
et vos, Honte et Poor, les beles,
sages, franches, nobles puceles,
en fez, en diz bien ordenees,
et dou lignage Reson nees,   14932
soffrez que vostres sers deviegne
par tel couvant que prison tiegne
aveques Bel Acueill leanz,
sanz estre nul jour mes reanz ;   14936
et leaument vos veill prometre,
se m'i voulez en prison metre,
que je vos i feré servise
qui vos plera bien a devise.   14940
Par foi, se j'estoie ore lierres
ou traïstres ou ravissairres
ou d'aucun murtre achesonez,

et vousisse estre anprisonez,   14944
por quoi la prison requeïsse,
ne cuit je pas que g'i fausisse ;
voire, par Dieu, tout san requere
m'i metroit l'an an quelque terre,   14948
por quoi l'an me peüst baillier ;   [126 a]
s'om me devoit tout detaillier,
ne me leroit en eschaper,
se l'an me poait atraper.   14952
La prison por Dieu vos demant
avec lui pardurablemant ;
et se tex puis estre trouvez,
bien soit sanz preuve ou pris prouvez,   14956
que de bien servir i defaille,
hors de prison a tourjorz aille.
Si n'est il pas hon qui ne faut :
mes s'il i a par moi defaut,   14960
fetes moi trousser mes paneaus
et saillir hors de voz aneaus ;
car se je ja mes vos corroz,
puniz veill estre du corroz.   14964
Vos meesmes an saiez juige,
mes que nus for vos ne me juige ;
haut et bas seur vos m'an metroi,
mes que vos n'i soiez que troi,   14968
et soit avec vos Bel Acueill,
car celui por le quart acueill.
Le fet li porrons recorder ;
et s'ous ne poez acorder   14972
a moi soffrir, qu'il vos acort
et vos tenez a son acort ;
car por batre ne por tuer
ne m'en voudroie remuer. »   14976

Tantost Dangiers se rescria :
« Hé ! Dex ! quel requeste ci a !
Metre vos en prison o li,   [b]
qui tant avez le queur joli,   14980
et il le ra tant debonere,
ne seroit autre chose a fere
fors que par amoretes fines
metre Renart o les gelines.   14984
Quel servise nous i faciez,
bien savons que vos ne traciez
for nous fere honte et laidure ;
n'avons de tel servise cure.   14988
Si riestes bien de sans vuidiez
quant juige fere le cuidiez.
Juige ! Por le biau roi celestre,
conmant peut ja mes juiges estre   14992
ne prendre seur soi nule mise
persone ja juigiee et prise ?
Bel Acueill est pris et juigiez,
et tel digneté li juigiez   14996
qu'il puist estre arbitres ou juiges !
Ainz sera venuz li deluiges
qu'il isse mes de nostre tour,
et sera destruiz au retour,   15000
car il l'a mout bien deservi,
por ce, sanz plus, qu'il s'asservi
de tant qu'il vos offri ses choses.
Par lui pert l'en toutes les roses ;   15004
chascun musart les veust cueillir
quant il se voit bel acueillir ;
mes qui bien le tandroit en cage,
nus n'i feroit ja mes domage,   15008
ne n'en porteroit hom vivanz   [a]

pas tant conme an porte li vanz,
s'il n'iert tex que tant mespreïst
que vilaine force i feïst ;   15012
si porrait il bien tant mesprendre
qu'il s'en feroit banir ou pendre.
   — Certes, fis je, mout se meffet
qui destruit home sanz meffet   15016
et qui san reson l'anprisone ;
et quant vos si vaillant persone
con Bel Acueill, et si honeste
qu'il fet a tout le monde feste,   15020
por ce qu'il me fist bele chiere
et qu'il ot m'acointance chiere,
sanz autre acheson pris tenez,
malement vers lui mesprenez ;   15024
car par reson estre deüst
hors de prison, s'il vos pleüst.
Si vos pri donques qu'il an isse
et de la besoigne chevisse.   15028
Trop avez vers lui ja mespris,
gardez qu'il n'i soit ja mes pris.
   — Par foi, font il, cist fos nous trufle.
Bien nos vet or pessant de trufle   15032
quant si le veust desprisoner
et nous traïr par sermoner.
Il requiert ce qui ne peut estre.
Ja mes par huis ne par fenestre   15036
ne metra hors neïs le chief. »
Lors m'assaillent tuit de rechief,
chascuns a hors bouter me tant ;   [b]
il ne me grevast mie tant   15040
qui me vossist crucefier.
Je, qui leur conmanz a crier

merci, non pas a trop haut cri,
a ma voiz basse a l'assaut cri   15044
ver ceus qui secourre me durent,
tant que les guietes m'aperçurent
qui l'ost durent eschauguetier.
Quant m'oïrent si mautretier :   15048
    « Or sus ! or sus, font il, baron !
Se tantost armé n'aparon
por secourre ce fin amant,
perduz est, se Dex nos amant.   15052
Li portier le tuent ou lient,
bastent, fustent ou crucifient.
Devant eus bret a voiz serie.
A si bas cri merci leur crie   15056
qu'anviz peut l'en oïr le bret ;
car si bassement crie et bret
qu'avis vos iert, se vos l'oez,
ou que de brere est anroez   15060
ou que la gorge li estraignent
si qu'il l'estranglent ou estaignent.
Ja li ont si la voiz anclose
que haut crier ne peut ou n'ose.   15064
Ne savons qu'il beent a fere,
mes il li font trop de contrere :
morz est se tantost n'a secours.
Foïz s'an est tretout le cours   15068
Bel Acueill qui le confortait ;   [127 a]
or convient qu'autre confort ait
tant qu'il puist celui recouvrer.
Des or esteut d'armes ouvrer. »   15072
Et cil sanz faille mort m'eüssent,
se cil de l'ost venuz n'i fussent.
    Li baron aus armes saillirent

quant oïrent, sorent et virent   15076
que j'oi perdu joie et soulaz.
Je, qui estoie pris ou laz
ou Amors les autres enlace,
sanz moi remuer de la place,   15080
regardai le tournoiement
qui conmença trop asprement ;
car si tost con li portier sorent
que si grant ost encontre eus orent,   15084
ensamble tretuit troi s'alient,
si s'antrejurent et affient
qu'a leur poair s'entr'aideront,
ne ja ne s'entrelesseront   15088
jour de leur vie en nule fin.
Et je, qui d'esgarder ne fin
leur semblant et leur contenance,
sui mout dolanz de l'aliance.   15092
    Et cil de l'ost, quant il revirent
que cil tele aliance firent,
si s'assamblent et s'antrejoignent ;
n'ont mes talant qu'il s'entr'elloignent,   15096
ainz jurent que tant i ferront
que mort an la place gerront,
ou desconfit seront e pris,   [b]
ou de l'estour avront le pris,   15100
tant sunt enragié de combatre
por l'orgueill des portiers abatre.
Des or vanrons a la bataille,
s'orroiz conment chascuns bataille.   15104
    Or antandez, leal amant,
que li dieu d'Amors vos amant
et doint de voz amors joïr !
En ce bois ci poez oïr   15108

les chiens glatir, s'ous m'antandez,
au connin prendre ou vos tandez,
et le fuiret, qui sanz faillir
le doit fere es raiseauz saillir.   15112
Notez ce que ci vois disant,
d'amors avrez art souffisant.
Et se vos i trovez riens trouble,
g'esclarcirai ce qui vos trouble   15116
quant le songe m'orrez espondre.
Bien savrez lors d'amors respondre,
s'il est qui an sache opposer,
quant le texte m'orrez gloser ;   15120
et savrez lors par cel escrit
quant que j'avrai devant escrit
et quant que je bé a escrire.
Mes ainz que plus m'an oëz dire,   15124
ailleurs veill un petit antandre
por moi de males genz deffandre,
non pas por vos fere muser,
mes por moi contre eus escuser.   15128

  Si vos pri, seigneur amoreus,   [a]
par les geus d'Amors savoreus,
que se vos i trouvez paroles
semblanz trop baudes ou trop foles,   15132
par quoi saillent li medisant
qui de nos aillent medisant
des choses a dire ou des dites,
que courtaisemant les desdites.   15136
Et quant vos les avrez des diz
repris, retardez ou desdiz,
se mi dit sunt de tel maniere
qu'il soit droiz que pardon an quiere,   15140
pri vos que le me pardoignez,

et de par moi leur respoignez
que ce requeroit la matire
qui ver tex paroles me tire   15144
par les proprietés de sai ;
et por ce tex paroles ai.
Car chose est droituriere et juste,
selonc l'auctorité Saluste,   15148
qui nos dit par santance voire :
« Tout ne soit il semblable gloire
de celui qui la chose fet
et de l'escrivein qui le fet   15152
veust metre propremant en livre,
por mieuz la verité descrivre,
si n'est ce pas chose legiere,
ainz est mout fort de grant maniere   15156
metre bien les fez en escrit ;
car quiconques la chose escrit,
se du voir ne nous velt ambler,   [b]
li diz doit le fet resambler ;   15160
car les voiz aus choses voisines
doivent estre a leur fez cousines. »
Si me convient ainsint paler,
se par le droit m'an veull aler.   15164

    Si vos pri toutes, vaillanz fames,
soiez damoiseles ou dames,
amoureuses ou sanz amis,
que se moz i trouvez ja mis   15168
qui samblent mordant et chenins
ancontre les meurs femenins,
que ne m'an voilliez pas blamer
ne m'escriture diffamer,   15172
qui toute est por anseignement ;
c'onc n'i dis riens certainement,

ne volanté n'é pas de dire,
ne par ivrece ne par ire,   15176
par haïne ne par envie,
contre fame qui soit en vie ;
car nus ne doit fame despire,
s'il n'a queur des mauvés le pire.   15180
Mes por ç'an escrit les meïsmes
que nous et vos de vos meïsmes
poïssons connoissance avoir,
car il fet bon de tout savoir.   15184
D'autre part, dames honorables,
s'il vos samble que je di fables,
por manteür ne m'an tenez,
mes aus aucteurs vos an prenez   15188
qui an leur livres ont escrites   [128 a]
les paroles que g'en ai dites,
et ceus avec que g'en dirai ;
ne ja de riens n'an mentirai,   15192
se li preudome n'en mentirent
qui les anciens livres firent.
Et tuit a ma reson s'acordent
quant les meurs femenins recordent,   15196
ne ne furent ne fos ne ivres
quant il les mistrent en leur livres.
Cist les meurs femenins savoient,
car touz esprovez les avoient,   15200
et tex es fames les troverent
que par divers tans esproverent ;
par quoi mieuz m'an devez quiter :
je n'i faz riens fors reciter,   15204
se par mon geu, qui po vos coute,
quelque parole n'i ajoute,
si con font antr'eus li poete,

quant chascuns la matire trete 15208
don il li plest a antremetre ;
car si con tesmoigne la letre,
profiz et delectacion,
c'est toute leur entencion. 15212
    Et se gent encontre moi groucent,
qui se troublent et se corroucent,
qu'il santent que je les remorde
par ce chapistre ou je recorde 15216
les paroles de Faus Samblant,
et por ce s'aillent assamblant
que blamer ou punir me veillent, [b]
por ce que de mon dit se dueillent, 15220
je faz bien protestacion
qu'onques ne fu m'antancion
de parler contre home vivant
sainte religion sivant 15224
ne qui sa vie use en bone euvre,
de quel que robe qu'il se queuvre ;
ainz pris mon arc et l'antesoie,
quex que pechierres que je soie, 15228
si fis ma saiete voler
generaument por affoler.
Por affoler ? Mes por connoistre,
fussent seculier ou de cloistre, 15232
les desloiaus genz, les maudites,
que Jhesus apele ypocrites,
dont maint, por sembler plus honestes,
lessent a mangier chars de bestes 15236
touz tens an non de penitance,
et font ainsinc leur attenance
si con nous en karesme fomes,
mes touz vis manjuent les homes 15240

o les denz de detraction
par venimeuse antantion.
Onc d'autre saign ne fis bersaut,
la vols et veill que mi fers aut,   15244
si tré seur eus a la volee ;
et se, por avoir la colee,
avient que desouz la saiete
aucuns hom de son gré se mete,   15248
qui par orgueill si se deçoive   [a]
que deseur soi le cop reçoive,
puis se plaint que je l'ai navré,
courpe n'an oi ne ja n'avré,   15252
neïs s'il an devoit perir ;
car je ne puis nullui ferir
qui du cop se veille garder,
s'il set son estat regarder.   15256
Neïs cil qui navré se sant
par le fer que je li presant,
gart que plus ne soit ypocrites,
si sera de la plaie quites.   15260
Et ne porquant, qui que s'en plaingne,
conbien que preudome se faigne,
onc riens n'en dis, mien esciant,
conmant qu'il m'aut contrariant,   15264
qui ne soit en escrit trové
et par experimant prové,
ou par reson au mains provable,
a cui qu'el soit desagraable ;   15268
et s'il i a nule parole
que Sainte Iglise tiegne a fole,
presz sui qu'a son vouloir l'amande,
se je puis soffire a l'amande.   15272
    Franchise vint prumierement

contre Dangier mout humblement,
qui trop iert fiers et corageus,
par samblant fel et outrageus.   15276
An son poign tint une maçue,
fierement la paumoie, et rue
antour soi cops si perilleus   [b]
qu'escuz, s'il n'est trop merveilleus,   15280
nou peut tenir qu'il nou porfande
et que cil vaincuz ne se rande
qui contre lui se met en place,
s'il est bien ateinz de la mace ;   15284
ou qu'il nou confunde et escache,
s'il n'est tex que trop d'armes sache.
Il la prist ou bois de Refus,
li lez vilains que je refus ;   15288
sa targe fu d'estoutoier,
bordee de genz vistoier.

Franchise refu bien armee ;
mout seroit enviz entamee,   15292
por qu'el se seüst bien couvrir.
Franchise, por la porte ouvrir,
contre Dangier avant se lance ;
en sa main tint une fort lance   15296
qu'ele aporta, bele et polie,
de la forest de Chuerie,
n'an craist nule tele en Bïere.
Li fers fu de douce priere ;   15300
si rot, par grant devocion,
de toute supplicacion
escu, c'onques ne fu de mains,
bordé de jointures de mains,   15304
de promesses, de convenances,
par seremanz et par fiances

17

couloré trop mignotement :
vos deïssiez certainement   15308
que Largece le li bailla   [129 a]
et qu'el le paint et antailla,
tant sambloit bien estre de s'euvre.
Et Franchise, qui bien s'en queuvre,   15312
brandist la hante de la lance
et contre le vilain la lance,
qui n'avoit pas queur de couart,
ainz semblast estre Renouart   15316
au tinel, s'il fust revescuz.
Touz fust porfanduz li escuz,
mes tant iert forz a desmesure
qu'il ne cremoit nule armeüre,   15320
si que du cop si se couvri
c'onques sa pance n'an ouvri.
Li fers de la lance brisa,
par quoi le cop mains an prisa.   15324
Si riert mout d'armes angoursez
li vilains fel et aoursez ;
la lance prant, si la depiece
a sa maçue piece a piece,   15328
et puis esme un cop grant et fier.
« Qui me tient que je ne te fier,
dist il, orde garce ribaude ?
Conment as ore esté si baude   15332
qu'un preudome osas assaillir ? »
Seur son escu fiert san faillir
la preuz, la bele, la courtaise ;
bien la fet saillir une taise   15336
d'angoisse, et a genouz l'abat.
Mout la ledange, mout la bat ;
et croi qu'a ce cop morte fust   [b]

s'ele eüst fet escu de fust. 15340
« Autre foiz vos ai ge creüe,
dame orde, garce recreüe,
dist il, n'onc bien ne m'an chaï.
Vostre losange m'a trahi ; 15344
par vos soffri je le besier
por le ribaudel aesier ;
bien me trova fol debonere,
deable le me firent fere. 15348
Par la char Dieu, mar i venistes,
qui nostre chastel assaillistes !
Ci vos esteut perdre la vie. »
Et la bele merci li crie 15352
por Dieu, que pas ne la cravant,
quant ele ne peut an avant.
Et li vilains croule sa hure
et se forsenne et seur sainz jure 15356
qu'il l'ocierra sanz nul respit.
Mout an ot Pitié grant despit,
qui, por sa compaigne rescourre,
au vilain se hastoit de courre. 15360
    Pitiez, qui a touz biens s'acorde,
tenoit une misericorde
an leu d'espee, an tretouz termes
decourant de pleurs et de lermes. 15364
Ceste, se li aucteurs n'i mant,
perceroit pierre d'aïmant,
por qu'ele fust bien de li pointe,
qu'ele a trop aguë la pointe. 15368
Ses escuz iert d'alegement, [a]
touz bordez de gemissement,
plains de soupirs et de complaintes.
Pitié, qui ploroit lermes maintes, 15372

point le vilain de toutes parz,
qui se deffant con uns liesparz.
Mes quant ele ot bien arousé
de lermes l'ort vilain housé,   15376
si le convint amoloier ;
vis li fu qu'il deüst noier
an un fleuve, touz estourdiz.
Onques mes por fez ne por diz   15380
ne fu si duremant hurtez ;
du tout defaillet sa durtez.
Foibles et vains branle et chancele,
foïr s'an veust, Honte l'apele :   15384
« Dangier, Dangier, vilains provez,
se recreanz iestes trovez,
que Bel Acueill puisse eschaper,
vos nous feroiz touz atraper,   15388
qu'il baillera tantost la rose
que nous tenons ceanz anclose.
Et tant vos di je bien san faille,
s'il au gloutons la rose baille,   15392
sachiez qu'ele an porra tost estre
blesmie ou pale ou mole ou flestre.
Et si me repuis bien vanter,
tex vant porroit ceanz vanter,   15396
se l'antree trovoit ouverte,
don avrions domage et perte :
ou que trop la grainne esmouvroit,   [b]
ou qu'autre grainne i aplouvroit   15400
don la rose seroit charchiee.
Diex doint que tex graine n'i chiee !
Trop nous an porroit meschoair ;
car ainz qu'ele an peüst choair,   15404
tost an porroit, san resortir,

la rose du tout amortir ;
ou, se d'amortir eschapoit
et li vanz tex cops i frapoit   15408
que les graines s'antremellassent
que de leur fes la fleur grevassent,
qui des fueilles en son descendre
feïst aucune, ou que soit, fendre,   15412
et par la fente de la fueille
(la quel chose ja Diex ne vueille !)
parust desouz li verz boutons,
l'an diroit par tout que gloutons   15416
l'avroient tenue en sesine.
Nous an avrions la haïne
Jalousie, qui le savroit,
qui du savoir tel deul avroit   15420
qu'a mort an serions livré.
Maufé vos ont si anivré. »
    Dangier crie : « Secours, secours ! »
A tant es vos Honte le cours,   15424
vient a Pitié, si la menace,
qui trop redoute sa menace :
« Trop avez, dist ele, vescu.
Je vos froisseré cel escu,   15428
vos an gerrez ancui par terre.   [130 a]
Mar anpreïstes ceste guerre ! »
    Honte porte une grant espee,
bele et bien fete et bien tranpee,   15432
qu'ele forja douteusement
de soussi d'aperçoivement.
Fort targe avoit, qui fu nomee
Doute de male renomee ;   15436
de tel fust l'avoit ele fete.
Mainte langue ot ou bort portrete.

Pitié fiert si que trop la ruse,
pres qu'el ne la randi concluse.   15440
Atant i est venuz Deliz,
biau bacheler, forz et eliz.
Cil fist a Honte une anvaïe.
Espee avoit de plesant vie,   15444
escu d'ese (don point n'avoie),
bordé de soulaz et de joie.
Honte fiert, mes ele se targe
si resnablement de sa targe   15448
c'onques li cops ne li greva ;
et Honte requere le va,
si fiert Delit par tele angoisse
que seur le chief l'escu li froisse   15452
et l'abat jus tout estandu.
Jusqu'es denz l'eüst porfandu,
quant Dex ameine un bacheler
que l'en apele Bien Celer.   15456
    Bien Celer fu mout bon guerriers,
sages et vezïez terriers,
en sa main une coie espee,   [b]
ausinc con de langue copee.   15460
Si la brandist san fere noise,
qu'en ne l'oïst pas d'une toise,
qu'el ne rant son ne rebondie,
ja si fort ne sera brandie.   15464
Ses escuz iert de leu repost,
onques geline en tel ne post,
bordez de seüres alees
et de revenues celees.   15468
Hauce l'espee et puis fiert Honte
tel cop qu'a po qu'il ne l'effronte.
Honte an fu tretoute estourdie.

« Honte, dist il, ja Jalousie,   15472
la doulereuse, la chetive,
ne le savra jour qu'ele vive ;
bien vos an asseüreroie,
de ma main le fianceroie,   15476
s'an feroie .C. seremanz.
N'est ce granz asseüremanz ?
Puis que Male Bouche est tuez,
prise estes, ne vous remuez. »   15480
    Honte ne set a ce que dire.
Poor saut toute plaine d'ire,
qui trop souloit estre couarde ;
Honte, sa cousine, regarde ;   15484
et quant si la vit antreprise,
s'a la main a l'espee mise,
qui trop iert tranchanz malemant.
Soupeçon d'amboufissemant   15488
ot non, quar de ce l'avoit fete ;   [a]
et quant el l'ot du fuerre trete,
plus fu clere que nul berill.
Escu de doute de perill,   15492
bordé de travaill et de paine,
ot Poor, qui formant se paine
de Bien Celer tout detranchier.
Por sa cousine revanchier,   15496
le va seur son escu ferir
tel cop qu'il ne la peut guerir.
Tretouz estourdiz chancela ;
adonc Hardemant apela.   15500
Cil saut, car s'ele recouvrast
l'autre cop, malemant ouvrast :
mort fust Bien Celer sanz retour,
s'el li donast un autre tour.   15504

Hardemanz fu preuz et hardiz
et esperz par fez et par diz.
Espee ot bone et bien forbie,
de l'acier de forsenerie.   15508
Ses escuz iert mout renomez,
Despit de mort estoit nomez.
Bordez fu d'abandonemant
a touz perilz. Trop folemant   15512
vient a Poor et si aesme
por lui ferir grant cop et pesme.
Le cop let courre, et el se queuvre,
car el savoit assez de l'euvre   15516
qui affiert a ceste escremie.
Bien s'est de son cop escremie,
puis le fiert un cop si pesant   [b]
qu'el l'abat par terre gesant,   15520
c'onques escuz nou garanti.
Quant Hardemant jus se santi,
jointes mains li requiert et prie
por Dieu merci qu'el ne l'ocie ;   15524
et Poor dit que si fera.
Dist Seürtez : « Ce que sera ?
Par Dieu, Poor, ici morroiz :
fetes au pis que vos porroiz !   15528
Vos soliez avoir les fievres
.c. tanz plus couardes que lievres ;
or iestes desacouardie !
Deables vos font si hardie   15532
que vos prenez a Hardemant,
qui tant aime tournoiemant
et tant an set, s'il i pansot,
c'onques nus plus de li n'an sot ;   15536
n'onc mes puis que terre marchastes,

fors en cest cas, ne tournoiastes.
N'an savez fere ailleurs les tourz ;
ailleurs, an touz autres estourz,   15540
vos fuiez ou vos vos randez,
vos qui or ci vos deffandez.
Avec Chacus vos anfoïstes,
quant Herculés venir veïstes   15544
le cours, a son col sa maçue ;
vos fustes lors toute esperdue
et li meïstes es piez eles,
qu'il n'avoit onques eü teles,   15548
por ce que Chacus ot emblez   [131 a]
ses beus et les ot assemblez
an son receit, qui mout fu lons,
par les queues a reculons,   15552
que la trace n'an fust trovee.
La fu vostre force esprovee,
la montrastes vos bien san faille
que riens ne valez an bataille ;   15556
et puis que hanté ne l'avez,
petit ou neant en savez.
Si vos esteut, non pas deffandre,
mes foïr ou ces armes randre,   15560
ou cher vos esteut conparer
qu'a lui vos osez conparer. »
      Seürtez ot espee dure,
de fuite de tretoute cure,   15564
escu de pes, bon san doutance,
tretout bordé de concordance.
Poor fiert, occierre la cuide.
En sai couvrir met son estuide   15568
Poor, et l'escu giete encontre,
qui sainemant le cop ancontre,

si ne li greva de noiant.
Li cops chiet jus an glaçoiant,   15572
et Poor tel cop li redone
seur l'escu que toute l'estone ;
mout s'an faut po que ne l'afole.
S'espee et ses escuz li vole   15576
des poinz, tant fort i a hurté.
Savez que fist lors Seürté ?
Por doner aus autres examples,   [b]
Poor sesist par mi les tamples,   15580
et Poor lui, si s'antretienent.
Tretuit li autre s'antrevienent,
li uns se lie a l'autre et couple,
onc en estour ne vi tel couple.   15584
Si ranforça li chapleïz,
la rot si fort tupineïz
c'onques en nul tournoiement
n'ot de cops autel paiement.   15588
Tournent de ça, tournent de la,
chascuns sa mesnie apela,
tuit i aqueurent pelle melle.
Onc plus espés ne neif ne grelle   15592
ne vi voler que li cop volent.
Tuit se derompent, tuit s'afolent,
onc ne veïstes tex mellees
de tant de genz ainsinc mellees.   15596
    Mes ne vos en mantiré ja,
l'ost qui le chastel asseja
an avoit adés le peeur.
Li diex d'Amors ot grant peeur   15600
que sa gent n'i fust toute occise.
Sa mere mande par Franchise
et par Douz Regart qu'ele viegne,

que nule essoine ne la tiegne ; 15604
et prist trives andemantiers
antre .x. jourz ou .xii. antiers,
ou plus ou mains, ja receté
ne vos an iert certaineté ; 15608
voire a torjorz fussent eus prises, [a]
s'a torjorz les eüst requises,
conment qu'il fust d'eles quasser,
qui que les deüst trespasser. 15612
Mes se son meilleur i seüst,
ja trives prises n'i eüst ;
et se li portier ne cuidassent
que li autre ne les quassassent 15616
puis qu'el fussent habandonees,
ja ne fussent espoir donees
de bon queur, ainz s'an corroçassent,
quel que semblant qu'il an montrassent ; 15620
ne ja trive n'i eüst prise,
se Venus s'en fust antremise.
Mes sanz faille il le convint fere :
un po s'esteut arriere trere, 15624
ou par trive ou par quelque fuite,
tretoutes les foiz que l'an luite
a tel qu'an ne peut seurmonter,
tant qu'an le puisse mieuz donter. 15628
    De l'ost se partent li mesage,
qui tant ont erré conme sage
qu'il sunt a Citheron venu.
La sunt a grant honeur tenu. 15632
Cytheron est une montaigne
dedanz un bois, en une plaigne,
si haute que nule arbaleste,
tant soit fort ne de trere preste, 15636

n'i treroit ne bouzon ne vire.
Venus, qui les dames espire,
fist la son principal manoir ;   [b]
principaument voust la manoir.   15640
Mes se tout l'estre descrivoie,
espoir trop vos annuieroie,
et si m'i porroie lasser ;
por ce m'an veill briefment passer.   15644
Venus s'iert ou bois devalee,
por chacier en une valee.
Li biaus Adonys iert o li,
ses douz amis au queur joli ;   15648
un petitet iert enfantis,
a chacier an bois antantis.
Enfes iert, jennes et venanz,
mes mout iert biaus et avenanz.   15652
Midis estoit pieça passez,
chascuns iert de chacier lassez ;
souz un poplier an l'erbe estoient,
jouste un vivier ou s'onbreoient.   15656
Leur chien, qui las de courre furent,
taugant ou ru dou vivier burent ;
leur ars, leur dars et leur cuirees
rorent delez eus apuiees.   15660
Jolivemant se deduisoient
et ces oisillons escoutoient
par ces rainseaus tout anviron.
Anprés leur geus, an son giron   15664
Venus ambracié le tenoit,
et en besant li aprenoit
de chacier an bois la maniere,
si conme ele en iert costumiere.   15668
    « Amis, quant vostre meute iert preste   [132 a]

et vos irez querant la beste,
se vos trouvez beste qui fuie,
chaciez la : puis qu'el tourne en fuie,   15672
courez aprés hardiement ;
mes contre ceus qui fierement
metent a deffense le cors
ne soit ja cornez vostre cors.   15676
Couarz soiez et pareceus
contre hardiz ; car contre ceus
ou queur hardi sunt ahurté
nul hardement n'a seürté,   15680
ainz fet perilleuse bataille
hardiz quant a hardi bataille.
    Cers et biches, chevreaus et chievres,
rangiers et dains, connins et lievres,   15684
ceus veill je bien que vos chaciez ;
en tel chace vos solaciez.
Ours, lous, lions, sangliers deffans,
n'i chaciez pas seur mon deffans ;   15688
car itex bestes se deffandent,
les chiens ocient et porfandent,
et font les veneürs meesmes
mout souvent faillir a leur esmes ;   15692
maint an ont ocis et navré.
Ja mes de vos joie n'avré,
ainz m'en pesera malemant,
se vos le fetes autremant. »   15696
    Ainsinc Venus le chastiait,
en chastiant mout li priait
que du chasti li souvenist   [b]
ou qu'il onques chacier venist.   15700
Adonys, qui petit prisoit
ce que s'amie li disoit,

fust a mençonge fust a voir,
tout otroiet por pes avoir,   15704
qu'il ne prisoit riens le chasti.
Po vaut quan que cele a basti ;
chastit le tant con li serra :
s'el s'en part, ja mes nou verra.   15708
Ne la crut pas, puis an mourut,
c'onc Venus ne l'an secourut,
qu'éle n'i estoit pas presente ;
puis le plora mout la dolente,   15712
qu'il chaça puis a un sangler
qu'il cuida prendre et estrangler,
mes nou prist ne ne detrancha,
car li sanglers se revancha   15716
con fiere et orgueilleuse beste ;
contre Adonys esqueust la teste,
ses denz en l'aine li flati,
son groign estort, mort l'abati.   15720
    Biau seigneur, que qu'il vos aviegne,
de cest example vos souviegne.
Vos qui ne creez voz amies,
sachiez mout fetes granz folies ;   15724
bien les deüssiez toutes croire,
car leur diz sunt voirs conme estoire.
S'el jurent : « Toutes somes vostres »,
creez les conme paternostres ;   15728
ja d'aus croire ne recreez.   [a]
Se Reson vient, point n'an creez ;
s'el vos aportoit croicefis,
n'an creez point ne quel je fis.   15732
Se cist s'amie eüst creüe,
mout eüst sa vie creüe.
    L'un se geue a l'autre et deduit.

Quant leur plest, anprés leur deduit, 15736
a Cytheron sunt retourné.
Cil qui n'ierent pas sejourné,
ainceis que Venus se despueille,
li content de fil an agueille 15740
tretout quan que leur apartint.
« Par foi, dist lors Venus, mar tint
Jalousie chastel ne case
contre mon fill ! Se je n'ambrase 15744
les portiers et tout leur atour
— ou les cles rendront et la tour —
je ne doi prisier un landon
moi ne mon arc ne mon brandon. » 15748
  Lors fist sa mesnie apeler,
son char conmande a esteler,
qu'el ne veust pas marchier les boes.
Biau fu li chars, a .IIII. roes, 15752
d'or et de pelles estelez.
En leu de chevaus estelez
ot au limons .VI. columbiaus
pris en son columbier, mout biaus. 15756
  Toute leur chose ont aprestee.
Adonc est en son char montee
Venus, qui Chasteé guerroie. [b]
Nus des oisiaus ne se derroie ; 15760
batent les eles, si s'an partent.
L'air devant eus rompent et partent,
vienent en l'ost. Venus venue,
tost est de son char descendue ; 15764
contre lui saillent a grant feste,
ses filz primiers, qui par sa heste
avoit ja les trives quassees
ainceis qu'el fussent trespassees, 15768

c'onques n'i garda convenance
de serement ne de fiance.

Forment a guerroier entendent :
cist assaillent, cil se deffendent.   15772
Cist drecent au chastel perieres ;
granz chailleuz de pesanz prieres
por leur murs rompre leur anvoient.
Et li portier les murs hourdoient   15776
de forz claies refuseïces,
tissues de verges pleïces,
qu'il orent par granz estouties
par la haie Dangier cueillies.   15780
Et cist saetes barbelees,
de granz promesses enpanees
que de servises que de dons,
por tost avoir leur guerredons,   15784
car il n'i entra onque fust
qui touz de promesses ne fust,
du fer ferrees fermemant
de fiance et de seremant,   15788
treent seur eus ; et cil se targent   [133 a]
qui de deffendre ne se targent,
car targes ont et forz et fieres,
ne trop pesanz ne trop legieres,   15792
d'autel fust con ierent les claies
que Dangiers cueillet en ses haies,
si que trere riens n'i valoit.

Si con la chose ainsinc aloit,   15796
Amors ver sa mere se tret,
tout son estat li a retret,
si li prie qu'el le sequeure :
« Male mort, dist ele, m'aqueure,   15800
qui tantost me puist acourer,

se je ja mes les demourer
Chasteé en fame vivant,
tant aut Jalousie estrivant !   15804
Trop souvant an grant peine an somes.
Biau filz, jurez ausinc des homes
qu'il saudront tuit par noz santiers.
— Certes, ma dame, volantiers.   15808
N'an ierent mes nul respité ;
ja mes au mains, par verité,
ne seront preudome clamé,
s'il n'aiment ou s'il n'ont amé.   15812
Granz douleurs est quant tel gent vivent
qui les deduiz d'Amors eschivent,
por qu'il les puissent maintenir.
A mau chef puissent il venir !   15816
Tant les hé que, se jes poïsse
confondre, touz les confondisse.
D'aus me plaing et tourjorz plaindré,   [b]
ne du plaindre ne me faindré   15820
con cil qui nuire leur vorré
en touz les cas que je porré,
tant que g'en saie si vanchiez
que leur orgueus iert estanchiez   15824
ou qu'il seront tuit condanné.
Mar fussent il onc d'Adan né
quant si pansent de moi grever !
Es cors leur puist li queurs crever,   15828
quant mes deduiz veulent abatre !
Certes, qui bien me vorroit batre,
voire effronter a .IIII. pis,
ne me porroit il fere pis.   15832
Si ne sui je mie mortex,
mes courroz an receif or tex

que, se mortex estre peüsse,
du deul que j'ai la mort eüsse ;   15836
car se mi geu vont defaillant,
j'ai perdu quan que j'ai vaillant,
fors mon cors et mes vesteüres,
mon chapel et mes armeüres.   15840
Au mains, s'il n'an ont la puissance,
deüssent il avoir pesance
et leur queurs an douleur plessier
s'i les leur convenist lessier.   15844
Ou peut l'an querre meilleur vie
que d'estre antre les braz s'amie ? »
    Lors font en l'ost le serement ;
et, por tenir le fermement,   15848
ont en leu de reliques tretes   [a]
leur cuiriees et leur saietes,
leur ars, leur dars et leur brandons,
et dient : « Nos n'i demandons   15852
meilleurs reliques a ce fere
ne qui tant nos peüssent plere.
Se nous cestes parjurions,
ja mes creü ne serions. »   15856
Seur autre chose ne le jurent,
et li baron seur ce les crurent
autant con seur la Trinité
por ce qu'il jurent verité.   15860
    Et quant ce seremant fet orent
si que tuit antandre le porent,
Nature, qui pansoit des choses
qui sunt desouz le ciel ancloses,   15864
dedanz sa forge antree etoit,
ou toute s'antante metoit
an forgier singulieres pieces

por continuer les espieces ; 15868
car les pieces les font tant vivre
que Mort ne les peut aconsivre,
ja tant ne savra corre aprés ;
car Nature tant li va pres 15872
que, quant la Mort o sa maçue
des singulieres pieces tue
ceus qu'el treuve a soi redevables
(qu'il an i a de corrumpables 15876
qui ne doutent la Mort neant,
et toutevois vont decheant
et s'usent en tens et porrissent, [b]
don autres choses se norrissent), 15880
quant toutes les cuide estreper,
nes peut ensamble conceper ;
quar, quant l'une par deça hape,
l'autre par dela li eschape ; 15884
car, quant ele a tué le pere,
remaint il filz ou fille ou mere,
qui s'en fuient devant la Mort
quant il voient celui ja mort ; 15888
puis reconvient il ceus mourir,
ja si bien ne savront courir,
n'i vaut medecine ne veuz.
Don saillent nieces et neveuz, 15892
qui fuient por eus deporter
tant con piez les peuent porter,
don l'un s'anfuit a la querole,
l'autre au mostier, l'autre a l'escole, 15896
li autre a leur marchaandises,
li autre aus arz qu'il ont aprises,
li autre a leur autres deliz
de vins, de viandes, de liz ; 15900

li autre, por plus tost foïr,
que Mort ne les face anfoïr,
s'an montent seur les granz destriers
a tout leur sororez estriers ;   15904
l'autre met an un fust sa vie
et s'an fuit par mer a navie
et maine au regart des esteles
sa nef, ses avirons, ses veles ;   15908
l'autre, qui par veu s'umilie,   [134 a]
prant un mantel d'ypocrisie,
don an fuiant son panser queuvre
tant qu'il pere dehors par euvre.   15912
    Ainsinc fuient tuit cil qui vivent,
qui volantiers la Mort eschivent.
Mort, qui de nair le vis a taint,
queurt aprés tant qu'el les ataint,   15916
si qu'il i a trop fiere chace.
Cil s'an fuient et Mort les chace,
.X. anz ou .XX., .XXX. ou .XL.,
.L., .LX., septante,   15920
voire octante, nonante, cent ;
lors va quan qu'el tient depecent,
et s'il peuent outre passer,
queurt ele aprés san soi lasser   15924
tant qu'el les tient en ses lians
maugré touz les fisicians.
Et les fisiciens meïsmes,
onc nul eschaper n'an veïsmes,   15928
pas Ypocras ne Galian,
tant fussent bon fisician ;
Rasi, Constantin, Avicenne
li ront lessiee la couenne ;   15932
et ceus qui ne peuent tant courre,

nes repeut riens de Mort rescourre.
Ainsinc Mort, qui ja n'iert saoule,
gloutement les pieces angoule ; 15936
tant les suit par mer et par terre
qu'an la fin toutes les anterre.
Mes nes peut ensamble tenir, [b]
si qu'el ne peut a chief venir 15940
des especes du tout destruire,
tant sevent bien les pieces fuire ;
car s'il n'an demouroit que une,
si vivroit la forme conmune ; 15944
et par le fenix bien le senble,
qu'il n'an peut estre .II. ansenble.

Tourjorz est il uns seus phenix ;
et vit, ainceis qu'il soit feniz, 15948
par .V.C. anz ; au darrenier
si fet un feu grant et plenier
d'espices et s'i boute e s'art.
Ainsinc fet de son cors esart. 15952
Mes por ce qu'il sa fourme garde,
de sa poudre, conment qu'il s'arde,
uns autres phenix an revient,
ou cil meïsmes, se devient, 15956
que Nature ainsinc resoucite,
qui tant a s'espiece profite
qu'ele perdroit du tout son estre
s'el ne fesoit cetui renestre ; 15960
si que, se Mort phenix deveure,
phenix toutevois vis demeure.
S'el an avoit .M. devourez,
si seroit phenix demourez. 15964
C'est phenix la conmune fourme,
que Nature es pieces refourme,

qui du tout perdue seroit,
qui l'autre vivre ne leroit.　　　　　　15968
Ceste maniere neïs ont　　　　　　　　[a]
tretoutes les choses qui sont
desouz le cercle de la lune
que, s'il an peut demourer l'une,　　　　15972
s'espece tant en li vivra
que ja Mort ne l'aconsivra.

　Mes Nature, douce et piteuse,
quant el voit que Mort l'envieuse,　　　15976
antre lui et Corrupcion,
vienent metre a destrucion
quan qu'el treuvent, dedanz sa forge
torjorz martele, torjorz forge,　　　　　15980
tourjorz ses pieces renovele
par generacion novele.
Quant autre conseill n'i peut metre,
si taille anpraintes de tel letre　　　　15984
qu'el leur doune fourmes veroies
an quoinz de diverses monoies,
don Art fesoit ses examplaires,
qui ne fet pas fourmes si vaires ;　　　15988
mes par mout antantive cure
a genouz est devant Nature,
si prie et requiert et demande,
conme mandianz et truande,　　　　　　15992
povre de sciance et de force,
qui d'ansivre la mout s'efforce,
que Nature li veille aprandre
conment ele puisse conprandre　　　　　15996
par son angin an ses figures
proprement toutes creatures ;
si garde conment Nature euvre,　　　　　[b]

car mout voudroit fere autele euvre,   16000
et la contrefet conme singes ;
mes tant est ses sens nus et linges
qu'el ne peut fere choses vives,
ja si ne sembleront naïves.   16004
   Car Art, conbien qu'ele se peine
par grant estuide et par grant peine
de fere choses, quex qu'el saient,
quelques figures qu'eles aient,   16008
paigne, taigne, forge ou antaille
chevaliers armez en bataille
seur biaus destriers tretouz couverz
d'armes indes, jaunes ou verz,   16012
ou d'autres couleurs piolez
se plus pioler les volez,
biaus oisillons en verz boissons,
de toutes eves les poissons,   16016
tretoutes les bestes sauvages
qui pasturent par leur boschages,
toutes herbes, toutes floretes
que valletons et puceletes   16020
vont an printans es gauz cueillir,
que florir voient et fueillir,
oiseaus privez, bestes domesches,
baleries, dances et tresches   16024
de beles dames bien parees,
bien portretes, bien figurees,
soit en metaill, en fust, en cire,
soit en quelconque autre matire,   16028
soit en tableaus, soit en paraiz,   [135 a]
tenanz biaus bachelers a raiz,
bien figurez et bien portrez,
ja por figures ne por trez   16032

ne les fera par eus aler,
vivre, mouvoir, santir, paler.
　　Ou d'alkemie tant apreigne
que touz metauz en couleur teigne,　　　　　16036
qu'el se porroit ainceis tuer
que les especes transmuer,
se tant ne fet qu'el les ramaine
a leur matire prumeraine :　　　　　16040
euvre tant conme ele vivra,
ja Nature n'aconsivra.
Et se tant se vouloit pener
qu'el les i seüst ramener,　　　　　16044
si li faudroit espoir sciance
de venir a cele atranpance,
quant el feroit son elixir,
don la fourme devroit issir　　　　　16048
qui devise autr'eus leur sustances
par especiaus differances,
si conme il pert au defenir,
qui bien an set a chief venir.　　　　　16052
　　Ne porquant, c'est chose notable,
alkimie est art veritable.
Qui sagement an ouverroit
granz merveilles i troverroit ;　　　　　16056
car, conment qu'il aut des espieces,
au mains les singulieres pieces,
en sensibles euvres soumises,　　　　　[b]
sunt muables en tant de guises　　　　　16060
qu'el peuent leur conplexions
par diverses digestions
si changier antr'eus que cist changes
les met souz espieces estranges　　　　　16064
et leur tost l'espiece prumiere.

Ne voit l'an conment de fouschiere
font cil et cendre et vairre nestre
qui de veirrerie sunt mestre,   16068
par depuracion legiere ?
Si n'est pas li vairre fouschiere,
ne fouschiere ne rest pas vairre.
Et quant esparz vient et tounairre,   16072
si repeut l'en souvent voair
des vapeurs les pierres choair,
qui ne monterent mie pierres.
Ce peut savoir li connoissierres   16076
de la cause qui tel matire
a ceste estrange espiece tire.
Si sunt espieces treschangiees,
ou leur pieces d'eus estrangiees   16080
et en sustance et en figure,
ceus par Art, ceste par Nature.

Ausinc porroit des metauz fere
qui bien an savroit a chief trere   16084
et tolir aus orz leur ordures
et metre les an fourmes pures,
par leur complexions voisines,
l'une ver l'autre assez anclines,   16088
qu'il sunt tretuit d'une matire,   [a]
conment que Nature la tire ;
car tuit, par diverses manieres,
dedanz leur terrestres minieres,   16092
de souffre et de vif argent nessent,
si con li livre le confessent.
Qui se savroit donc soutillier
aus esperiz apparillier   16096
si que force d'antrer eüssent
et que voler ne s'en peüssent

quant il dedanz les cors antrassent,
mes que bien purgiez les trovassent,   16100
et fust li soufres sanz ardure,
por blanche ou por rouge tainture,
son vouloir des metauz avroit
quant ainsint fere le savroit ;   16104
car d'argent fin fin or font nestre
cil qui d'alkimie sunt mestre,
et pois et couleur li ajoustent
par choses qui guieres ne coustent ;   16108
et d'or fin pierres precieuses
font il, cleres et anvieuses ;
et les autres metauz desnuent
de leur fourmes, si qu'il les muent   16112
en fin argent, par medecines
blanches et tresperçanz et fines.
Mes ce ne feroient cil mie
qui euvrent de sophisterie :   16116
travaillent tant con il vivront,
ja Nature n'aconsivront.

    Nature, qui tant est soutive,   [b]
conbien qu'ele fust ententive   16120
a ses euvres que mout amoit,
lasse dolante se clamoit
et si parfondement plorait
qu'il n'est queurs qui point d'amor ait   16124
ne de pitié, qui l'esgardast,
qui de plorer se retardast ;
car tel douleur au queur santoit
d'un fet don el se repentoit   16128
que ses euvres vouloit lessier
et de tout son penser cessier,
mes que tant seulement seüst

que congié de son mestre eüst. 16132
Si l'an vouloit aler requerre,
tant li destraint li queurs et serre.

Bien la vos vousisse descrire,
mes mi sans n'i porroit soffire. 16136
Mi sans ! Qu'ai je dit ? C'est du mains !
Non feroit voir nus sans humains
ne par voiz vive ne par notes,
et fust Platons ou Aristotes, 16140
Algus, Euclidés, Tholomees,
qui tant ont or granz renomees
d'avoir esté bon escrivain :
leur angin seroient si vain, 16144
s'il osaient la chose anprendre,
qu'il ne la porroient entendre ;
ne Pigmalion entaillier ;
an vain s'i porroit travaillier 16148
Parasyus ; voire Apellés, [136 a]
que je mout bon paintre apel, les
biautez de lui ja mes descrivre
ne pourroit, tant eüst a vivre ; 16152
ne Myro ne Policletus
ja mes ne savroient cet us.

Zeusys neïs par son biau paindre
ne porroit a tel fourme ataindre, 16156
qui, por fere l'ymage ou tample,
de .v. puceles fist example,
les plus beles que l'en pot querre
et trover en toute la terre, 16160
qui devant lui se sunt tenues
tout en estant tretoutes nues,
por soi prendre garde en chascune
s'il trovoit nul defaut en l'une, 16164

ou fust seur cors ou fust seur membre,
si con Tulles le nous remembre
ou livre de sa *Rethorique*,
qui mout est sciance autantique.   16168
Mes ci ne peüst il riens fere,
Zeusys, tant seüst bien portrere
ne coulourer sa portreture,
tant est de grant biauté Nature.   16172
Zeusys ? Non pas tretuit li mestre
que Nature fist onques nestre,
car or soit que bien antandissent
sa biauté toute et tuit vosissent   16176
a tel portreture muser,
ainz porroient leur mains user
que si tres grant biauté portrere.   [b]
Nus for Diex ne le porroit fere.   16180
Et por ce que, se je poïsse,
volantiers au mains l'antandisse,
voire escrite la vos eüsse
se je poïsse et je seüsse,   16184
je meïsmes i ai musé
tant que tout mon sens i usé
conme fos et outrecuidiez
.c. tanz plus que vos ne cuidiez ;   16188
car trop fis grant presumpcion
quant onques mis m'antancion
a si tres haute heuvre achever ;
qu'ainz me peüst li queurs crever,   16192
tant trovai noble et de grant pris
la grant biauté que je tant pris,
que par panser la compreïsse
por nul travaill que g'i meïsse,   16196
ne que seulemant an osasse

un mot tinter, tant i pansasse.
Si sui du panser recreüz ;
por ce m'an suis atant teüz   16200
que, quant je plus i ai pansé,
tant est bele que plus n'an sé.

Car Dex, li biaus outre mesure,
quant il biauté mist en Nature,   16204
il an i fist une fontaine
tourjorz courant et tourjorz plaine,
de cui toute biauté desrive,
mes nus n'an set ne fonz ne rive.   16208
Por ce n'est droiz que conte face   [a]
ne de son cors ne de sa face,
qui tant est avenant et bele
que fleur de lis en mai novele,   16212
rose seur rain ne naif seur branche
n'est si vermeille ne si blanche.
Si devroie je comparer,
quant je l'os a riens comparer,   16216
puis que sa biauté ne son pris
ne peut estre d'ome compris.

Quant ele oï cest serement,
mout li fu grant alegemant   16220
du grant deul qu'ele demenoit.
Por deceüe se tenoit,
et disoit : « Lasse, qu'ai je fet !
Ne me repanti mes de fet   16224
qui m'avenist des lors an ça
que cist biaus mondes conmança,
fors d'une chose seulement,
ou j'ai mespris trop malement,   16228
dont je me tiegn trop a musarde ;
et quant ma musardie esgarde,

bien est droiz que je m'en repante.
Lasse foſe ! Lasse dolante !   16232
Lasse, lasse .c. mile foiz,
ou sera mes trouvee foiz ?
Ai ge bien ma peine amploiee ?
Sui je bien du sens desvoiee,   16236
qui tourjorz ai cuidé servir
mes amis por gré deservir,
et tretout mon travaill é mis   [b]
en essaucier mes anemis !   16240
Ma deboneretè m'afole. »
Lors a mis son prestre a parole,
qui celebroit en sa chapele ;
mes ce n'iert pas messe novele,   16244
car tourjorz ot fet ce servise,
des qu'il fu prestres de l'iglise.

    Hautemant, en leu d'autre messe,
devant Nature la deesse,   16248
li prestres, qui bien s'acordait,
en audiance recordait
les figures representables
de toutes choses corrumpables   16252
qu'il ot escrites en son livre,
si con Nature les li livre.

    « Genius, dist ele, biaus prestres,
qui des leus iestes dex et mestres,   16256
et selonc leur proprietez
tretouz en euvre les metez,
et bien achevez la besoigne
si conme a chascun leu besoigne,   16260
d'une folie que j'é fete,
don je ne me sui pas retrete,
mes repentance mout m'ampresse,

a vos me veill fere confesse.   16264
  — Ma dame, du monde raïne,
cui toute riens mondaine ancline,
s'il est riens qui vos grieve an tant
que vos an ailliez repantant   16268
ou qui neïs vos plese a dire,   [137 a]
de quiconques soit la matire,
soit d'esjoïr ou de douloir,
bien me poez vostre vouloir   16272
confesser tretout par leisir ;
et je, tout a vostre pleisir,
fet Genyus, metre i vorré
tout le conseill que je porré,   16276
et celeré bien vostre affere,
se c'est chose qui face a tere.
Et se mestier avez d'assoldre,
ce ne vos dai je mie toldre.   16280
Mes lessiez ester vostre pleur.
  — Certes, fet ele, se je pleur,
biaus Genyus, n'est pas merveille.
  — Dame, toutevois vos conseille   16284
que vos veilliez ce pleur lessier,
se bien vos volez confessier
et bien antandre a la matire
que vos m'avez anprise a dire.   16288
Car granz est, ce crai, li outrages,
car bien sai que nobles courages
ne s'esmeut pas de po de chose ;
s'est mout fos qui troubler vos ose.   16292
  Mes, san faille, il est voirs que fame
legierement d'ire s'anflame.
Virgiles meïsmes tesmoigne,
qui mout connut de leur besoigne,   16296

que ja fame n'iert tant estable
qu'el ne soit diverse et muable.
Et si rest trop ireuse beste :   [b]
Salemon dist c'onc ne fu teste   16300
seur teste de serpant crieuse,
ne riens de fame plus ireuse,
n'onc riens, ce dit, n'ot tant malice.
Briefmant en fame a tant de vice   16304
que nus ne peut ses meurs parvers
conter par rimes ne par vers ;
et si dit Tytus Livius,
qui bien connut quex sunt li us   16308
des fames et quex les manieres,
que vers leur meurs nules prieres
ne valent tant conme blandices,
tant sunt decevables et nices   16312
et de flechissable nature.
Si redit ailleurs l'escriture
que de tout le femenin vice
li fondemanz est avarice.   16316

    Et quiconques dit a sa fame
ses secrez, il an fet sa dame.
Nus hom qui soit de mere nez,
s'i n'est ivres ou forsenez,   16320
ne doit a fame reveler
nule riens qui face a celer,
se d'autrui ne la veust oïr.
Mieuz vandroit du païs foïr   16324
que dire a fame chose a tere,
tant soit leaus ne debonere.
Ne ja nul fet secré ne face,
s'il voit fame venir en place ;   16328
car s'il i a perill de cors,   [a]

el le dira, bien le recors,
conbien que longuement atande ;
et se nus riens ne l'an demande,   16332
le dira ele vraement
sanz estrange amonestement :
por nule riens ne s'an teroit.
A son avis morte seroit   16336
s'il ne li saillet de la bouche,
s'il i a perill ou reprouche.
Et cil qui dit le li avra,
s'il est tex, puis qu'el le savra,   16340
qu'il l'ose anprés ferir ne batre,
une foiz, non pas .iii. ne .iiii.,
ja plus tost ne la touchera
conme el le li reprouchera ;   16344
mes ce sera tout en apert.
Qui se fie en fame, il la pert ;
et li las qui en lui se fie,
savez qu'il se fet ? Il se lie   16348
les mains et se cope la gueule ;
car s'il une foiz toute seule
ose ja mes ver lui groucier
ne chastier ne courroucier,   16352
il met en tel perill sa vie,
s'il a du fet mort deservie,
que par le col le fera pendre,
se li juige le peuent prendre,   16356
ou murtrir par amis privez,
tant est a mau port arivez.
  Mes li fos, quant au soir se couche   [b]
et gist lez sa fame en sa couche   16360
ou reposer ne peut ou n'ose,
qu'il a fet espoir quelque chose,

ou veust par aventure fere
quelque murtre ou quelque contrere,   16364
don il craint la mort recevoir
se l'an le peut apercevoir,
si se tourne et plaint et soupire ;
et sa fame ver soi le tire   16368
qui bien voit qu'il est a mesese,
si l'aplaigne et l'acole et bese
et se couche antre ses mammeles :
« Sire, fet ele, quex noveles ?   16372
Qui vos fet ainsinc soupirer
et tressaillir et revirer ?
Nous somes or priveement
ici nous dui tant seulement,   16376
les persones de tout cest monde,
vos li premiers, je la segonde,
qui mieuz nous devons antr'amer
de queur leal, fin, sanz amer ;   16380
et de ma main, bien m'an remenbre,
ai fermé l'uis de nostre chambre ;
et les paraiz, don mieuz les praise,
sunt espaisses demie taise ;   16384
et si haut resunt li chevron
que tuit seür estre i devron ;
et si somes loign des fenestres,
don mout est plus seürs li estres   16388
quant a noz secrez descouvrir,   [138 a]
si ne les a poair d'ouvrir
san depecier nul hon vivanz
ne plus que peut fere li vanz :   16392
briefmant, cist leus n'a point d'oïe,
vostre voiz n'i peut estre oïe
fors que de moi tant seulement :

por ce vos pri piteusement   16396
par amor que tant vos fiaiz
an moi que vos le me diaiz.
   — Dame, fet il, se Dex me voie,
por nule riens ne le diroie,   16400
car ce n'est mie chose a dire.
— Avoi ! fet ele, biau douz sire,
m'avez vos donc soupeçoneuse,
qui sui vostre leal espeuse ?   16404
Quant par mariage assemblames,
Jhesucrist, que pas ne trouvames
de sa grace aver ne echar,
nous fist deus estre en une char ;   16408
et quant nous n'avons char fors une
par le droit de la loi conmune,
n'il ne peut en une char estre
fors uns seus queurs a la senestre,   16412
tuit un sunt donques li queur nostre ;
le mien avez, et je le vostre.
Riens ne peut donc ou vostre avoir
que li miens ne doie savoir.   16416
Por ce pri que vos le me dites
par guerredons et par merites,
car ja mes joie au queur n'avré   [b]
jusqu'a tant que je le savré ;   16420
et se dire nou me voulez,
je voi bien que vos me boulez,
si sai de quel queur vos m'amez
qui douce amie me clamez,   16424
douce seur et douce conpaigne.
A cui parez vos tel chastaigne ?
Certes, s'ous nou me gehissiez,
bien pert que vos me traïssiez,   16428

car tant me suis en vos fiee,
puis que m'eüstes affiee,
que dit vos ai toutes les choses
que j'oi dedanz mon queur ancloses.   16432
Si lessai por vos pere et mere,
oncle, neveu, sereur et frere,
et touz amis, et touz paranz,
si conme il est chose apparanz.   16436
Certes, mout ai fet mauvés change
quant si ver moi vos truis estrange,
que je plus ain que riens qui vive,
et tout ne me vaut une cive,   16440
qui cuidiez que tant mespreïsse
ver vos que voz secrez deïsse.
C'est chose qui ne porroit estre.
Por Jhesucrist le roi celestre,   16444
qui vos doit mieuz de moi garder ?
Plese vos au mains regarder,
se de leauté riens savez,
la foi que de mon cors avez.   16448
Ne vos soffist pas bien cist gages ?   [a]
En volez vos meilleurs hostages ?
Dont sui je des autres la pire,
se voz secrez ne m'osez dire.   16452
Je voi toutes ces autres fames
qui sunt de leur hostex si dames
que leur mariz en eus se fient
tant que touz leur secrez leur dient ;   16456
tuit a leur fames se conseillent,
quant en leur liz ensemble veillent,
et priveement s'i confessent
si que riens a dire n'i lessent ;   .16460
et plus souvent, c'est chose voire,

qu'il ne font neïs au provoire.
Par eus meïsmes bien le sai,
car maintes foiz oïz les ai,   16464
qu'el m'ont tretout reconneü
quan qu'els ont oï et veü,
et tout neïs quan qu'eles cuident.
Ainsint s'espurgent et se vuident.   16468
Si ne sui je pas leur paraille,
nule ver moi ne s'aparaille,
car je ne sui pas jangleresse,
vilotiere ne tanceresse,   16472
et sui de mon cors preude fame,
conment qu'il aut vers Dieu de l'ame.
Ja n'oïstes vos onques dire
que j'aie fet nul avoutire,   16476
se li foul qui le vos conterent
par mauvestié nou controverent.
M'avez vos pas bien esprouvee ?   [b]
Ou m'avez vos fausse trouvee ?   16480
Anprés, biau sire, regardez
conment vostre foi me gardez.
Certes, malemant mespreïstes
quant anel an doi me meïstes   16484
et vostre foi me fiançastes !
Ne sai conment fere l'osastes.
S'en moi ne vos osez fier,
qui vos fist a moi marier ?   16488
Por ce pri que la vostre foiz
me soit sauve au mains ceste foiz,
et leaument vos asseüre
et promet et fiance et jure   16492
par le beneüré saint Pierre
que ce sera chose souz pierre.

Certes mout seroie ore fole
se de ma bouche issoit parole   16496
don eüssiez honte ou domage ;
honte feroie a mon lignage,
c'onques nul jor ne diffamoi,
et tout prumierement a moi.   16500
L'an seut dire, et voirs est sanz faille :
qui tant est fos que son nés taille,
sa face a tourjorz deshoneure.
Dites moi, se Dex vos sequeure,   16504
ce don voz queurs se desconforte,
ou, se ce non, vos m'avez morte. »
Lors li debaille piz et chief,
et le rebese de rechief,   16508
et pleure seur lui lermes maintes   [139 a]
antre les beseries faintes.

Adonc li mescheanz li conte
son grant domage et sa grant honte,   16512
et par sa parole se pent ;
et quant dit l'a, si s'en repent.
Mes parole une foiz volee
ne peut puis estre rapelee.   16516
Lors li prie qu'ele se tese,
con cil qui plus est a mesese
c'onques avant esté n'avoit,
quant sa fame riens n'an savoit.   16520
Et cele li redit san faille
qu'el s'en tera, vaille que vaille.
Mes li chetis, que cuide il fere ?
Il ne peut pas sa langue tere :   16524
or tent a l'autrui retenir ?
A quel chief an cuide il venir ?
Or se voit la dame au deseure

et set que, de quelconques eure 16528
l'osera mes cil courrocier
ne contre lui de riens groucier,
mu le fera tenir e quoi,
qu'ele a bien matire de quoi. 16532
Couvenant, espoir, li tendra,
tant que courroz antr'eus vendra.
Oncore s'ele tant atant !
Mes anviz atandra ja tant 16536
que mout ne li soit grant grevance,
tant avra le queur en balance.
Et qui les homes ameroit, [b]
ce sarmon leur preescheroit, 16540
qui bien fet en touz leus a dire,
por ce que chascuns hom s'i mire
por eus de granz perilz retrere.
Si porra il espoir desplere 16544
au fames qui mout ont de jangles ;
mes verité ne quiert pas angles.

   Biau seigneurs, gardez vos de fames,
se voz cors amez et voz ames, 16548
au mains que ja si mal n'ovroiz
que les secrez leur descovroiz
que dedanz voz queurs estuiez.
Fuiez, fuiez, fuiez, fuiez, 16552
fuiez, enfant, fuiez tel beste,
jou vos conseill e amoneste
san decepcion et san guile ;
et notez ces vers de Virgile, 16556
mes qu'en voz queurs si les sachiez
qu'il n'en puissent estre sachiez :
anfanz qui cueilliez les floretes
et les freses fresches et netes, 16560

ci gist li froiz sarpanz en l'erbe ;
fuiez, anfant, car il anherbe
et anpoisone et anvenime
tout home qui de lui s'aprime.   16564
Enfant qui les fleurs alez querre
et les freses nessanz par terre,
le mau sarpant refredissant
qui se vet ici tapissant,   16568
la malicieuse couleuvre   [a]
qui son venim repont et queuvre
et le muce souz l'erbe tandre
jusqu'a tant que le puisse espandre   16572
por vos decevoir et grever,
pansez, anfanz, de l'eschever ;
ne vos i lessiez pas haper,
se de mort veilliez eschaper,   16576
car tant est venimeuse beste,
par cors et par queue et par teste,
que se de lui vos aprochiez,
touz vos troveroiz antochiez,   16580
qu'il mort et point en traïson
quan qu'il ateint, san guerison ;
car de cestui venin l'ardure
nus tiriacles ne la cure ;   16584
riens n'i vaut herbe ne racine,
seul foïr an est medecine.

     Si ne di je pas toutevoie,
n'onc ne fu l'antancion moie,   16588
que les fames chieres n'aiez
ne que si foïr les daiez
que bien avec eus ne gisiez.
Ainz conmant que mout les prisiez   16592
et par reson les essauciez ;

bien les vestez, bien les chauciez,
et tourjorz a ce laboroiz
que les servoiz et honoroiz   16596
por continuer vostre espiece
si que ja mort ne la despiece ;
mes ja tant ne vos i fiaiz   [b]
que chose a tere leur diaiz.   16600
Bien souffrez qu'eus aillent et viegnent,
la mesnie et l'ostel maintiegnent,
s'el sevent a ce metre cure ;
ou, s'il ravient par aventure   16604
qu'el sachent acheter ou vendre,
a ce peuent eus bien entendre ;
ou s'el sevent d'aucun mestier,
faceint le, s'eus an ont mestier ;   16608
et sachent les choses apertes,
qui n'ont mestier d'estre couvertes.
Mes se tant vous habandonez
que trop de poair leur donez,   16612
a tart vos an repentiraiz
quant leur malice santiraiz.
L'Escriture neïs nous crie
que se la fame a seigneurie,   16616
el est a son mari contraire
quant il veust riens ou dire ou faire.
Prenez vos garde toutevoie
que l'ostel n'aille a male voie,   16620
car l'an pert bien en meilleur garde :
qui sages est, sa chose garde.
    Et vos qui ravez voz amies,
portez leur bones compaignies.   16624
Bien affiert qu'el sachent chascunnes
assez des besoignes conmunes ;

mes, se preuz iestes et senez,
quant antre voz braz les tenez   16628
et les acolez et besiez,   [140 a]
tesiez, tesiez, tesiez, tesiez !
Pansez de voz langues tenir,
car riens n'en peut a chief venir   16632
quant des secrez sunt parçonieres,
tant sunt orgueilleuses et fieres
et tant ont les langues cuisanz
et venimeuses et nuisanz.   16636
Mes quant li fos sunt la venu
qu'il sunt antre leur braz tenu
et qu'eus les acolent et besent,
antre les geus qui tant leur plesent   16640
lors n'i peut avoir riens celé ;
la sunt li secré revelé.
Ci se desqueuvrent li mari,
don puis sunt dolant et mari ;   16644
tuit ancusent ci leur pansé,
for li sage bien apansé.
    Dallida la malicieuse,
par flaterie venimeuse,   16648
a Sanson, qui tant iert vaillanz,
tant preuz, tant forz, tant bataillanz,
si conme el le tenoit formant
soëf en son giron dormant,   16652
copa les cheveus a ses forces,
don il perdi toutes ses forces
quant si des crins le depela,
et touz ses secrez revela   16656
que li fos contez li avoit,
qui riens celer ne li savoit.
Mes n'an veill plus d'examples dire,   [b]

bien vous peut uns por touz soffire. 16660
Salemon neïs an parole,
don je vos dirai la parole
tantost, por ce que je vos ain :
« De cele qui te dort ou sain, 16664
garde les portes de ta bouche »,
por foïr perill et reprouche.
Cest sarmon devroit preeschier
quiconques avroit home chier, 16668
que tuit de fame se gardassent
si que ja mes ne s'i fiassent.
Si n'ai ge pas por vos ce dit,
car vos avez san contredit 16672
tourjorz esté leaus et ferme.
L'escriture neïs afferme,
tant vos a Dex doné san fin,
que vos estes sages san fin. » 16676
    Genyus ainsinc la conforte
et de quan qu'il peut li anhorte
qu'el lest du tout son deul ester,
car nus ne peut riens conquester 16680
en deul, ce dit, ne en tristece.
C'est une chose qui mout blece
et qui, ce dit, riens ne profite.
Quant il ot sa volanté dite, 16684
san plus fere longue praiere,
si s'assiet en une chaiere
dejouste son autel assise ;
et Nature tantost s'est mise 16688
a genouz devant le provaire ; [a]
mes, san faille, c'est chose vaire
qu'el ne peut son deul oublier,
n'il ne l'an reveust plus prier, 16692

qu'il i perdroit sa paine toute ;
ainz se test et la dame escoute
qui dit par grant devocion
an plorant sa confession,   16696
que je ci vos aport escrite
mot a mot, si conme el l'a dite.

———————————

VARIANTES

I

Nous relevons ci-dessous toutes les leçons de notre manus-
crit de base *H* (B. N. fr. 1573) que nous avons cru devoir
rejeter. Quand il s'agit d'une simple erreur, dont la correc-
tion est évidente ou immédiate, nous nous sommes contenté
de reproduire purement et simplement la leçon abandon-
née. Dans tous les autres cas, nous donnons après un cro-
chet droit le sigle du ou des manuscrits auxquels nous
avons emprunté la leçon imprimée dans notre texte. Nous
rappelons que pour la partie du roman due à Jean de Meun,
seule en cause dans ce volume, nous utilisons exclusive-
ment pour notre contrôle les quatre manuscrits suivants :
A (Chantilly 686, nº 480 du Cabinet des livres), *C* (Dijon
526), *Z* (B. N. fr. 25523) et *L* (B. N. fr. 1559). Quand ces
quatre manuscrits sont d'accord, leurs quatre sigles sont
reproduits ; quand leurs leçons sont différentes, nous
plaçons *après* le crochet droit le sigle du ou des manuscrits
dont nous avons adopté la leçon, et l'on trouvera, dans
la seconde partie de ces *Variantes*, la leçon des autres manus-
crits. Si, par hasard, la leçon d'un de ces manuscrits est
identique à la leçon rejetée de *H*, le sigle de ce manuscrit
est porté à la suite de cette leçon rejetée, *avant* le crochet

droit. Le relevé des variantes, en ce qui concerne nos quatre manuscrits de contrôle est donc complet, mais *uniquement* pour les vers dont nous fournissons les variantes.

On trouvera de plus, dans la seconde partie de ce relevé, les variantes d'un certain nombre de vers pour lesquels nous n'avons pas touché notre manuscrit, mais dont le texte nous a cependant paru, pour des raisons diverses, incertain ou douteux. Naturellement, nous n'avons pas enregistré pour ces vers le sigle (ni la leçon) du ou des manuscrits dont la leçon est identique à notre texte imprimé. Mais là encore, pour les vers retenus et les quatre manuscrits de contrôle, le relevé de ces variantes est complet.

8258 de Hiberine — 8259 Qui mieuz vosist, *A*] *C* (amast) *ZL* — 8282 Garde que — 8285 et de arz — 8322 Qu'eles, *les deux dernières lettres exponctuées* — 8331 Li siecles et mout] *AL* — 8345 ne en esnes — 8376 Si con au pr., *A*] *CZL* — 8475 Qui cil r., *A*] *CZL* — 8477 Oncor vos] *AZL* — 8493 me *manque* — 8533 pas mout home por — 8559 Tant i h.] *AZL* — 8570 Ou qu'il v.] *ACZL* — 8638 N'iert il ja — 8657 Prendre fame] *ACZL* — 8660 qu'el n'en poigne] *AL* — 8673 Se tr. veust me en lui q., *avec un signe d'interversion invitant à lire* me veust] *A* (en le q.) *CL* — 8676 seblables — 8683-86 *oubliés par le scribe et rajoutés de sa main sous la colonne avec signe de renvoi* — 8685 Que onc — 8692 recuellent az leur r. — 8748 nus droit] *ACZL* — 8757 plus en traissaient] *AC* (s'encraissoient) *Z* (encr.) *L* (encr.) — 8763 Si conme s.] *ACZL* — 8778 En escrit, *C*] *AZL* — 8791 Si vodroi je — 8798 Li mist — 8829 me fetes de torz et de guanches] *AZL* — 8900 avisier, *le second* i *exponctué* — 8914 Qui de leautez] *AC* (biauté) *Z* (biauté) *L* (biauté) — 8948 Et li quert sus, *cf. 8964* — 8953 C'est Chastaé — 8974 Ou que en.

9008 Ainceis que] *ACZL* — 9020 vile, *avec* e *exponctué* — 9044 Avant bien] *ACZ* (Aussi tres bien) *L* (Aussi tres bien) ; *le* re *de* regart *dans H ajouté après coup au-dessus de la ligne,*

peut-être par le copiste lui-même, cf. variantes — 9142 tuer
et batre] *ACZL* — 9154 ce panson, *cf. variantes* — 9169 il
manque] *AZL* — 9180 vos *manque*] *AZL* — 9184 *le copiste
semble avoir écrit* entisier — 9194 entremeismes, *A*] *CZL* —
9306 tele la f., *ZL*] *A* — 9358 qu'el fust — 9386 Fame n'a
(Qu'en *manque*)] *C* — 9390 *la leçon première* a nuire *a été
corrigée, à tort, en* an ire *par l'exponctuation des deux jam-
bages du* u, *cf. variantes* — 9404 vos *manque*] *AC* — 9418
Que la s'i] *ACL* (se) — 9435 entre espousé — 9477 toison
avec h *suscrit* (thoison), *sans doute d'une autre main* —
9479 Nepturnus — 9481 Et Torys] *AZ* — 9488 Ne savoit
— 9499 mala av. — 9594 resteut — 9618 *la leçon première*
tailleiz *a été corrigée, à tort, en* entailleiz *par suscription d'un*
en, *sans doute d'une autre main* — 9626 doleur — 9640
O leur a.] *ACZL* — 9641 *lettrine dans le ms. qui rompt
fâcheusement la suite des idées* — 9643 Ces jolivetes] *AC*
(jolies) *ZL* — 9700 Que onc — 9734 Car li povres — 9741
meesment — 9761 por le la tr., le *exponctué et corrigé dans
la marge en* quel — 9774 O san a. — 9799 ne li avint forz
fors a cete, forz *exponctué* (*erreur évidente de plume pour* foiz)
et le a *ajouté au-dessus de la ligne*] *ACZL* — 9822 que ele
le li — 9854 Touz farsiz et pl.] *ACZL* — 9864 li cout]
AZ (conte)'— 9893 Cal il — 9896 S'ou la, *A, cf. variantes*
— 9901 Ou s'el nou tr.] *AC* (n'a trouvé) *L* — 9984 amener
ne porent] *AC* (nel) *Z* (nel) *L* (nel).

10047 Vaussaus — 10101 vos *manque*] *ACZ* (Et si vouz
di bien) *L* — 10126 voit blez ne — 10139 Et sa piau]
ACZL — 10142 humeur — 10223 Bien les vos] *ACZL* —
10238 *la lettrine figure par erreur au début du vers 10237* —
10240 La bele a son, *A*] *CZL* — 10256 que amis — 10258
ou ge tr.] *ACL* — 10289 Son fet] *ACZL* ; tant li, *le* a *de*
tant *peut-être surchargé en* o — 10291 nes veulle departir,
L] *A* — 10308 N'estoie tu — 10358 de faus — 10384
Jen n'en — 10392 arrieres — 10411 Toute la baronie,
C] *AZL* — 10457 blasmer *avec* s *exponctué* — 10469
le scribe a écrit dretie *et accentué la deuxième et la*

cinquième lettre, semblant par là inviter à lire dietie] *ACZL*
— 10472 beorder, *avec* h *suscrit (d'une autre main ?)* —
10514 les murs de la tor, de *exponctué et corrigé en* et *dans
l'interligne, de la main du scribe, semble-t-il, cf. variantes* —
10535 *on lit aujourd'hui* Clopinel, *mais le* l *de* Clo *est le résul-
tat d'un grattage et d'une correction ; le ms. portait vraisem-
blablement* Chopinel, *cf. variantes* — 10536 Au cors jolif]
ACZL — 10550 aus mains — 10568 Quex qu'eles — 10575
Ce cist — 10705 La serront, *A*] *CZL* — 10730 qu'il ne
compere] *ACL* — 10791 tiex le paie, *AL*] *Z* — 10795 por
moi est en, *CZ*] *AL* — 10799 ja *manque, C*] *AZL* — 10824
dè hui — 10878 des noveles] *ACZL* — 10947 Ca ja — 10958
Conment il dist, *C* (Conmant che dist)] *AZL* — 10980
Mes en l'un plus en autre m., *le second* en *exponctué et
corrigé dans l'interligne en* .i., *erreur de correction sans
doute pour* en l'autre] *ACZL* — 10983 C'est la, *ZL*] *AC*.

11004 Mes ain — 11074 que toutes — 11141 mes ce que
iez a fin] *A* (je afin) *CZL* — 11165 or resui pages] *AL* —
11181 or sui abbeesse] *AZL* — 11232 *la lecture* refreigne
dans H *est certaine, malgré Langlois qui a lu a tort* restreigne,
cf. variantes — 11246 des vertuz d'abundance] *AL* —
11325 *le troisième* i *de* priviliege *est peut-être exponctué* —
11347 et les sive, *cf. 11352* — 11495 sunt ci dit] *ACZ*
— 11508 usuries — 11575 chaire — 11578 Sidrent, *avec,
semble-t-il, un accent sur l'*r, *comme si le scribe avait voulu
qu'on lût* Si dient — 11579 mandites — 11585 Is lient —
11608 ceus qui contre — 11615 ou professions, *C*] *AL* —
11631 *pas d'alinéa dans le ms. ; le vers 11630, oublié, a
été ajouté par le scribe en bas de la colonne avec signe de
renvoi.* — 11639 avoir tex genz] *ACZL* — 11649 des corre-
tages] *ACZL* — 11706 *le second* ou *manque*] *ACZL* — 11728
S'il ne vos a] *ACZL* — 11752 cuide avoir noz, *C*] *AL* —
11784 Soit de charté — 11809 parole — 11823 ne vos
voudront — 11828 Que vos ai, *L*] *ACZ* — 11829 l'entecion
— 11857 Que t., *C*] *AZL* — 11896 darrieres — 11901 Si
sunt, *A*] *CZL* — 11904 seurfez *corrigé de* forfez — 11928

Dex ne prise, *CZ*] *AL* — 11956 Oïl je vos, *AZ*] *CL* — 11986
Qui a l'assaut] *ACZL*.

12049 De tristece f.] *ACZL* — 12051 ele — 12071 cho-
sist — 12076 les — 12082 set, *Z*] *ACL* — 12083 pas qu'el
fust, *AL*] *C* — 12087 Et se le degré — 12122 Des voz n. —
12140 recrere — 12149 prumeriene — 12198 essoine ne
le tenist, *ZL*] *AC* ; *dans H, la leçon* ne le tenist *a été corri-
gée par surcharge en* ne detenist, *de la main du scribe, sem-
ble-t-il* — 12217 ou liez — 12252 enterinement *corrigé
par suscription d'un g en* enterignement, *mais d'une autre
main que celle du scribe* — 12261 par tout ou il vos, la *ajouté
dans l'interligne,* il *exponctué, cf variantes* — 12264 pas
si grant pr.] *AL* — 12269 Et si sovent, *Z*] *AL* — 12270
Voire preuve li proveissiez] *ACZL* — 12301 bien *manque*]
ACZL — 12309 Car je fui] *ACZL* — 12325 Le meilleur]
ACZL — 12332 s'ag. si se conf.] *ACZL* — 12343 Si treu-
vent l. — 12364 Ele ne — 12399 voire un grant g. — 12446
n'i parest pas] *AC* (paraut mie) *L* (parolt) — 12468 Leu
ne *ou peut-être* Len ne, *lecture peu claire, les deux dernières
lettres du premier mot étant écrites sur un grattage* — 12603
ne doutez, *C*] *AZL* — 12634 En ces païs] *ACZ* (cc) *L* —
12639 com — 12657 Sil le v., *A*] *CZL* — 12691 direz si
nou — 12740 Tant le f. — 12741 ce n'iert ce m. — 12783
Sou ne savez] *A* — 12791 Ce a l'en — 12794 quil aient —
12807 Pensae je — 12810 Lors me veill, *L*] *A* (voil), *C*
(vauch) ; *pour la forme* vols, *cf.* 15244 — 12867 Ja ven-
jance] *ACZL* — 12901 pris au plorer, *mais le* u *de* au *a été
ajouté après coup dans l'interligne supérieur et peut-être
d'une seconde main* — 12937 dai je.

13000 Qu'il veust] *ACZL* ; que amanz — 13016 ou nait]
ACZL — 13065 avant sou v.] *A, cf. variantes* — 13081
Par — 13161 Me cele] *ACZL* — 13208 li conjura, *mais
corrigé par grattage et surcharge de* enivra, *texte de ACZL* —
13222 quil amast — 13272 le en — 13281 Ne puist — 13295
veille, *corrigé en* vueille *par suscription d'un* u, *cf. 13377* —
13299 trop laides m.] *AL* — 13314 couvrir les doit] *ACZL*

— 13377 *cf. 13295* — 13394 verret *corrigé de* verroit *par exponctuation de* oi *et suscription d'un* e — 13395 n'i touche, *A*] *CZL* — 13401 ses mailletes, *L*] *ACZ* — 13436 Brisent ou br., *AZL*] *nous avons adopté ici le texte de Langlois, cf. variantes et note* — 13446 trop a loer ne, *ZL*] *AC* (de jouer trop ne) — 13456 Que sanz, *C*] *AZL* — 13461 qu'ele — 13484 Sou n'avez] *A* — 13496 en tel leu, *Z*] *ACL* — 13537 *le premier* par *manque* — 13554 le berbiz — 13629 rescrit — 13684 tuit *manque*] *A* — 13790 pex *manque, C* (Haubers ne hiaumes ne machues)] *AZL* — 13796 sa grant] *ACZL* — 13797 mie fete] *AL* — 13801 Et que or — 13802 Quant il a — 13806 Ou qui] *ACZL* — 13875-76 *omis dans la colonne et transcrits par le scribe lui-même dans la marge inférieure avec signe de renvoi* — 13917 S desierre *(sic)* — 13920 bien nes savra, *que l'on aurait pu corriger en* nel, *mais la graphie* nou *est constante dans le ms.* — 13924 que son queur] *ACL* — 13945 la fr. qui la p. — 13957 Et cuide — 13985 de *manque*.

14016 les peust — 14017 les lessoit — 14030 n'iert que l'en — 14036 desloeies, *avec* o *exponctué* — 14038 T. le voudroit — 14066 con el vive] *A* — 14078 r. mes queurs] *AL* — 14108 Nou ne veu] *ACZ* (Ne veu ne foi) *L* — 14116 Sil m'aïst — 14152 Que avoir — 14208 d. la veue] *ACZL, cf. 14735* — 14237 Et conment, *A*] *CZ* (Si c.) *L* — 14245 *le second* e *de* tele *ajouté dans l'interligne supérieur, mais de la main du scribe, semble-t-il* — 14273 Jusque il — 14308 A son hoste] *ACZL* — 14314 avoir — 14373 Ne que par lui nule, *L*] *A* (por lui) *CZ* (por lui) — 14376 Cyroe — 14379 que a nul — 14410 Que de d. — 14436 mis, *cf. 14434* — 14439 *peut-être* Laissoit *transformé en* Laissoie *par un léger trait de plume* — 14492 nus mestier — 14500 veust — 14515 ch. nous ass. — 14574 *la grande initiale est placée par erreur au début du vers 14575* — 14584 n'en soi for *(simple variante de graphie dans notre ms., cf. 14699, 14727 et souvent)* — 14585 Que ja mes ne] *ACZL* — 14601 Tout ai je, *C*] *AZL* — 14607 ne le honor] *AL* — 14619 Si donc je] *ACZL* — 14664

Viengne dit] *ACZL* — 14671 Sou me] *A* — 14672
je aille — 14699 je sai (*simple variante de graphie dans
notre ms., cf. 14584, 14727 et souvent*) — 14707 et saint B. —
14714 est acointe, *L*] *AC, Z manque* — 14727 Se j'ai j.]
ACZL (*simple variante de graphie dans notre ms., cf. 14584*)
— 14731 Que A. — 14734 Que a po — 14735 de ma veue, *A*]
CL, Z manque, cf. 14208 — 14755 Sou me] *A* — 14763 ja mes
ne joaie] *ACL* — 14786 a. trop autrement, *L*] *ACZ* —
14802 Ou trop pr.] *ACZL* — 14807 li p. — 14823 De h. —
14851 Si nous dev.] *AZL* — 14855 Que autres f.] *ACZL* —
14868 an a que chien] *CZL* — 14869 est *oublié, ajouté
dans l'interligne, peut-être d'une autre main, cf. variantes*
— 14972 Et sou ne] *A* — 14985 Que servise, *A*] *C.*

15001 Car il a] *ACZL* — 15012 Que vilanie — 15035 ce qu'il
ne] *ACZL* — 15052 dex nes amant] *ACL* — 15056 A bas cri,
avec point et virgule retourné entre A *et* bas] *AZL* — 15057 Que
anviz — 15059 Que avis — 15070 Or conmant] *ACZ* (Si c.) *L*
— 15077 Que j'ai (*simple variante de graphie dans notre ms.,
cf. 14584 et souvent*) — 15084 ost entre eus, *L*] *ACZ* —
15087 s'entre aideront — 15096 s'entre elloignent — 15098
m. a la pl.] *ACZL* — 15109 gl. sou m'ant.] *A* — 15113 ci
vos d.] *ACZL* — 15133 saillant, *cf. 15169* — 15149 san-
tante] *ACZL* — 15169 samblant, *cf. 15133* — 15181 por
ce an — 15201 Et dex et fames] *AC* (Et tous es f.) *L, Z
manque* — 15220 *le* u *de* dueillent *suscrit, de la main du
scribe, semble-t-il* — 15227 mon art — 15234 Qui J. —
15245 Si tres seur — 15276 s. fol et] *AL* — 15280 Que escuz
— 15307 coulorez — 15333 Que .i. pr. — 15369 de alege-
ment — 15400 Ou que autre gr. — 15405 Tout an p.] *ACZL*
— 15425 Vient la p.] *ACZL* — 15441 Atant iert v.] *ACL* —
15445 Escu de ese — 15480 Prise est ne nous r.] *ACZ*
(Pris) *L* — 15504 S'el la d.] *ACL, Z manque* — 15511 fu
de vabonement] *CZL, cf. variantes* — 15562 Que a lui —
15563 ot l'espee, *L*] *ACZ* — 15564 De fuire de, *ZL*] *AC* —
15586 rot *manque*] *AC* (ot) *ZL* — 15606 Autres .x.] *AL* —
15626 Toutes les f., *C*] *AZL* — 15663 raiseaus — 15688-89

intervertis par le scribe, l'ordre exact indiqué en marge —
15691 v. mesmes — 15748 mon art *A*] *CZL* — 15755 Ont
au l.] *ACZL* — 15775 leur maus r.] *ACZL* — 15776 m.
bourdoient] *ACZL* — 15777 refuseises — 15778 pleeices] *AZL*
— 15780 Par laie dangier] *AC* (En le h.) *Z* (En la h.) *L* —
15796 la glose a.] *AZL* — 15797 *la lettrine, par erreur,
au début de ce vers, et non au début du vers précédent* — 15807
Qui saudront, *AZ*] *CL* — 15809 N'an iert mes nus r., *C*
(ja mais)] *AZL* — 15815 puisse — 15863 *la lettrine au début
de ce vers, et non au vers 15861* — 15867 piecez — 15892
nieces ne neveuz] *ACZL* — 15900 viande] *ACZL* — 15947
Courjorz (*erreur du rubricateur*) — 15950 Se fet, *AL*] *CZ* —
15988 Que ne fet]*ACZL*.

16024 Bacheleries, *ZL*] *AC* — 16068 de verriere sunt]
AZL — 16080 p. de eus estr. — 16082 cestes] *ACZL* —
16115 Mes or ne] *AZL*, *cf. variantes* — 16121 A ces e.]
ACZL — 16131 Mes qui tant — 16192 Que ainz ne p.]
ACZL — 16200 m'an fuis atant] *ACZL* — 16236 Se je] *CZL*
— 16246 de l'esglise, *corrigé en* iglise *par exponctuation
des deux premières lettres et suscription d'un* i, *peut-être
d'une autre main* — 16297 Que la fame] *ACZL* — 16325
dire a sa f.] *ACZL* — 16340 puis que le savra, *avec addi-
tion d'un second* l *suscrit* (*de la même main ?*) *pour inviter
à lire* puis qu'el le s., *cf. variantes* — 16427 Certes sou nou
me g., *cf. 14671, 14775 et souvent, cf. variantes* — 16487
Se en — 16507 piz et mains (mains *exponctué*) chief, *cf.
variantes* — 16528 quelconques euvre, *Z*] *ACL* — 16570
repoust] *ACL*, *Z a refait le passage* — 16605 Qu'il s., *L*] *A*
— 16660 Bien nous, *C*] *AZL* — 16683 Et que ce d. r., *C*
(Et que r. ce d.)] *AZL*.

II

Variantes des manuscrits de contrôle.

8331 Li siecles ert mout *CZ* — 8477 Les cors vos *C* —
8559 Tant i juent et tant i saillent *C* — 8660 k'il ne poigne *C*,
qu'el ne poigne *Z* — 8664 Par comparaison *ZL* — 8673
le vers manque Z — 8829 m'i faites de tours de guences *C*
— 8910 arkefices *C*, artefices *Z*, hardefices *L* — 8928 pes
a Chastaé *AC*, Ne vit avec Biauté Chasté *Z*.

9018 Par quoi *CZ* — 9029 de creatures *Z* (S'aquiert) *L*
— 9044 Aussi tres bien se Diex me gart *ZL* — 9154 ce
panson *AL*, se penson *Z* (*sur grattage, peut-être* de p.),
se panse on *C* — 9169 Et si ravoit por *C* — 9180 Quant
de moi vous d. *C* — 9267 une touaille *C*, une gounele *Z* —
9300 et acoupleresse *C* — 9306 Tel le mere et tele le fille *C*
— 9344 br. crie et braille *C*, br. crie et baaille *LZ* (br. et
crie) — 9386 Fame n'a point de conscience *AZL* — 9390
trop en ire e. *CZ* — 9404 Cuidiez qu'il ne li en d. *L*, *les
vers 9403-9406 manquent dans Z* — 9418 Que bonne amor
s'i puist t. *Z* — 9481 Et Chorris *C*, Et Thoris *L* — 9553
m. autrement *ACZL* — 9664 a. aprendre *Z* — 9665 Sans
tenchier et *C* — 9864 li die *CL* — 9882 ne l'avra *AZL* —
9896 Se la tr. *CZL* — 9901 *les vers 9901-02 manquent Z.*

10009 ke je verrai *CZL* — 10010 un rasis g. *C*, un razis g. *Z*,
que un blanc g. *L* — 10054 ne d'Amiens *CZL* — 10064
Et d'autres geuz m. *Z* ; *A ajoute ces deux vers* De savoreuses
lecheries Et de joeuses drueries — 10241 bien ert *CZ* —
10258 ou le tr. *Z* — 10291 N'il n'en convient ja departir *C*,
Aillors ne les vuel departir *Z* — 10489 cui pitiés *CZ* (pitié)
— 10514 les murs de la tour *L* — 10532 Le cui tombleaus
ACZL — 10535 Clopinel *ZL* — 10730 *les vers 10727-30*

manquent Z — 10791 tels li paie *C* — 10849 Tous les *CZL*.

11018 Et les grandes riqueces peschent *C*, Et les granz richeces peschant *Z* (*en rime avec* preschant), Les granz richesces a eulz peschent *L* — 11026 est trop fieus *AZL*, n'est pas fieus *C* — 11027 v. mie une escaloigne *C* — 11165 Or sui princes or ressui pages *C*, Or sui princes et or sui pages *Z* — 11181 Or sui nonne or sui ab. *C* — 11232 me reprengne *A*, me restraigne *C* — 11246 es vertuz d'abundance *C*, la vertu d'abondance *Z* — 11307 ses autres *AL*, les autres *Z* — 11495 deable qui ce dit *L* — 11509 Faus monnoiers termineour *C*, Et faussonnier et termaiors *Z* — 11542 Mais de povres *ZL* — 11615 ou perfections *Z* — 11665 Je n'aim *ACZ* — 11714 Ou de fr. *CZL* — 11716 Ou la p. *AC* (Ou de poires) *Z* — 11745 a grans m. *CZ* (bons m.) — 11752 *le vers manque Z* — 11774 il aparest *A*, il est escrit *Z* — 11788 je vous moque *ACL*.

12046 com ses vis *CZ* (son v.) *L* (son v.) — 12054 frere sohier *AC* — 12083 *le vers manque Z* — 12163 D'un vallet *CZL* — 12261 par tout ou il vous *C* — 12264 pas trop grant pr. *C*, Et si ne vos fait pas grant pr. *Z* — 12269 Et bien souvent *C* — 12422 C'est cil qui *ACZL* — 12440 Ou par venins ou par triacles *CZ* — 12446 n'i palle pas *Z* — 12460 cil pour cui *ACL*, *Z manque* — 12511 illeuc plus ne s. *AC*, illeuc poi sejorne *Z* — 12597 Ne vous p. *C* — 12607 bien vouz y poés *ZL*, Mais vous i poés bien fiier *C* — 12630 Qui onques *ACZL* — 12664 riengne *A*, rihaigne *C*, riaingne *L*, Et Jalousie par ci vaigne *Z* — 12683 Toutes voies s'ele demande *C* — 12783 Se n'en savez *CZL* — 12798 tinch *A*, tieng *CL*, en mes las furent cheü *Z* — 12804 par nuit et par jour *ACZL* — 12806 Nus n'i vint hui *ACL* ; hui nuls n'i vint hier *C* ; Car nulz n'i vint ne hui ni hier *Z* — 12810 Lors m'estut *Z* — 12924 que j'en face *AC* (*peut-être* l'en) *ZL* — 12996 Mais chils qui les autres .II. suit *C*, Mes qui les autres .II. ensuit *Z*.

13065 Se volés *CZL* ; entendre *CZ* — 13084 La rose *ZL* — 13094 S'el se *ZL* — 13119 Voist a l'a *C*, Aut a l'a. *Z* —

13163 a navie *CZL* — 13174 Che fu grans *CZL* (Mout)
— 13182 se pendi *CZ* — 13186 li eut d. *CZL* — 13268 Que
bués ne cers *Z*, Que cers ne buez *L* — 13296 a l'a. *ACL*,
le vers manque Z — 13299 trop grandes m. *C*, *le vers manque
Z* — 13320 as genz n'atouche *C*, a genz ne touche *Z* —
13390 si gentement *AL* — 13436 Brisoient br. *C* — 13460
flestrira *AL*, flastrira *C* — 13484 Se n'avés *CZL* — 13532
doré *L* — 13554 el velt *L*, Car quant velt *CZ* (vuet) — 13564
atachier *A* — 13653 Et die sire *AZL* — 13684 Facent tant
tuit que *ZL*, Facent tant ke chils leur en doigne *C* — 13709
Ke tant *CL* — 13758 li boiseour *C* — 13797 pas faite *CZ* —
13924 *le vers manque Z* — 13947 Por nul habit *ACZL*,
mais dans A, Por *est corrigé par surcharge de* Par.

14066 con il vive *CZL* — 14078 r. les cuers *CZ* — 14122
c. d'escorgie ou de c. *C* — 14126 plus je li s. *CZ* — 14144
d. tindrent d'aus *ACZL* — 14157 Chi deveroit *C*, Ci se
devroit *Z* — 14167 est fors maus *CZL* — 14190 Je vous
ferai d'autel pain soupe *Z*, s. d'autel soupe *L* — 14205
En toit en e. *C*, Ou en estable ou en h. *ZL* (Ou en est. ou
dessouz h.) — 14214 Ke n'en port *C*, Qui n'en port *Z* —
14388 un lemuisselet *A*, de bel fil un louiscelet *C*, de file un
loisselet *Z*, un bon lisselet *L* — 14486 K'il me mist *CZ* — 14592
soit voirs ou fable *ACZL* — 14607 ne honor *Z*, Ne son capel
n'aim ni hounour *C* — 14627 Se chils i v. *C*, Et s'ele soient p. *L*
— 14663 teghans *C*, tagans *Z*, taisgans *L*. — 14671 Se me *CZL*
— 14755 Se me *CL*, *Z manque* — 14763 je n'aie joie *Z* —
14851 Si ne dev. *C* — 14868 Vos resemblez le chien qui nage
A, *d'une autre main et sans doute sur un grattage* — 14869
est arrivés *Z* ; si abaie *AC*, *mais dans A le* l *de* sil *a été gratté*
— 14919 qu'il me font *ACZL* — 14920 de duel ne font
ACZL — 14972 Et se ne *CZL* — 14973 K'il nous a. *CZ*
(Que nous) — 14985 *A peut-être* vos, *C peut-être* nous ;
Or tost aillors vous porchaciez *ZL*, *mais Z a interverti
14985 et 14986.*

15020 Qui fet *ACZ* — 15052 diex ne l'amant *Z* — 15056
Et a bas cri *C* — 15109 gl. se m'ent. *CZL* — 15159 ne vos

v. *AZL* — 15199 Cil les *ACZL* — 15244 mi fers saut *AZ* ;
dans *A* le s de fers *a été ajouté d'une autre main par suscrip-
tion* — 15252 n'en ai ne *CZL* ; oi *dans H (et peut-être dans A)
peut n'être qu'une variante graphique* — 15268 A cui que soit
C, A cui qu'il soit *L*, *Z manque* — 15276 s. fiers et *C*, *Z
manque* — 15325 d'a. angoisseus *Z*, *qui porte* aorseus *au
vers suivant* — 15411 Ke des f. *C*, *Z manque* — 15441 Aprés
ce est v. *Z* — 15498 Un tel cop ke ne puet guerir *C*, Tel
cop qu'il ne pot guerir *ZL* (*vers trop court*) — 15511 fu de
dabonement *A*, *corrigé par une main postérieure en* fu
d'abamdonement — 15530 plus que coars li lievres *Z* —
15606 Outre .x. *C*, Par .x. j. ou par *Z* — 15658 Tanganz *A*,
Teghent *C*, Tagant *Z*, Taiganz *L* — 15684 Sanglers et d.
GZL — 15746 et les tours *C*, de la tour *ZL* ; *dans A, le et
de* et la tour (= *H*) *a été écrit à l'encre bleue sur grattage* —
15778 de v. pelices *C* — 15787 D'un fer f. *ACZ* — 15796
li guerre ensi *C* — 15807 par vos sentiers *ZL*.

16030 b. b. as dois *Z*, b. b. arois *L* — 16040 a leur nature
pr. *L* — 16068 de voirrie se font *C* — 16079 Ci sunt *A* —
16090 Nature latire *A* (l'atire ?), N. les tire *CL* — 16110
il chieres et envieuses *A*, cleres et mervilleuses *C*, cleres
et aviveuses *L* — 16115 Mais chilg or ne feroient mie *C* —
16215 Sel d. *C* — 16236 Sai je *A* — 16258 Toutes en ovre *Z*
— 16260 a cascun leur b. *C*, a chascun le b. *Z* — 16301 s.
cruieuse *AL*, crueuse *CZ* — 16340 puis que le sara *CZ* —
16346 il se pert *CZ* — 16427 Certes se nou me j. *ACL*,
Certes se vouz nel g. *Z* — 16464 Maintes f. oiies les ai *C*,
Z manque — 16484 a. el doit *CZL* — 16507 d. piez et chief
A ; li debaise piz et c. *C* — 16547 vos des fames *ACZL*
— 16550 Que vos s. *CZL* — 16576 m. volez e. *ACZL* —
16605 Que sachent *CZ*.

NOTES

Sur le caractère de ces notes, on se reportera à l'avertissement donné tome I, p. 273.

8231-34. Cf. Ovide, *Ars amatoria*, II, 13 : « Nec minor est virtus quam quaerere parta tueri. » Le livre II du poème d'Ovide est d'ailleurs consacré, lui aussi, aux moyens de conserver les conquêtes amoureuses. Jean de Meun va lui faire de nombreux emprunts.

8257-62. Cf. Juvénal, *Satires*, VI (à Postumus, contre le mariage), 53-54.

8263-66. *Ibid.*, 209-10.

8282-92. Ovide, *Ars am.*, II, 111-18.

8293-99. *Ibid.*, 119-20.

8307-24. *Ibid.*, 273-78.

8321. Langlois a confondu dans sa note deux verbes *aorser*, homonymes, mais différents : 1) « devenir furieux » (comme un ours) et 2) « s'attacher au fond du pot, brûler » (terme de cuisine). Le Tobler-Lommatzsch a également réuni les deux valeurs sous la même entrée ; Godefroy les avait prudemment distinguées. C'est évidemment le premier de ces verbes qui figure trois fois chez Jean de Meun.

8325 ss. La description de l'âge d'or qui suit et qui se terminera au vers 9634 sur la description de l'âge de fer, après la longue insertion consacrée au portrait du jaloux et à la satire du mariage (8425-9462), suit le développement analogue, et classique, d'Ovide dans les *Métamorphoses*, I, 89-112, 127-50. Jean de Meun a fait l'économie de l'âge d'argent et de l'âge de bronze (comme Boèce, *De consolatione*, II, mètre 5, que notre poète a évidemment connu). Certains détails peuvent provenir de Juvénal, *Satires*, VI, 2-7 (cf. v. 8364-72), d'autres du passage non moins célèbre de Virgile dans les *Géorgiques* (cf. 8356-59 et *Géorg.*, II, 864-65). Il s'agit d'ailleurs, dans l'ensemble, d'un lieu commun de la rhétorique classique. On connaît l'admirable utilisation qu'en fera encore Cervantès dans son *Don Quichotte*, I, 14.

8421-23. Cf. Ovide, *Métamorphoses*, II, 846-47 : « Non bene conveniunt nec in una sede morantur Majestas et amor... », vers souvent cités, cf. H. Walther, *Lateinische Sprichwörter und Sentenzen*... Göttingen, 1965, III, n° 17277.

8433. Le *que* introduit la complétive de *voit* (8425).

8450. Lieu commun de moraliste. Cf. Étienne de Bourbon, *Anecdotes historiques*, éd. Lecoy de la Marche, pp 237-38 : « Licet excuset se [mulier] de vano et superfluo ornatu, cum arguitur, dicens quod se ornat propter virum suum... » Cf. encore 8835 ss.

8459. Geste destiné à marquer la sottise ou la folie d'une conduite ou d'une attitude, cf. Rabelais, *Tiers livre*, ch. XLV ; les dictionnaires, de Oudin à l'Académie 1878, ont enregistré l'expression *donner d'une vessie par le nez à quelqu'un*, cf. *FEW*, XIV, 341.

8531-8802. Cette longue tirade contre le mariage serait fondée, si l'on en croit notre poète, sur un ouvrage de Théophraste, l'*Aureole* (le *Livre d'or*). Mais cet ouvrage est perdu depuis longtemps, et nous ne le connaissons plus que par l'usage qu'en a fait saint Jérôme dans son *Adversus Jovinianum*. Toutefois ce n'est pas non plus par saint Jérôme que Jean de Meun, sans doute, en a connu la substance, mais par un chapitre du *Policraticus* de Jean de Salisbury qui, lui, a utilisé saint Jérôme (éd. Webb, VIII, 11). Notre poète avait lu aussi un traité en forme de lettre, de Gautier Map, la *Dissuasio Valerii ad Rufinum philosophum ne uxorem ducat*, inséré par ce dernier dans son *De nugis curialium* (éd. M. R. James, Oxford, 1914, IV, 3, pp. 143-158). Chose curieuse, la *Dissuasio*, qui avait été publiée à part par son auteur et sous le nom fictif de Valerius, a passé auprès de certains pour un ouvrage antique, et il est possible que Jean de Meun ait partagé cette illusion (cf. 8627 et 8659). Sur cette littérature, on pourra consulter un article de Ph. Delhaye, *Le dossier antimatrimonial de l'Adversus Jovinianum et son influence sur quelques écrits latins du XIIe siècle*, dans *Mediaeval Studies*, XIII (1951), pp. 65-86. Jean de Meun a également connu la Satire VI de Juvénal contre le mariage, à laquelle il a fait quelques emprunts, cf. notes à 8257, 8263, 8325, 8674, 8705, 9113 et peut-être 9283.

8549-8570. Cf. *Policraticus*, VIII, 11, p. 297 : « Pauperem alere difficile est, divitem ferre tormentum... Pulcra cito adamatur, feda facillime concupiscit ; difficile custoditur quod plures amant... Nichil tutum est in quo totius populi vota suspirant ; alius forma, alius fascetiis, alius ingenio, alius liberalitate sollicitat ; aliquo modo expugnatur quod undique incessitur. »

8575-78 et 8621-22. Cf. Gautier Map, *éd. cit.*, p. 146, 19-21 : « Vexilla pudicitie tulerunt... Lucrecia et Penolope et paucissimo comitatu trophaea retulerunt. Amice, nulla est Lucrecia, nulla Penolope... ; omnes time. » Au milieu de la phrase de Gautier, Jean de Meun a intercalé le récit de la mort de Lucrèce (8579-8620) d'après Tite-Live, I, 58 ss.

8631-47. Cf. *Policraticus*, VIII, 11, p. 297 : « Adde quod nulla est uxoris electio, sed qualiscumque obvenerit habenda ; si iracunda, si fatua, si deformis, si superba, si fetida, quodcumque vitii est, post nuptias discimus. Equus, asinus, bos, canis et utilissima mancipia, vestes quoque et lebetes, sedile lignum, calix et urceolus fictilis probantur prius et sic emuntur. Sola uxor non ostenditur, ne ante displiceat quam ducatur. »

8659. Valerius, considéré comme l'auteur de la *Dissuasio*, cf. *éd. cit.*, p. 146, 13 : « Optima femina, que rarior est fenice, amari non potest sine amaritudine metus et sollicitudinis et frequentis infortunii. »

8665. Cf. Juvénal, *Satires*, VII, 202 : « Corvo quoque rarior albo », chez qui il n'est d'ailleurs pas question de la femme vertueuse. La comparaison était proverbiale.

8674-86. Cf. Juvénal, *Satires*, VI (à Postumus), 165 : « Rara avis in terris nigroque simillima cycno » et 47-49 : « Tarpeium limen adora Pronus et auratam Junoni caede juvencam, si tibi contigerit capitis matrona pudici. » Le vers 165 était déjà cité par Jean de Salisbury, *éd. cit.*, p. 301.

8689. *Dissuasio Valerii*, éd. cit. p. 146, 15 : « Male vero, quarum tam copiosa sunt examina ut nullus locus sit expers malignitatis earum, cum amantur amare puniunt et afflictioni vacant usque ad divisionem corporis et spiritus. »

8697-704. *Ibid.*, p. 158, 4 : « Amice, det tibi Deus omnipotens omnipotentis femine fallacia non falli. »

8705-14. Cf. Juvénal, *Satires*, VI, 28-32 : « Uxorem, Postume, ducis ? Dic, qua Tisiphone, quibus exagitare colubris ! Ferre potes dominam salvis tot restibus ullam, Cum pateant altae caligantesque fenestrae, Cum tibi vicinum se praebeat Aemilius pons ? »

8715-28. L'exemple du roi Phoroneus était donné par Gautier Map, *éd. cit.*, p. 150, 3-9, dont Jean de Meun traduit le texte pour ainsi dire mot à mot.

8728-802. Jean de Meun s'inspire, dans ce qu'il dit ici d'Abélard et d'Héloïse, de ce qu'il appelle une *Vie* d'Abélard (8772) et qui est la fameuse *Abaelardi ad amicum suum consolatoria*, plus souvent désignée par le titre d'*Historia calamitatum* (éd. J. Monfrin, Paris, 1959) ; et aussi, pour le passage final, de la lettre rédigée par Héloïse après la lecture de l'*Historia*. Cf. en particulier, pour le début, *Historia calamitatum*, éd. cit., ll. 425-551. Les « écritures » auxquelles fait allusion le vers 8739 sont, en effet, longuement alléguées, *ibid.*, ll. 440-545.

8777-94. Cf. *Historia*, éd. cit., p. 114, 157-161 (lettre d'Héloïse) : « Deum testem invoco, si me Augustus universo presidens mundo matrimonii honore dignaretur, totumque mihi orbem confirmaret in perpetuo possidendum, karius mihi et dignius videretur tua dici meretrix quam illius imperatrix. »

8878. Cf. *Mesnagier de Paris*, éd. Pichon, I, 30 : « Et teles personnes ypocrites ressemblent l'ort fumier lait et puant que l'en cuevre de drap d'or ou de soie pour ressembler estre plus honnoré et mieulx prisé. » Les moralistes parlent plus souvent d'un fumier couvert de neige, cf. Robert de Blois, éd. Ülrich, II, 6, 91 et III, 29, 954 (autres exemples de Gautier de Coinci, de *Sone de Nausay*, de la *Somme le Roi* dans le Godefroy et le Tobler-Lommatzsch), et la comparaison s'applique indifféremment aux hypocrites et aux femmes trop parées.

8891-8926. Cf. Boèce, *De consolatione*, III, prose 8, 10 : « Quodsi, ut Aristoteles ait, Lyncei (Jean de Meun lisait *lynceis*) oculis homines uterentur, ut eorum visus obstantia penetraret, nonne introspectis visceribus illud Alcibiadis superficie pulcherrimum corpus turpissimum videretur ? Igitur te pulchrum videri non tua natura, sed oculorum spectantium reddit infirmitas. »

8928. Cf. Ovide, *Héroïdes*, XVI, 288 : « Lis est cum forma magna pudicitiae » et Juvénal, X, 297 : « Estque pudicitiae rara concordia formae. » Ces vers, et d'autres analogues, étaient passés en proverbe, cf. J. Werner, *Lateinische Sprichwörter...* L 47 ; Hans Walther, *Lateinische*

Sprichwörter..., 8059, 13870, etc. La rubrique XLVIII du *Livre de philosophie et de moralité*, d'Alart de Cambrai, pose la question de savoir si beauté et chasteté peuvent s'accorder, cf. *Romania*, 87 (1966), p. 158.

8979. Virgile, *En.*, VI, 563 : « Nulli fas casto sceleratum insistere limen. »

9010. Argument qui remonterait à saint Jérôme, si l'on en croit Étienne de Bourbon, *Anecdotes historiques...*, p. 231, n⁰ 278 : « Jeronimus : Contumeliam faciunt suo creatori, que se tales quales create sunt esse nolunt. » Cf. encore (dans un contexte différent) Boèce, *De consolatione*, II, prose 5, 26 : « Et alia quidem suis contenta sunt ; vos autem, deo mente consimiles, ab rebus infimis excellentis naturae ornamenta captatis, nec intellegitis quantam conditori vestro faciatis injuriam. »

9113. Juvénal, VI, 133-35 : « Hippomanes carmenque loquar coctumque venenum Privignoque datum ? Faciunt graviora coactae Imperio sexus minimumque libidine peccant. »

9158. C. J. Solin, *Collectanea rerum mirabilium*, éd. Mommsen, 1895, I, 88, p. 21 : « ... licet ergo plerique definiant nullum posse excedere longitudinem pedum septem, quod intra mensuram istam Hercules fuerit. »

9161, 9173. Hercule et Samson sont les exemples obligés des forts vaincus par la femme, dans la littérature antiféminine médiévale. Les noms de Déjanire et de Iole ont dû parvenir à la connaissance de notre poète par Ovide, *Métamorphoses*, XV, 134-220. Les vers 9162-64 viennent de Gautier Map, *Dissuasio Valerii*, éd. cit., p. 154, 12-14 : « Duodecim inhumanos labores consummavit Hercules ; a tertio decimo, qui omnem inhumanitatem excessit, consumptus est. »

9174. *ne quel*, cf. note à 4569.

9283 ss. Dans cette tirade contre la belle-mère du jaloux, Jean de Meun a pu se rappeler Juvénal, VI, 231-241.

9386. Prov. IX, 13 : « Mulier... nihil omnino sciens. »

9388. Gautier Map, *op. cit.*, p. 153, 21 : « Audax est ad omnia quecumque amat vel odit femina, et artificiosa nocere cum vult, quod est semper. »

9444. Morawski, *Proverbes français*, 709.

9467-70. Cf. H. Walther, *Lateinische Sprichwörter...*, nᵒ 17307 : « Non bene pro toto libertas venditur auro ; Hoc celeste bonum preterit orbis opes », sentence très souvent citée.

9573 ss. On pourra rapprocher le développement qui suit d'Horace, *Satires*, I, 3, 98 ss. ; cf. en part. 105-106 : « Oppida coeperunt munire et ponere leges Ne quis fur esset neu latro neuquis adulter », ou 111-112 : « Jura inventa metu injusti fateare necesse est, Tempora si fastosque velis evolvere mundi. » Jean de Meun connaissait ce texte, puisqu'il en a traduit exactement quelques vers un peu plus loin (cf. 13893-98). Mais la source exacte de son développement reste à trouver.

9649-56 sont adaptés d'Ovide, *Ars am.*, II, 121-22.

9657-94. *Ibid.*, II, 539-44.

9733-44. *Ibid.*, II, 167-68, vers souvent cités, cf. H. Walther, *Lateinische Sprichwörter...*, nᵒ 20897.

9745-60. *Ibid.*, II, 387-94.

9761-76. *Ibid.*, II, 373-80.

9777-88. *Ibid.*, II, 409-414.

9789-822. Ce développement, absent d'Ovide, est cependant en partie inspiré, pour la forme, de l'*Ars am.*, II, 427-92 ; cf. en part. 9813-22 et Ovide, 457-64, 489-92.

9823-38. *Ars am.*, II, 631-40.

9839-64. *Ibid.*, II, 319-336.

9891. Eccl. VII, 29 : « Virum de mille unum reperi ; mulierem ex omnibus non inveni. »

9905-38. Librement inspirés de *Ars am.*, II, 295-314 et peut-être de 641-62. Cf. en part. 9912-14 et Ovide, 295-296.

9939. Cf. Morawski, *Proverbes français*, 1887 : « Qui de chaz nest ne puet muer ne sorge » et 2408 : « Tout surge quenques de chat ist » ou bien H. Walther, *Lateinische Sprichwörter...*, nº 2487 : « Cattorum nati sunt mures prendere nati », et les nombreuses références aux différentes variantes de ce proverbe très répandu.

10122-60. Le portrait de Faim est emprunté à Ovide, *Métamorphoses*, VIII, 788-808. La remarque que Cérès ne peut rencontrer Faim vient aussi d'Ovide, *ibid.*, 785-86 : « neque enim Cereremque Famemque Fata coire sinunt. » Jean de Meun a ajouté Triptolème (qui fit connaître aux hommes la culture du blé).

10214-16. Jeu de mots entre *fou* « fol », *fou* « hêtre » et, peut-être, *fou* « feu » ; plaisanterie assez fréquente dont on trouvera d'autres exemples dans le Tobler-Lommatzsch, s. vº *fo*.

10373-82. Cf. la note aux vers 2074a-2220.

10429. On notera que Faux Semblant, nommé ici pour la première fois, et qui, à la suite du poème de Jean de Meun, deviendra pour longtemps la personnification de l'hypocrisie religieuse, n'est pas une invention de notre poète. Il avait déjà fait une première, quoique timide, apparition chez Rutebeuf, *Complainte de maistre Guillaume de Saint Amour*, 78 et 86. Le texte de Rutebeuf doit dater de 1259.

10478-88. Vers inspirés de très près par les vers 7-12 et 15 de la pièce 9 du livre III des *Amours* d'Ovide, consacrée à la mort de Tibulle. Catulle et Gallus (10492) sont également nommés par le poète latin aux vers 62 et 64.

10525-30. Ces vers sont, en effet, les derniers vers de Guillaume de Lorris, de même que les vers 10565-66 sont les premiers de Jean de Meun.

10573-74. Ces deux vers semblent annoncer une « exposition » du songe, c'est-à-dire, sans doute, un commentaire en clair du poème allégorique (lequel, il faut le reconnaître, n'en avait guère besoin). Cette « exposition », cette interprétation n'existe pas, mais il est possible que Jean de Meun y ait vraiment pensé, car il reviendra sur cette annonce ou cette promesse aux vers 15115-23.

10597-604. Sur les deux tonneaux de Juppiter, cf. les vers 6747-6824 et la note.

10735-96. Ce développement sur l'amour vénal fait écho à quelques passages antérieurs tels que 4529-48 ou 8243-50. Il s'agit d'ailleurs d'un lieu commun qui a pénétré jusque dans la lyrique, cf. par exemple Bernart de Ventadorn 15, 25 (*merchandadas venaus*). André le Chapelain avait consacré au sujet tout un chapitre de son *De amore*, II, 9 : *de amore per pecuniam acquisito*, auquel d'ailleurs Jean de Meun ne semble pas avoir rien emprunté de précis, en tout cas pas l'idée particulière ici développée, à savoir « marché d'amour, marché de dupe ». Les vers 10746-52 rappellent, malgré le contexte différent, les vers d'Ovide, *Amores*, I, 10, 43-46 : « Gratia pro rebus merito debetur inemptis ; Pro male conducto gratia nulla toro. Omnia conductor solvit mercede soluta ; Non manet officio debitor ille tuo. »

10806. *Que* renvoie à *peres* de 10804.

10809-13. Le *piment*, qui est un vin aromatisé, désigne ici le nectar, boisson des dieux, mais dont l'usage leur était, en effet, interdit pendant un an, lorsqu'ils avaient manqué à un serment prononcé par le Styx (*la palu d'enfer* du vers 10808). Ce détail, Jean de Meun a pu le connaître par Servius, *ad Aen.* VI, 324 : « Nam dicitur statuisse Juppiter ut, si quis fefellisset ejus [*sc.* Stygiae paludis] numen, uno anno et novem diebus ab ambrosia et nectare prohiberetur. »

10976 ss. L'hypocrite de religion n'était pas, cela va de soi, un personnage inconnu avant le XIIIe siècle, bien que ce siècle ait créé ou mis en circulation le terme nouveau et imagé de *papelart* pour le désigner (premiers exemples chez Gautier de Coinci, cf. ici 11494 et 11933). Langlois a signalé dans le *Policraticus* de Jean de Salisbury un chapitre *De ypocritis qui ambitionis labem falsa religionis imagine nituntur occultare* (VII, 21, pp. 191-201 de l'éd. Webb), où les principaux thèmes développés à ce propos sont déjà utilisés. Toutefois la satire de l'hypocrisie religieuse prit un tour particulièrement violent et actuel vers le milieu du siècle, quand elle devint en quelque sorte la base et le fondement des attaques menées contre les ordres mendiants, principalement par les partisans de l'Université traditionnelle, et aussi par les défenseurs du clergé séculier, dont les ordres menaçaient ou paraissaient menacer certaines positions. Sur ce point, Rutebeuf, dont l'activité dans ce domaine se place de dix à vingt ans avant celle de Jean de Meun, avait donné le ton pour le grand public (et d'autres avec lui, dont nous ne possédons plus les œuvres). Mais le développement de notre poète, par son ampleur et sa virulence, porté de plus, comme il l'était, par le poème dans lequel il était enchassé, devait devenir par la suite, si l'on peut dire, le texte classique de référence sur le sujet. Villon, dans son *Testament*, y fera encore allusion (v. 1178).

11028. Morawski, *Proverbes français*, 1053.

11031-32. *Elanches* désigne le *De sophisticis elenchis*, traité de logique d'Aristote consacré aux moyens formels de convaincre un adversaire, indépendamment de la vérité de la thèse soutenue. Le texte était au programme de la Faculté des Arts, cf. par ex. Henri d'Andeli, *Bataille des VII arts*, 214-223. Aristote répartit les raisonnements sophistiques en treize catégories, d'où les treize branches de rasoir de notre passage.

11104. Les *apostres noveaus* ne peuvent guère être que les ordres mendiants. L'hypocrite représenté comme un loup déguisé en brebis (11093, 11095, 11103) est une image banale ; elle remonte à Matt. 7, 15 : « ... falsis prophetis, qui veniunt ad vos in vestimentis ovium, intrinsecus autem sunt lupi rapaces », dont le texte est traditionnellement utilisé contre les hypocrites de religion, et Guillaume de Saint-Amour (cf. *infra*) n'avait pas manqué de le citer, *De periculis*, III, p. 28 et VII, 36.

11224. Morawski, *Proverbes français*, 1707.

11251-60. Prov. XXX, 8-9 : « Mendicitatem et divitias ne dederis mihi ; tribue tantum victui meo necessaria, ne forte satiatus illiciar ad negandum et dicam : Quis est Dominus ? aut egestate compulsus, furer et perjurer nomen Dei mei. » Ce passage avait été cité par Guillaume de Saint-Amour, *De periculis*, XII, p. 49, mais dans un autre contexte.

11263. A partir de ce vers, le discours de Faux Semblant attaque ·directement les ordres mendiants, dont il va en premier lieu (11263-494) contester la doctrine touchant l'état de mendicité. Dans cette polémique, Jean de Meun reprend et utilise, pour l'essentiel, les arguments qu'avaient mis en œuvre les partisans de l'Université dans la grande crise qui les avait opposés à ces ordres, principalement aux alentours de 1255, c'est-à-dire quinze à vingt ans avant la rédaction de notre poème, crise ou opposition qui remontait d'ailleurs plus haut, et qui, surtout, devait se prolonger, mais avec moins de violence et d'ardeur combative, pendant de longues années encore. Le conflit avait pour cause, au moins en apparence, non pas à proprement parler le fait que les Frères avaient obtenu trois chaires à la Faculté de Théologie, mais plutôt le refus des dits Frères de se plier ou de se conformer aux pratiques et décisions de la communauté (l'*Université*) des maîtres séculiers, particulièrement en cas de suspension des cours ; et l'opinion publique s'intéressa vivement, semble-t-il, aux péripéties de la lutte. D'où la naissance d'une littérature en langue vulgaire abondante, d'inspiration satirique et, d'ailleurs, en grande majorité hostile aux ordres (sur cette littérature, cf. T. Denkinger, *Franziskanische Studien* 2 (1915), pp. 63 ss., pp. 286 ss., 3 (1916), pp. 339 ss., 6 (1919-20), pp. 273 ss.). Des participants laïcs à ce long débat, Rutebeuf est le premier, Jean de Meun le plus célèbre. On trouvera dans l'édition de *Rutebeuf* d'Ed. Faral et J. Bastin un bon exposé de la querelle rédigé par Faral (tome I, pp. 65-82), et l'on pourra aussi consulter P. Gratien, *Histoire de la fondation et de l'évolution de l'Ordre des Frères mineurs au XIIIe siècle*, pp. 205-221 et 255-265. L'essentiel, ici, est de savoir que le plus acharné des maîtres parisiens contre les frères fut Guillaume de Saint-Amour et que Jean de Meun tire la plupart de ses arguments du *Tractatus de periculis novissimorum temporum ex Scripturis sumptis* dudit docteur (cité ici d'après l'édition des œuvres de Guillaume parue à Constance — Paris en réalité — en 1632, pp. 17-72). Cf. aussi notes aux vers 11523 et 11761.

11263-11269. Cf. *De periculis*, XII, p. 51 : « Quod autem Dominus mendicaverit, vel ejus Apostoli, nunquam reperitur. »

11273-11283. Cf. *De periculis*, XII, p. 50 : « Postquam vero Dominus... ab ipsis Apostolis corporaliter recessit per mortem et resurrectionem, ipsi non ad mendicandum se converterunt ; sed licet Apostoli praedicatores essent, et sumptus habere deberent ab illis quibus praedicabant, nihil tamen ab eis quaerebant, nec mendicabant ; sed arte sua licita victum quaerebant, quando unde viverent non habebant. »

11287-11292. Cf. *De periculis*, XII, p. 48 : « Item quod vivere tales debeant de labore corporis, immo etiam omnes Christiani qui non habent aliunde unde vivant, dum tamen sint validi corpore, non obstante etiam si vacent operibus spiritualibus, quae sunt meliora, [dicit Apostolus I Thessal. 4..]. » Jean de Meun a supprimé la référence scripturaire.

11297-11302. Cf. *De periculis*, XII, p. 49 : « Vende omnia quae habes et da pauperibus et sequere me (Luc, 18) ; nimirum bene operando, non autem mendicando. » Et un peu plus haut : « [Unde super illud 2 Thess. 3, 9, dicit Glossa Augustini...] Qui frequenter ad alienam mensam convenit otio deditus, aduletur necesse est pascenti se. »

11303-11314. Cf. *Responsiones* de Guillaume de Saint-Amour, éd. Faral dans *Archives d'histoire littéraire et doctrinale du moyen âge* (1951), p. 343, n° 11 : « Item dixit [*Guillaume*] quod non excusat validum corpore viventem de elemosinis assidue officium praedicationis, vel occupatio orationis vel psalmodiae, vel studium, vel alterius alicujus laboris. »

11315-11319. Cf. *De periculis*, XII, p. 52 : « Quod autem non liceat mendicare validis corpore, cautum est expresse in jure humano, *C*. De Mendicantibus, *L*. unica. » Langlois a donné la référence au Code de Justinien, liv. XI, tit. XXIV.

11331-35. Langlois a noté que Guillaume de Saint-Amour avait usé d'une précaution oratoire analogue concernant le droit du pape ou des évêques à accorder aux ordres mendiants le privilège de la confession (*De periculis*, II, p. 25). Mais il convient d'ajouter qu'il est beaucoup moins réticent en ce qui concerne la mendicité, et qu'il refuse à l'autorité ecclésiastique le privilège d'en accorder la permission (il ne parle pas de l'autorité civile qui, à son sens, évidemment, n'avait de toute façon aucun droit à régenter la vie des clercs). Cf. *De periculis*, XII, pp. 52-53 : « Sed dicet quis : Sunt quidam Regulares, qui licet sint validi corpore, tamen Ecclesia illos diutius mendicare permittit, vel saltem dissimulat. Numquid tales permittendi sunt perpetuo mendicare ? Respondemus quod non... Quapropter, si etiam confirmatum esset ab Ecclesia per errorem, nihilominus tamen, comperta veritate, revocari deberet. »

11336-44. Cf. *De periculis*, XII, p. 52 : « Sicut clericus potens de opibus parentum sustentari, si eleemosynas pauperum receperit, sacrilegium committit et per abusionem talium judicium sibi manducat et bibit..., ita videtur quod validus corpore, qui labore suo vel aliunde sine peccato vivere potest, si eleemosynas pauperum mendicorum recipit, sacrilegium committit. »

11344. Variante de l'expression de saint Paul *Qui non mentitur Deus* (Tit. 1, 2), si souvent citée au moyen âge (*Dieu qui ne ment*). En fait, le texte de Guillaume de Saint-Amour cité ci-dessus et reproduit par Jean de Meun utilise saint Paul, I Cor. 11, 29.

11345-52. Cf. la note à 11297.

11353-58. Cf. *De periculis*, XII, 48-49 : « Dicit Apostolus I Thessal. 4, 11-12 : « Operemini manibus vestris, sicut precepimus vobis, et nullius aliquid desideretis. Glossa : nedum rogetis vel tollatis. »

11364-70. Cf. *De periculis*, XIV, p. 67 : « Illi ergo Praedicatores qui... illorum munera recipiunt qui magis dant propter importunitatem tollendam vel praesentem verecundiam quam propter Deum, non sunt veri Apostoli, sed Pseudo, juxta illud 2 Cor. 9, 7 : Hilarem datorem diligit Deus. Glossa : Qui propter praesentem pudorem dat aliquid ut taedio interpellantis careat, et rem et meritum perdit. »

11371-76. Cf. *De periculis*, XII, p. 51 : « Immo etiam rogati Apostoli recipere nolebant, timentes ne ipsos offerentes gravarent, unde 2 Corinth. 8 dicit Apostolus... »

11377-86. Cf. *De periculis*, XII, pp. 49-50 : « Qualiter ergo vivendum, inquies, viro perfecto, postquam reliquerit

omnia ? Respondemus... intrando monasterium ubi habeat
necessaria vitae. »

11407-61. Cf. *Responsiones* de Guillaume de Saint-Amour,
éd. Faral, p. 341, n⁰ 7 : « Et ut de materia ista, videlicet
« in quibus casibus liceat victum vel necessaria vitae quae-
rere », breviter me expediam, sic dico quod qui non habet
scientiam operandi, nec habet ignorantiam affectatam,
potest mendicare, donec sciat operari. Item, qui habet
impotentiam naturalem, ut pueri, senes et infirmi, possunt
licite mendicare. Item, qui habent impotentiam ex consue-
tudine, utpote, sicut dicit Augustinus *De opere monacho-
rum*, « non melius sicut multi putant, sed, quod est verum,
languidius educati », id est delicate nutriti, et ideo « laborem
operum corporalium sustinere non possunt », si mendicare
voluerint, « credenda est eorum infirmitas et ferenda. »
Item, qui non inveniunt qui eorum operas velint conducere,
mendicare possunt. Item, qui operantur quod possunt,
et tamen eorum opus non sufficit eis ad victum, tales ad
supplementum sui victus mendicare possunt ;... Item, si
quis vult erudire animum suum ad ea quae sunt ei necessaria
in militia Christiana, potest interim mendicare secundum
Augustinum *De opere monachorum*, ut horae quibus ad
erudiendum animum ita vacatur ut illa opera corporalia
geri non possint non opprimantur egestate. Item illi qui
districti sunt tali occupatione militiae Christianae ut ali-
quid agere non possint, licite possunt victum quaerere,
vel potestative sumendo vel mendicando. Et hoc secun-
dum Augustinum *De opere monachorum*. Et si plures inve-
niantur casus per Scripturae autoritatem, aut per incon-
cussam rationem, paratus sum habito sano consilio assen-
tire. »

11449-50. Entre les vers 11449 et 11450, on trouve dans
les mss. *H* et *A* le dessin d'une main horizontale, dirigée
vers la gauche, présentant la paume au lecteur ; à la base
du poignet et à droite, on lit cette indication : *manus cor-*

poralis. Entre les vers 11450 et 11451, les mêmes mss. ont la représentation, stylisée cette fois, d'une autre main ; il s'agit d'un rectangle couché, flanqué, sur le côté gauche, par une sorte de triangle aplati, lui-même surmonté d'un fleuron, et, sur le côté droit, d'une case supplémentaire, étroite et qui déborde légèrement en haut et en bas la hauteur du rectangle. Le rectangle est divisé en deux champs égaux par le dessin d'une sorte de croix aux bras très courts ; dans le champ de gauche, on lit : *In principio creavit Deus celum et terram* ; dans celui de droite : *Terra autem erat inanis et vacua* ; et, dans la case : *manus spiritualis*. Ces dessins sont probablement authentiques, car *itex* du vers 11449 renvoie évidemment au premier, qui appelle presque nécessairement le second.

11476. Le *De periculis* (11483), rédigé dans le courant de l'été 1255, fut condamné le 5 octobre 1256. Guillaume, qui était allé à Rome dans l'intention de se justifier (le mémoire composé à cette occasion sont les *Responsiones* citées ci-dessus), se vit interdire le retour dans le royaume par une notification en date du 9 août 1257. Il devait mourir à Saint-Amour en 1272 (13 septembre) sans jamais être rentré en grâce.

11523-11760. La question de la mendicité épuisée, Jean de Meun passe maintenant à une série de griefs plus généraux, qui sont monnaie courante dans la littérature de combat dirigée contre les frères. Toutefois notre poète ne retient guère que le reproche qu'on leur faisait d'attirer les pénitents pour les confesser (indûment, affirmait le clergé séculier) et de s'introduire dans la familiarité, les affaires et le secret des grandes familles, afin de s'assurer richesse et puissance.

11547 ss. Cf. *De periculis*, V, p. 32 : « Cum autem fuerint secreta rimati, et proprietates hominum per confessionem eorum (cf. le vers 11540), vel alio modo, tunc subdolis et versutis verbis seducent *mulieres*. »

11557-60. *Ibid.* : « Licet non habeant curam vel regimen animarum sibi commissum, tamen autoritate propria callide subintrabunt domos singulorum, rimantes proprietates sive secreta cujusque. »

11572-606. Matt. XXIII, 2-8, texte classique de l'Écriture contre l'hypocrisie. Jean de Salisbury par exemple l'avait déjà cité dans le chapitre signalé ci-dessus (note à 10976) du *Policraticus*, VII, 21, p. 194, 5-6.

11649-62. Cf. *De periculis*, XII, p. 48 : « Quod autem de curiositate sive de curando negotia aliena eis non liceat vivere, patet per Apostolum dicentem... » ; cf. encore p. 68.

11663-70. *Ibid.*, II, p. 21 : « Licet velint alios corrigere, tamen nolunt ab aliis hominibus corrigi in factis suis, quamvis aliquando perversis. »

11678. Cf. Rutebeuf, *Des Jacobins*, 27-28 : « Que des basses mesons ont fet si granz palais C'uns hom, lance sor fautre, i feroit un eslais. » *Ed. citée*, I, p. 315, et cf. la note des éditeurs, p. 304, sur les constructions des frères.

11761-11866. Exposé rapide de l'affaire du *Liber introductorius ad Evangelium aeternum*, publié en 1254 (et non 1255, comme il est dit au vers 11767) par le frère mineur Gérard de Borgo San Donnino. Cet ouvrage était un commentaire de la *Concordia novi et veteris Testamenti* de l'abbé cistercien Joachim de Flore (mort en 1202) ; Gérard y prétendait qu'un nouvel évangile, l'évangile éternel, inspiré par le Saint Esprit, devait, à partir de 1260, remplacer définitivement l'évangile du Fils, c'est-à-dire le Nouveau Testament, de même que le Nouveau Testament avait remplacé l'évangile du Père, c'est-à-dire l'Ancien Testament. Cette nouvelle alliance était consignée, toujours aux dires de Gérard, dans les livres de Joachim (la *Concordia*, l'*Apocalypsis nova* et le *Psalterium novem chordarum*), et son avènement aurait été annoncé par l'apparition de l'ange du Sixième sceau de l'Apocalypse, l'ange portant le signe du Dieu vivant, *habentem signum Dei viventis* (cf. Apoc. VII,

2), c'est-à-dire (toujours selon Gérard), saint François
d'Assise, porteur des stigmates, et fondateur de l'Ordre
des Mineurs. Le *Liber introductorius* est perdu et nous ne le
connaissons plus que par les polémiques qu'il a provoquées.
Mais il est aisé de comprendre le scandale soulevé par de
telles extravagances. Les maîtres en théologie de l'Univer-
sité de Paris y relevèrent presque aussitôt un lot de trente-
et-une erreurs, et le *Liber introductorius* fut condamné
par le pape Alexandre IV le 23 octobre 1255. Inutile de
dire que l'affaire du *Liber* était une aubaine pour les adver-
saires des ordres mendiants et qu'ils ne se firent pas faute
de l'exploiter. Ce qu'en dit Jean de Meun est emprunté
essentiellement ici encore au *De periculis* de Guillaume de
Saint-Amour, cf. *éd. cit.*, pp. 68-69 : « Jam sunt 55 anni
quod aliqui laborant ad mutandum Evangelium Christi
in aliud Evangelium, quod dicunt fore perfectius, melius
et dignius, quod appellant Evangelium Spiritus Sancti,
sive Evangelium Aeternum, quo adveniente evacuabitur,
ut dicunt, Evangelium Christi... Illa doctrina, quae prae-
dicabitur tempore Antichristi, videlicet Evangelium Aeter-
num, Parisius, ubi viget sacrae Scripturae studium, jam
publice posita fuit ad exemplandum [*éd. par erreur* expli-
candum, cf. ici 11770-80] anno Domini 1254, unde certum
est quod jam praedicaretur, nisi esset aliud quod eam deti-
neret... Ibi enim (*sc.* in illo libro) numeratur regnum Eccle-
siae, scilicet Evangelium Christi, et concluditur in 1260
annis ab Incarnatione... Ibi enim comparatur Evangelium
Christi ad Evangelium Aeternum, et invenitur minus per-
fectionis habens et dignitatis quam Evangelium Aeternum
quanto minus lucet Luna quam Sol, quanto minus valet
testa quam nucleus, et multae tales sunt ibi scriptae com-
parationes quibus probatur minus valere Evangelium
Christi quam Evangelium Aeternum... Ibi invenitur quod
regnum Ecclesiae dividetur post praedictum tempus ab
illis qui tenent Evangelium Christi et dabitur tenentibus
Evangelium Aeternum. »

11811. Remarque curieuse, si l'on pense que l'*Evangile Eternel* était condamné par l'autorité ecclésiastique depuis 1255.

11836. *Preecheürs* est sans doute à prendre au sens précis de « frères Prêcheurs » (à tout le moins y a-t-il jeu de mots) ; car, par une erreur singulière, les maîtres de l'Université attribuèrent la composition du *Liber introductorius* à un Dominicain.

11881. Guillaume de Saint-Amour avait souvent protesté de sa détermination inébranlable à mener ce qu'il pensait être le bon combat. Cf. *Responsiones*, éd. cit., p. 352, n° 35 : « Item dixit [*Guill.*] frequenter quod scit se passurum multa et gravia pericula rerum et corporis, et etiam mortem, pro hiis quae praedicat ; sed non curat, ut dicit, quia paratus est mori pro ista veritate. Et hoc frequenter in sermonibus suis protestatus est. » Jean de Meun avait sans doute apprécié cette fermeté d'âme.

11937-38. Cf. II Petr. 2, 22 : « Canus reversus ad suum vomitum. » (d'après Prov., 26, 11, 3).

11966-67. Morawski, *Proverbes français*, 685.

12023-12034. La collusion des Béguines et des ordres mendiants était un des lieux communs de cette littérature de polémique. Villon en fera encore des gorges chaudes, *Testament*, XVI. Cf. la note de l'éd. Faral et Bastin de Rutebeuf, à *Règles*, 154-174 (tome I, p. 275). On pourra y ajouter, pour donner le ton de ses allusions, le texte particulièrement violent dans sa grossièreté de Mahieu le Bigame, *Lamentationes*, 1247-69.

12038-40. Allusion à Apoc. VI, 8. L'interprétation est encore de Guillaume de Saint-Amour, cf. son sermon du 1er mai 1256, éd. de 1632, p. 496 : « Joannes ponit triplicem persequutionem Ecclesiae, signatam per triplicem equum quem vidit, videlicet equum rufum, nigrum et pallidum... Et dicitur ibi quod per equum rufum signatur persequutio facta per tyrannos... ; per nigrum equum signatur persequutio Ecclesiae facta per haereticos... ; sed *equus pallidus* signat persequutionem Ecclesiae imminentem per *hypocritas*. »

12054. Si le nom du frère Saier (var. Seier, Sohier) renvoie à un personnage réel, il ne nous est plus possible, aujourd'hui, de l'identifier.

12149-12153. Cf. note à 7023.

12247-48. Cf. Leroux de Lincy, *Proverbes français*, 2e éd., I, p. 25.

12731-12770. Longue tirade qui ne comporte, syntactiquement, qu'une phrase, le vers 12768 étant la principale des vers 12731-33 ; l'intervalle est occupé par une incise démesurée que nous avons placée entre deux tirets. Le développement lui-même est inspiré par un développement analogue chez Ovide, *Ars am.*, III, 59-82.

12760. Maître Algus (cf. 16141) désigne le mathématicien arabe Abou Dja'far Mohammed ben Mousâ, surnommé Al-Khowarezmi, dont les ouvrages, traduits dès le xiie siècle, contribuèrent à divulguer l'emploi des chiffres dits arabes dans le calcul ; d'où la remarque du vers 12762 sur les « dix figures ».

12788-91. Cf. Ovide, *Métam.*, VI, 28 : « Non omnia grandior aetas Quae fugiamus habet ; seris venit usus ab annis », vers proverbe, cf. H. Walther. *Lateinische Sprichwörter...*, no 18146a.

12859. « Certumque illud expertus sum tenaciorem fore memoriam eorum quae in prima aetate discuntur. » (Chalcidius, Traduction du *Timée* de Platon, éd. Waszink, p. 18, 16-17).

12954. Morawski, *Proverbes français*, 140.

12960. Expression proverbiale, cf. Morawski, 880 et 1308.

12991. Cf. 2074a-2220 et 10373-82.

13031. Cf. 915 ss.

13055-58. Allusion obscure à une « chanson de Pygmalion ». Jean de Meun racontera plus loin l'histoire de Pygmalion et parlera longuement des vêtements et des parures dont le sculpteur amoureux charge sa statue (20907 ss.). Il est possible que cet épisode (20787-21184), imité d'Ovide, *Métam.*, X, 243-297 et qui n'est qu'un hors d'œuvre, ait été composé par notre poète avant le *Roman*, dans lequel il aurait été introduit par la suite. Jean de Meun ferait ici allusion, par une sorte de jeu, à son petit poème (qu'il n'avait peut-être pas encore décidé d'insérer dans son grand récit).

13093-13108. Cf. Ovide, *Ars am.*, I, 632-36, où le conseil, toutefois, est donné aux hommes.

13094. *Il* renvoie à *Bel Accueil* (13078). La leçon *el*, empruntée par Langlois aux mss *B*, est évidemment une réfection maladroite.

13118-19. Morawski, *Proverbes français*, 2037. Pas plus que Langlois je n'ai réussi à trouver un autre exemple du tour des vers 13116-17.

13120-22. Morawski, 449, 1035 ; H. Walther, *Lateinische Sprichwörter...*, 15758 et les très nombreux renvois.

13143-234. Les exemples d'amants infidèles étaient donnés à Jean de Meun par Ovide, *Ars am.*, III, 31-40, qui citait Jason, Thésée, Démophon et Enée. Notre poète a supprimé Thésée et l'a remplacé par Paris. Le texte d'Ovide est très bref et se borne à une rapide allusion ; Jean de Meun en a développé les indications, sans peine pour Enée et Didon. Pour Jason et Médée, il a pu utiliser le récit, célèbre dans les écoles, des *Métamorphoses*, VII, 1-403 ; pour Démophon et Phyllis ainsi que pour Paris et Oenone il avait sans doute lu les *Héroïdes* II et V.

13165-67. Cf. *Héroïdes*, VII, 195-196 : « Praebuit Aenas et causam mortis et ensem ; Ipsa sua Dido concidit usa manu. »

13172. *Ibid.*, 184 : « ... et gremio Troicus ensis adest. »

13189-98. Ces vers traduisent avec assez d'exactitude *Héroïdes*, V, 27-32.

13249-52. Cf. Ovide, *Ars am.*, III, 315-16 ; 367-68. Le discours de la Vieille qui suit va utiliser longuement ce livre III de l'*Art d'aimer*, comme plus haut le discours d'Ami avait mis à contribution le livre II.

13253-66. *Ibid.*, III, 165-166.

13267. Sur les coiffures à cornes on pourra consulter C. Enlart, *Le costume*, pp. 204-209 (avec cette réserve que les textes satiriques cités p. 205 sont du XIIIe et non du XIVe siècle), ou Lecoy de la Marche, *La chaire française au moyen âge*, 2e éd., pp. 438-440.

13271-74. Ovide, *Ars am.*, III, 163-164.

13275-82. *Ibid.*, III, 199-200 ; 209-210.

13283-88. *Ibid.*, III, 307-308.

13289-92. *Ibid.*, III, 273.

13293-98. *Ibid.*, III, 275-276.

13299-304. *Ibid.*, III, 274.

13311-12. *Ibid.*, III, 271-72.

13312-14. *Ibid.*, III, 261-62.

13315-20. *Ibid.*, III, 277-78.

13321-32. *Ibid.*, III, 281-87.

13333-36. *Ibid.*, III, 279-80.

13337-44. *Ibid.*, III, 291-92.

13345-54. Les proverbes, sentences et dictons sur l'hypocrisie des larmes féminines sont innombrables. On pourra voir, outre Morawski, *Proverbes français*, 1046, H. Walther, *Lateinische Sprichwörter und Sentenzen...*, 10584

(Ovide, *Remedia*, 689-90), 3103 (*Distiques de Caton*, III, 20, éd. Boas, 1952, p. 178), 9043 : « Femina dum plorat, hominem superare laborat », ainsi que les nombreuses références données par l'éditeur.

13355-444. Ce développement sur la façon de se tenir à table est au départ inspiré d'Ovide, *Ars am.*, III, 751-68. Mais il existe aussi, au moyen âge, toute une littérature sur les *Contenances de table*, c'est-à-dire une série de pièces, tant latines que vulgaires, qui sont consacrées à l'enseignement des bonnes manières et des règles de bienséance que l'on doit observer au cours des repas. Cf. un article de S. Glixelli, *Romania*, 47 (1921), pp. 1-40 et une note de Ch.-V. Langlois, *La vie en France au moyen âge d'après les moralistes du temps*, 2ᵉ éd., pp. 201-203.

13436. La leçon *brisant* est très mal attestée et semble un pis-aller. Nous l'avons adoptée, faute de mieux, à la suite de Langlois et des éditeurs précédents.

13438. La mort de Palinure, pilote d'Enée, surpris par le sommeil et qui se noya pour être tombé de son navire, est racontée par Virgile, *Aen.*, V, 833-71.

13445-60. Lieu commun, mais qu'Ovide avait lui aussi développé, *Ars am.*, III, 59-70.

13487-98. Même développement chez Ovide, adapté par Jean de Meun aux conditions de son temps, *Ars am.*, III, 387-98, 417-18.

13499-544. Cf. *Ars am.*, III, 298-306.

13551. Ovide avait lui aussi, mais dans un contexte différent, longuement parlé des séductions de la coiffure, *ibid.*, III, 133-154.

13552-70. *Ibid.*, III, 419-26.

13589. Cf. Ovide, *Ars am.*, II, 279-80 : « Ipse licet venias, musis comitatus, Homere, Si nihil attuleris, ibis, Homere, foras. » et H. Walther, *Lateinische Sprichwörter...*, 12837, avec de très nombreuses références.

13591-94. Cf. Ovide, *Héroïdes*, 17, 193 (Hélène à Paris) : « Certus in hospitibus non est amor. »

13601-16. Cf. Ovide, *Ars am.*, III, 433-436, 441-450.

13605-07. « Qui sui plurimum est contentus, dignus est ira Dei », sentence attribuée à Ptolémée par les *Dicta et gesta philosophorum antiquorum*, cf. éd. Franceschini, *Atti del Reale Istituto Veneto*, 1931, 2, t. XCI, 2, p. 532 (140).

13617-24. Cf. Ovide, *Ars am.*, III, 461-62.

13625-47. *Ibid.*, III, 469-78.

13673-74. Cf. J. Werner, *Lateinische Sprichwörter*... : « Vilescit, gratis quicquid habere queo. »

13680-94. Cf. Ovide, *Amores*, I, 8, 88-92. Il s'agit de l'élégie qui retrace le portrait de Dipsas, l'entremetteuse, élégie que Jean de Meun a suivie pour la mise en forme de son personnage de la Vieille, même si les concordances verbales ne sont pas très nombreuses.

13711-22. *Ibid.*, 101-102.

13728-29. Cf. André le Chapelain, *de Amore*, I, ch. 9, p. 228 de l'éd. Trojel : « Quando enim vides mulierem alicujus benefacta recolere, qui suae plurima fuerit largitus amanti, vel eam videris alterius ornamenta laudare, vel *suarum rerum pignorationem* esse factam queratur..., ab ejus te plurimum oportet artibus praecavere ; haec enim non amare sed pecuniam haurire desiderat. »

13765-92. Cf. Ovide, *Ars am.*, III, 601-606.

13793-809. *Ibid.*, III, 675-80.

13810-38. L'histoire des amours de Vénus et de Mars (qui se terminera aux vers 14131-56) est rapportée ici d'après Ovide, *Ars am.*, II, 561-92.

13840. Absalon est, au moyen âge, le type de la beauté (avec Paris), d'après 2 Reg. 14, 25. Cf. par exemple le *Perceval* de Chrétien, au vers 4792 (et la note de Hilka).

13893-98. Cf. Horace, *Satires*, I, 3, 107-110.

13911-28. Cf. Boèce, *De consolatione*, III, m. 2, 17-26.

13950-76. La comparaison du mariage avec la nasse dans laquelle le poisson se trouve pris devait devenir traditionnelle dans la littérature antimatrimoniale, cf. *Quinze joies de mariage*, éd. Rychner, note p. 145.

13989. Cf. Horace, *Epîtres*, I, 10, 24 : « Naturam expellas /furca, tamen usque recurret. » Mais le vers, et de nombreuses variantes, était passé en proverbe, cf. H. Walther, *Lateinische Sprichwörter...*, 15938 et les références.

14007-8. Morawski, *Proverbes français*, 1328.

14009-22. L'exemple du chat qui abandonne sa nourriture à la vue d'une souris fait tout naturellement penser au conte du chat dressé à tenir une chandelle et qui lâche sa chandelle si on lance une souris devant lui. Jean de Meun a simplement supprimé l'élément pittoresque et quelque peu extravagant du conte, conte qui est d'ailleurs utilisé, en Europe, à démontrer justement que « mieux vaut nature que nourriture », par exemple dans le *Salomon et Marcoulf* latin ou les *Proverbes au vilain*. Sur le thème, cf. E. Cosquin, *Romania*, 40 (1911), p. 371 et 481, Aarne-Thompson, *Types of the Folktale*, 217, Stith-Thompson, *Motiv-Index*, J 1908, 1.

14173. Retour au développement des vers 13793-809.

14173-80. Cf. Ovide, *Ars am.*, III, 683-85.

14181-83. *Ibid.*, III, 593-94.

14197-280. Long développement inspiré de quatre vers d'Ovide, *ibid.*, III, 607-10.

14214. La leçon *Qu'el*, que Langlois a imprimée sans variantes ne figure ni dans *H*, ni dans *A*, ni dans *C*, ni dans *Z*, ni dans *L*. C'est aussi la leçon de Méon et de Fr. Michel ; elle me paraît moins bonne.

14237. La leçon *E comant* de Langlois est mal attestée, ses variantes étant ici peu exactes, *H* et *A* (son groupe *A*) donnant *conment* (9m̄t), faute de copie banale pour *convient*.

14251-62. Cf. Ovide, *Ars am.*, III, 807-808.

14263-74. *Ibid.*, II, 725-28.

14275-80. *Ibid.*, III, 797-803.

14289-92. *Ibid.*, III, 579-80, 585-86.

14307-64. Développement adapté d'Ovide, *Ibid.*, III, 611-658.

14365-78. Cf. Ovide, *Ars am.*, II, 99-105.

14369. Sur Balenus, auteur supposé d'un certain nombre de traités de magie, cf. Lynn Thorndike, *A history of magic and experimental Science*, II, pp. 234-35.

14390-98. Il est souvent question des amours de nonne chez les moralistes médiévaux. Sans parler du n° 28 des *Carmina Cantabrigensia* ni du *Concile de Remiremont*, on signalera ici *Bible Guiot*, 2091-2270 ; la *Bible au Seigneur de Berzé*, 308-315 ; Rutebeuf, *Vie dou monde*, 137-144 (éd. Faral et Bastin) ; Drouart la Vache, *Livres d'amour*, 3925-4014 ; Gilles li Muisis, *Registre*, I, pp. 215-217. Le *Recueil de poésies françaises...* de Montaiglon et Rotschild contient encore la *Prière d'amour d'une nonnain*, VIII, p. 170. Cf. aussi Morawski, *Proverbes français* : « La piours ammors c'est de nonain », et H. Walther, *Lateinische Sprichwörter...* 13782 et les références.

14787. Morawski, *Proverbes français*, 1320.

14799-14833. Passage difficile. Je ne crois pas, malgré l'avis de Langlois, que *partent*, au vers 14801, soit un subjonctif. Le sens paraît être : « Ce sont les diables qui vous ont ramené ici, les maudits, les furieux, qui ont leur part dans votre conduite (de faux serviteur), — et puissent-ils, en cette occasion (*ou* est sans doute *où*, *ubi*), tout emporter avant de quitter les lieux (c'est-à-dire, que ces diables, qui vous ont amené, vous remportent avec eux) ; qu'on n'y voie intervenir (pour vous protéger) ni saint ni sainte ! »

14868. Morawski, *Proverbes français*, 2282 ; H. Walther, *Lateinische Sprichwörter*..., 22895.

15148. Salluste, *Catilina*, 3 : « Ac mihi quidem, tametsi haudquaquam par gloria sequatur scriptorem et auctorem rerum, tamen in primis arduum videtur res gestas scribere ; primum quod facta dictis exaequanda sunt. »

15211-12. C'est le fameux « Aut prodesse volunt aut delectare poetae » d'Horace, *Art poétique*, 333-34.

15213-72. Cf. Guillaume de Saint-Amour, *De periculis*, éd. citée, p. 20 : « Protestamur autem ab initio quod omnia que hic, ad cautelam et instructionem ecclesie universe, non contra personam aliquam neque contra statum aliquem per ecclesiam approbatum, sed contra peccata malorum et pericula ecclesiae generalis, dicturi sumus, non ex inventione nostra, sed ex veritate sacre scripture collegimus. Nichilominus tamen omnia ecclesiastice correctioni supponimus, si quid in eis visum fuerit corrigendum. » Mais, le développement est, en réalité, un lieu commun.

15367-68. Le *ele* de 15367 renvoie sans doute à *pierre d'aïmant* ; celui du vers suivant à *misericorde*.

15411. *Qui* (leçon de *HA*, et de *L*, non relevée par Langlois) se rapporte à *fes* de 15410.

15543-53. Allusion à l'épisode des bœufs d'Hercule volés par Cacus, dans Virgile, *Aen.*, VIII, 193-267.

15645-720. Les amours de Vénus et d'Adonis, et la mort du jeune homme, étaient racontés par Ovide, *Mét.*, X, 529-559, 705-716. On pourra comparer, entre autres, 15653-68 et Ovide, 554-59 ; 15683-87 et Ovide, 538-41 ; 15716-20 et Ovide, 715-16.

15863-986. Tout ce développement n'est qu'un exposé rapide, mais assez bien venu et imagé, de la doctrine aris-

totélicienne, banale dans l'École, selon laquelle la pérennité
des espèces ne peut être assurée que par le renouvellement
incessant (*generation*) des individus (les *singulieres pieces*),
qui sont, eux, tôt ou tard, victimes de la *corruption*, c'est-à-
dire de la mort ou de la destruction ; et ce renouvellement
incombe à la nature, dont l'*intention* ne peut se porter que
vers ce qui est perpétuel, et qui trouve ainsi le moyen de
parvenir à ses fins. On pourra voir sur ce point le commen-
taire de G. Paré, *Les idées et les lettres au XIII*e *siècle*,
pp. 53-61.

15947-74. Sur le phénix, cf. Ovide, *Mét.*, XV, 392-402.
Mais il existe toute une littérature poétique consacrée
à l'oiseau fabuleux (cf. Carlo Pascal, *Letteratura latina
medievale*, pp. 3-16 : I carmi de Phoenice), sans compter
le *Physiologus*. Je ne connais toutefois pas de texte où
le phénix soit présenté comme l'individu unique capable
d'assurer à lui seul, par son merveilleux pouvoir de résur-
rection, la perpétuité de son espèce.

15984-86. Cf. Alain de Lille, *De planctu Naturae* (*Patr.
lat.*, 210, 453) : « Me igitur tanquam sui vicariam rerum
generibus sigillandis *monetariam* destinavit [Deus], ut ego
in propriis incudibus rerum effigies *commonetans...* »

16001. Sur l'art « singe de la nature », cf. E.-R. Curtius,
Europäische Literatur und Lateinisches Mittelalter, p. 524.
Cf. Dante, *Inferno*, XXIX, 139 : « Com'io fui di natura
buona scimia » (s'agissant, fait à noter, d'un alchimiste).

16035-16118. Ce passage consacré à l'alchimie a été
très célèbre jusqu'au XVIe siècle. Il a eu pour conséquence
qu'on a souvent enrôlé notre poète dans la troupe de ceux
qui tentaient de percer le mystère de la fabrication de
l'or et qu'on lui a attribué un certain nombre de pièces
qui se rapportent à ces recherches, en particulier la *Com-
plainte de Nature à l'alchimiste errant*, laquelle est, en réa-
lité, l'œuvre de Jean Perréal. Cf. à ce sujet A. Vernet,
Jean Perréal, poète et alchimiste, dans *Bibliothèque d'Huma-*

nisme et Renaissance, IV (1944), 214-252. — En fait, Jean de Meun se contente d'exposer une sorte de lieu commun concernant la possibilité théorique de l'alchimie. En effet, trois chapitres apocryphes ajoutés au livre IV des *Méthéores* d'Aristote (ils sont, en réalité, traduits ou résumés d'Avicenne), affirmaient que la transmutation des métaux était impossible ; aussi de nombreux traités d'alchimie ou même simplement d'histoire naturelle (comme le *Speculum naturale* de Vincent de Beauvais ou le *De mineralibus* d'Albert le Grand) se croient obligés de s'inscrire en faux contre cette déclaration et, tout en reconnaissant que la plupart des alchimistes pratiquants sont des charlatans, soutiennent qu'en théorie la permutation des métaux (c'est-à-dire le passage d'une « espèce » à l'autre) est parfaitement concevable. Sur cette question, on pourra voir M. Berthelot, *La chimie au moyen âge*, Paris, 1893, I, pp. 238 et 285-286 ; L. Thorndike, *A history of magic and experimental Science*, II, pp. 249-250, 471, 568 ; E. J. Holmyard, *Alchemy*, Penguin Books, 1957, pp. 91-92. Langlois a déjà cité (note à ses vers 16065-72) le texte de Vincent de Beauvais (traduit par Berthelot, pp. 285-86) ; voici, à titre de comparaison, celui d'Albert le Grand, *De mineralibus*, III, 1, 9 : « Ex omnibus autem his inductis possumus considerare utrum verum sit quod quidam Aristotelem dicunt dixisse (cum secundum rei veritatem dictum sit Avicennae) scilicet quod : « Sciant artifices alchimiae species permutari non posse, sed similia his facere possunt, ut tingere rubeum citrino ut aurum videatur, et album tingere donec sit multum simile argento vel auro vel cui voluerint corpori. Ceterum autem quod differentia specifica aliquo tollatur ingenio, non credo possibile, sed expoliatio accidentium non est impossibilis, vel saltem diminutio eorum. » Haec est enim sententia Avicennae... Tamen Avicenna in alchimia sua dicit quod contradictionem eorum qui in alchimicis de permutatione contradixerunt, invenit, propter quod et ipse subjungit quod non permutantur species nisi forte *in primam materiam...* reducantur, et sic juvamine artis deducantur in speciem metalli quod voluerint... Per omnem autem eundem modum [comme les médecins qui soignent les malades] dicimus operari alchimicorum peritos in transmutationem metallorum. Primo enim quidem *purgant* multum materiam argenti vivi et sulphuris, quam inesse videmus metallis ; qua purgata, confortant virtutes materiae quae insunt ei elementales et coelestes *ad proportionem mixtionis metalli* quod intendunt inducere, et tunc ipsa natura operatur, et non ars, nisi organice, juvando et expediendo... Qui autem per alba albificant et per citrina citrinant, manente specie metalli prioris in materia, proculdubio deceptores sunt... et hoc modo fere omnes vel in toto vel in parte procedunt. »

16040. Il s'agit ici de la « matière première » des alchimistes (et non de la matière entendue au sens aristotélicien), c'est-à-dire, en principe, du mercure ou vif-argent (mais un mercure particulièrement pur), qui, en combinaison avec le soufre, aurait donné naissance dans les entrailles de la terre et par une lente opération, à tous les autres métaux. Le problème, pour l'alchimie, était donc de réussir à obtenir ce produit particulièrement pur (cf. ci-dessous 16085-86), puis à réussir, en peu de temps, la juste combinaison qui aboutit à l'or. Cette doctrine de la matière première et de la formation des métaux est le fondement de toute l'alchimie médiévale, cf. M. Berthelot, *op. cit.*, I, pp. 276-279 ; E. J. Holmyard, *Alchemy*, pp. 92-93 ; elle semble remonter à Jabir ibn Hayyan (Geber), cf. Holmyard, pp. 72-73, et ci-dessous note à 16047 et 16100.

16047. Cf. Vincent de Beauvais, *Speculum naturale*, VIII, 81 (éd. de Nüremberg, 1483) : « In corporibus itaque mineralibus... ad instar operationis naturae conati sunt alchimiste facere *brevi tempore* quod natura facit *in annis mille*, unde et docuerunt rem quamdam facere que corpora super quibus projicitur transmutat. Hec vocatur ab eis

elexis (*sic*) et dicitur lapis et non lapis. Lapis, quia teritur ;
non lapis quia funditur et currit absque evaporatione
sicut aurum, nec est alia res cui proprietas illa conveniat.
Avicenna ubi supra : Elexir igitur est res que projicitur
super majus corpus et mutat rem a natura sua in aliam...
et est elixir verbum grecum quod sonat magnum thesau-
rum, vel meliorem de thesauris. »

16053-82. Jean de Meun prouve ici la réalité de l'alchi-
mie (c'est-à-dire la possibilité de transmuer les « espèces »)
en citant deux exemples probants, à son sens, celui de la
fougère transformée en verre et des vapeurs (d'eau) trans-
formées en pierre. Ces exemples devaient être classiques,
bien que, non plus que Langlois, je n'aie pas réussi à retrou-
ver ailleurs celui des vapeurs d'eau. Langlois a cité un
passage du *Breve breviarium de dono Dei* qui parle de la
fougère et du verre. On pourra comparer Vincent de Beau-
vais, *op. cit.*, VIII, 85 : « Quidam ex naturalibus dicunt
quod non est alchimia, sed Arestotiles et Plato, permagni
philosophi, ceterique plures dicunt quod est ; et hoc ipse
visus ostendit... Et figuli quidem, qui vasa terrea faciunt,
quando mittunt in eis ignem, efficiuntur vitrea. »

16096 et 16099. Cf. Berthelot, *op. cit.*, I, p. 164 : « A cette
époque, le mot *esprit* s'appliquait uniquement aux subs-
tances volatiles susceptibles de se combiner aux métaux
(appelés *corps*), telles que le mercure, le soufre, les composés
arsenicaux et certains oxydes métalliques sublimables,
appelés *tuties* ou *cadmies*. » Ou encore, Vincent de Beau-
vais, *op. cit.*, VIII, 60 : « Vide ergo quod in visceribus terre
virtutem mineralem habentis fit generatio *spirituum* et
corporum. Spiritus quidem sunt quatuor, scilicet sal ham-
moniacum et sulphur et argentum vivum et arsenicum ;
corpora vero sex, scilicet aurum, argentum, es, etc... [enten-
dez le fer, l'étain et le plomb]. »

16100 ss. Cf. Vincent de Beauvais, *op. cit.*, VIII, 60 : « Ex
argento vivo *puro*, albo, coagulato, a virtute sulphuris

albi, non urentis, generatur materia in minera que per fusionem convertitur in argentum. Ex sulphure autem *mundo*, claro, *rubeo, non habente in se virtutem adurentem* et ex argento vivo bono, claro, a sulphure coagulato generatur aurum. Porro ex bono argento vivo et sulphure habente virtutem adurentem generatur es ; ex pravo autem sulphure et pravo argento vivo, ferrum. Ex bono vero argento vivo et pravo sulphure non bene commixto, stannum. Ex pravo argento vivo, scilicet ponderoso et luteo, et pravo sulphure fetido ac debili, plumbum. He operationes quas natura facit in mineralibus, et has alchimiste conantur. »

16123. Jean de Meun s'inspire ici du *De planctu Naturae* d'Alain de Lille, où l'on voit également Nature verser des larmes et regretter d'avoir formé l'homme (*Patr. Lat.* 210, 475).

16135-16218. Plutôt que de refaire le portrait de Nature sur le modèle de celui qu'avait composé Alain de Lille (*Patr. Lat.* 210, 432-39), comme il avait plus haut pratiquement traduit la description de la maison de Fortune du même auteur (cf. 5891-6088), Jean de Meun a préféré ici avoir recours à un lieu commun de rhétorique bien connu, et qui consiste à proclamer hautement que l'on se trouve en présence d'un sujet que personne ne pourrait traiter dignement et devant lequel il vaut mieux renoncer. Cf. E.-R. Curtius, *Europäische Literatur und Lateinisches Mittelalter*, pp. 166-69.

16141. Sur Algus, cf. note à 12760.

16166. L'anecdote concernant Zeuxis est rapportée par Cicéron, *De inventione rhetorica*, II, 1.

16219. Renvoi aux vers 15847-60.

16242. Cf. chez Alain de Lille, *De planctu Naturae* (*Patr. Lat.*, 210, 476) cette déclaration de Nature : « Genium vero, qui mihi in sacerdotali ancillatur officio. »

16247-54. Ces vers traduisent, ou plutôt transposent et interprètent le paragraphe du *De planctu Naturae* qu'Alain de Lille avait consacré à la fonction de Genius, cf. *Patr. Lat.* 210, 479, c-d.

16295. Cf. Virgile, *Aen.*, IV, 569-70.

16300-303. Eccli., XXV, 22-23 et 26.

16307. Cf. Tite-Live, I, 9 : « Accedebant blanditiae virorum... quae maxime ad muliebre ingenium efficaces preces sunt. »

16502-03. Cf. Morawski, *Proverbes français*, 2148 et 2149 ; H. Walther, *Lateinische Sprichwörter...*, 18633.

16515-16. Cf. Horace, *Epist.* I, 18, 71 ; vers proverbe, cf. H. Walther, *op. cit.*, 8172 (et les nombreuses variantes) et encore Morawski, 1728.

16546. Cf. Morawski, 2468, et, ici, le vers 11404.

16552-86. Développement des vers célèbres de Virgile, *Buc.*, III, 92-93 : « Qui legitis flores et humi nascentia fraga, Frigidus, o pueri, fugite hinc, latet anguis in herba. »

16615-18. Cf. Eccli. XXV, 30 : « Mulier si primatum habeat, contraria est viro suo. »

16663-66. Cf. Mich. VII, 5 : « Ab ea quae dormit in sinu tuo custodi claustra oris tui. » Ce texte avait été cité par Guillaume de Saint-Amour dans son sermon du 1er mai 1256, cf. éd. de Constance, p. 93, avec ce commentaire : « Nonne ergo hoc erit magnum periculum quod vir uxori suae, cum qua ipse est corpus unum, suum secretum manifestare non poterit ? » Il était donc classique, si l'on peut dire, en la matière.

TABLE